本书为虹口区第四中心小学开展新课程统整理念下的
小学协同教学实践研究成果汇编

协同教学三策

陈珏玉　　主编

广西师范大学出版社
·桂林·

编写委员会

主　编　陈珏玉

副主编　许　珺

编　委　叶蓓芳　杨聂逸　关旭峰　姜健美

　　　　李　颖　陆莉莉　席　敏　陆　前

　　　　郑　颖　杜怡雯　邵　洁　毛　玮

　　　　黄云如　杨晓燕　吕　莉

序

　　"十二五"以来，上海教育改革发展取得了显著成就。上海的基础教育质量及教师素养，在 PISA、TALIS 等全球参照系里的比较中独树一帜，引人注目。"十三五"期间，上海基础教育正努力通过"学区化、集团化"等举措，着力打造高质量的教育供给体系，努力提升上海人民的"获得感"，办好"公平而有质量的教育"。在未来上海教育的发展中，相比物质计量和数量指标，老百姓更关注的是直接享受到的、切实的教育服务质量。对上海基础教育而言，深层次内涵发展任务比学校建设和硬件资源配置更加紧迫，上海基础教育改革的着力点正在向供给侧的效益、质量转移，改革的发生越来越深入到学生综合素质发展这样的内核之中。

　　对照人民群众对"更美好教育的需求"，我们当前的基础教育存在的问题依旧十分突出，改革发展仍然步履艰难，比如：学生有没有得到全面发展？他们的兴趣爱好、个性特长有没有得到发挥和培养？他们的终身学习能力是否形成？等等。我们也越来越感到，教育正面临着新的严峻挑战，如：加快经济发展方式转变和经济结构调整对各级各类教育提出的需求变化；国际信息化潮流，尤其是"AI 时代"来临后对我们传统课堂教学可能带来的革命性影响；"独二代"学生遭遇"独一代"父母和教师，"二孩家庭"的出现；学校教育、家校关系出现的新特点、新挑战；等等。可以说，我们的基础教育已逐步进入了"被倒逼"的困境。在谋求教育发展新跨越的进程中，当前的教育发展方式如果不及时进行转型，教育发展将难以"破茧成蝶""突出重围"，要实现真正意义上的教育现代化也只能是纸上谈兵。所以，我们以为新时期上海基础教育转型提升的实质，就是要坚持以人为本，大力倡导和谐理念，全面贯彻科学发展观，不仅要追求"快"，更要追求"好"，追求更有质量、更有效率、更加开放、更加均衡、更加协调和可持续的发展，也就是上海市教委倡导的绿色学业质量，真正实现教育的全面发展、和谐发展。我们上海的教育工作者都有这样的共识：要实现这样的全面发展、和谐发展，要着眼学生长远的、未来的幸福生活，就必须要关注学生的体验与经历；而要给予学生丰富、多元、充满意义感和获得感的体验和经验，就必须要实现校内教育的高效融合。

我们环顾全球，当今的课程发展趋势中，大多数国家都在推进课程改革，以适应新工业革命的发展趋势。不管从当今世界的课程发展趋势，还是从中国的课程发展来说，学校课程的统整与开发都成为一个学校的重要使命。已经开展了十三个年头，进入3.0版本的虹口区第四中心小学协同教学实践研究就是这一种基于课程统整理念的课程改革。

从虹口四中心的协同教学探索中，我们可以清晰地看到"学生中心"。他们的协同不仅是价值认同引领下的不同主体的协同、各种资源的协同、多元学习路径的协同、多样组织形式的协同……更重要的还是他们的协同始终聚焦在"核心素养"上，聚焦在"学生的个性上"，聚焦在"未来需要"上，聚焦在"创新品质"的培育上。

从虹口四中心的协同教学探索中，我们可以看到"大课程观"。他们跳出学校的"教材即课程"的狭隘课程观，树立起超越学校的大课程观。他们通过国家课程的结构和体系的破与立、增与减、放与收、融与纳，使国家课程校本化、地方课程特色化、校本课程个性化，使学校的课程具有未来性的特征。

从虹口四中心的协同教学探索中，我们可以看到"未来生态"。他们在课程改革中注重顺应历史发展的趋势，抓住教育"未来性"的特征，为孩子的未来发展服务。他们通过协同教学改变传统的课堂生态，改变教师教的方式和学生学的方式，唤醒教师的课程意识，点燃教师的课程整合与开发的内在动力。

总之，虹口四中心以协同教学为抓手，积极深化课程改革，实现了学校课程从单一向多元的跨越，从封闭向开放的跨越，从知识中心向能力中心的跨越，从课程体系向课程谱系的跨越。在改革开放四十周年再出发之际，我衷心祝愿虹口四中心的课程改革永远春潮澎湃、春华秋实。

纪明泽

上海市教委教研室党总支书记、副主任

❋ 目 录 ❋

【学生案例】

理论研究篇

基于实践的探索

——协同教学实践研究第三期项目概述

陈珏玉　许　珺

近年来，随着核心素养概念的提出，教育综合改革的深化探索，基层学校再度兴起以跨学科为特征的统整式课程改革。这一课程改革的核心要义在于改变传统分科教学只注重学科知识、强调课堂教学的教学模式，以跨学科课程为基础，打破学科内容、学习时空和学科教师间的边界，重构新型的课程形态。

虹口区第四中心小学自 2005 年起即开始在学校中开展跨学科课程统整的研究探索，这一研究被我们称为"协同教学"。"协同教学"是一种教师合作的教学组织形式。它打破以教师个人为主的教学方式，由不同专长的教师组成教学团队，对班级的学生采取大班教学、小组讨论、独立学习或者个别指导的方式，完成某一单元或者某一领域的教学活动。它源于我们力图改变分科教学的弊端，同时将着力点放在基础型课程的愿景，其理念符合二期课改关于国家课程校本化实施的精神，并从课程统整力、课程开发力、课程执行力等方面有效提升了学校的课程领导力。

学校的协同教学主要经历了三个阶段：

第一个阶段为 2005 年至 2008 年。在这三年期间，我们通过寻找学科间的协同资源点，形成了各学科的《跨学科统整指南》，并在教学实践中不断予以完善。

第二个阶段为 2008 年至 2013 年。在这五年期间，我们逐步形成跨学科协同教研的机制，通过定时、定点和定员来进一步规范协同教研的流程与内容，并由年级组长作为每个协同教研组的负责人，统筹安排协同教学的内容主题以及讨论、执教内容，同时通过听、评课机制来进一步反馈协同教学的有效性。

第三个阶段为 2013 年至今。在这五年期间，我们在已有协同教学的基础上，提出了"GREEN 协同教学"，目的在于通过开展基于小学生协同学习的教师教学策略研究，使协同教学得以绿色实施。

三期的实践研究，是基于我们对课程实施的认识，是在共性基础上形成学校独特的、适合自身实际的、个性化的实践追求与操作策略。它不仅让学生收获体验、提升和充实感，让教师获得历练和成长，同时也让学校得以长足地发展和提升，形成了学校的教学品牌。

启动："GREEN 协同教学"的摸石过河之旅

在研究的初期，我们发现要让更多的教师参与到协同教学的课题研究中，首先要做的就是提升教师的课程统整力，因此我们尝试通过以下两条途径来确保教师课程统整力的提升。

一、编制协同指南

在各科教学的基础上，每个年级组通过跨学科的交流，在蛛网般的知识系统中寻找所有学科教学要点的交叉点，也就是寻找协同教学的协同"点"。根据主题内的各科教学内容进行整理，制定相应的主题计划，并确定每个主题内各学科教学内容的教学时间及先后次序。每次的协同教学展示课后，教师都对自己所观摩的协同课进行评价和反思。在这个过程中，教师们各抒己见，提供改进意见，促进学校协同教学的不断完善。

二、建制协同教研

为了将这一跨学科共同探讨的模式形成机制，我们提出了建立跨学科协同教研组的构想，这是因为教研组应当成为教师最基本的、现实的、主要的学习型组织。每个教师围绕共同的目标打造和谐的教研组，同时又不断从中汲取智慧和力量，感受相互支撑、相互激励的氛围，关注"共同"之中的不同，倡导多样化的思想、观念，让每位教师感受到教研组是自己的"家"，"协同教研组"也因此成为一个温暖而舒适的场所，一个智慧的"大家"。结合教师的意愿，我们将任教同一年级的各科教师基于课题研究的需要组建成研究组，并依据研究能力的不同而做一定的分工，通过共同的研究兴趣和研究指向将大家联结在一起。

通过进一步保障协同教研活动的时空要素，我们将学期初、学期中和学期末的三次教工学习时间安排为各年级组开展协同教研活动，并且固定教研场所和年级组内的成员教师，赋予年级组长活动组织权和协同点决定权，以确保协同教研活动的顺畅组织和协同内容的有效落实。

一次次的协同教研活动打开了跨学科的绿色通道，不同学科教师间的交流与互动，打破了教师只局限于单一学科思考问题的壁垒，使得教师的教学设计思路得到了拓宽，课程统整理念得到了有效提升。

深化："GREEN 协同教学"的深水攻坚之旅

2011 年绿色指标测试在上海正式施行，其目的在于引导学校关注学生的全面发展。初拿到绿色指标报告的那一刻，我们有点喜忧参半。喜的是我校绝大多数指标均处于区平均水平及以上，忧的是我校的学习动力指数略低于区平均水平。

我们试图找到我校学生学习动力不足的缘由。我们发现两种情境下学生的学习兴趣低下：一是当学习内容明显高于学生已有的经验水平时；二是当学习内容明显低于学生已有的经验水平时。此外，有专家也指出，"很多学生缺少学习动力是因为他们没能把现在的学习与未来生活之间建立起联系"。因此，一旦教师在课堂教学中忽略了学生的这一重要心理因素，学生的学习动力与学习成效势必都将受到影响。

基于此，我们思考的核心便是：是否可以在原有协同教学实践研究的基石上，围绕基于学生问题为起点的教师教学策略进行创新和尝试，以形成协同教学的新愿景，让教师进一步明确改革的方向，增强学生的学习动力，从而更好地培育学生的核心素养。为此，我们提出了"GREEN 协同教学"的理念。GREEN 本意即指绿色，这里，我们又赋予了它新的含义，即：

G：gratification 满意。这是我们的宗旨：追求令学生满意的协同教学。

R：rapport 和谐。这是我们的氛围：营建和谐的协同课堂环境。

E：effort 努力。这是我们的态度：拥有努力向上的协同学习心态。

E：energy 活力。这是我们的教学：具有活力的协同教学活动。

N：norm 规范。这是我们的准则：依据规范的协同教研流程。

为了达成该愿景，我们把研究和实践的切入点放在寻找学生学习的真正起点上，从而改变学生的学习方式、教师的教学策略。于是，2013 年起我们以提升学生学习动力指数为突破口，结合多年的协同教学研究，探索了一条 GREEN 协同之路。在此过程中我们主要经历了四个阶段。

第一阶段：锚定问题、明确任务

在这一阶段，首先要找准问题，明确任务。我们发现虽然学生的问题起点是我们开展新一轮实践探索的核心要义，但是如何正确找到学生的问题起点才是关键。我们通过教工大会，以微讲座、主题研讨等形式指导教师进行学情分析、发现课堂中的生成问题。

在具体的操作中，我们希望教师按如下步骤操作：

1. 根据已有的学科协同指南以及协同教研活动进行初步的备课设计，让学科与学科间的知识协同

例如：在教授四年级第二学期的《折线统计图》一课前，数学教师就明确知晓学生在学习三年级第二学期《运动与呼吸》一课已经对折线统计图有所了解。

分别测量自己和同学平静时每分钟呼吸次数与运动后每分钟呼吸次数，记录在表格中。

姓名	平静时每分钟呼吸次数	运动后每分钟呼吸次数

通过比较，我发现：_____

将平静时每分钟呼吸次数与运动后每分钟呼吸次数制成图表，你有什么发现？

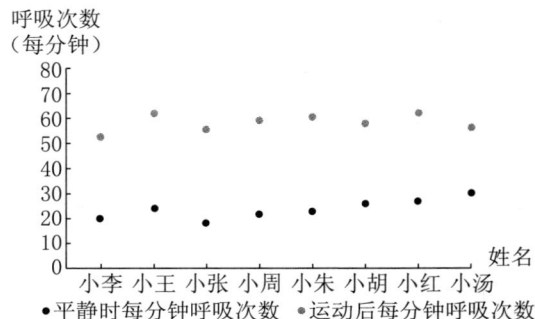

因此，既然学生在数学学科中学习折线统计图这个单元时已经有了一定的知识基础，那么数学教师便可将该知识点进行统整：

原教学设计	调整后的教学设计
师：同学们，你们有没有关心过最近的温度情况？ 生：有。 师：这是我们的学习小伙伴统计的 2000 年上海 12 个月温度变化情况的统计表，从这张表里你看到了什么？	师：生活中我们经常可以看到这些统计图，在三年级第二学期和四年级第一学期的科学与技术课上也接触过这类图，你们知道它们的名称吗？

原教学设计栏：

月	1	2	3	4	5	6	7	8	9	10	11	12
气温（℃）	5	5	11	17	22	25	30	29	20	25	13	9

生：（略）。

师：我们的学习小伙伴小胖根据这张统计表制作了条形统计图，让我们一起来看一看。

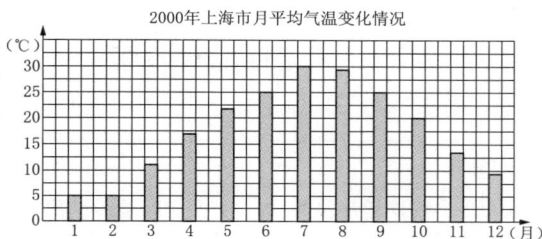

2000年上海市月平均气温变化情况

师：从这张图上你看懂了什么？

生：（略）。

师：那还有其他方法来表示吗？

生：折线统计图。

师：你们已经知道折线统计图这个名称啦！好，今天我们就来认识折线统计图。（板书课题，出示例题图。）

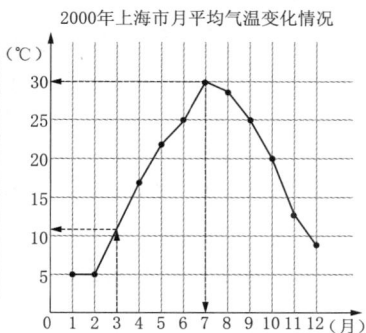

2000年上海市月平均气温变化情况

2000年上海市月平均气温变化情况，可以像右图这样用折线统计图表示。

根据这个折线统计图，你能回答下面的问题吗？

调整后的教学设计栏：

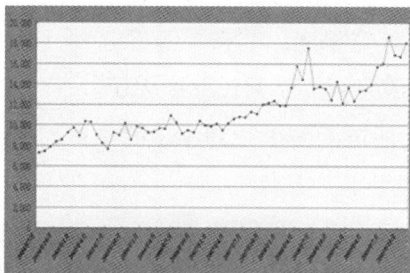

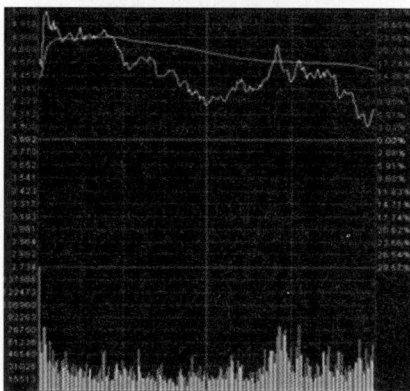

1950-2010年全球化石燃料燃烧碳排放

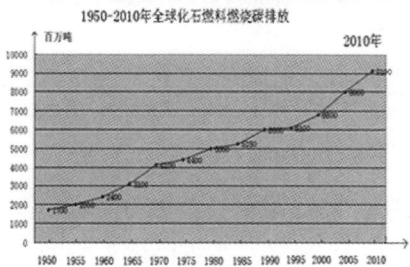

普陀监测站
地址：普陀区杏山路317号曹杨社区文化中心 ● PM2.5

最近24小时PM2.5小时浓度变化趋势

生：折线统计图。

师：好，今天我们就来深入地学习和了解折线统计图。（揭示课题）

我们可以发现：原有的引入环节应该是最常见的一种引入方式，从统计表——条形统计图——折线统计图，目的是让学生在复习旧知的同时，把这3个统计工具有机地结合在一起。这个过程一般耗时五六分钟左右。

而统整后的引入环节不超过1分钟，采用了开门见山的方式直接引入课题，与原先设计的引入环节相比，节省了四五分钟，而这多出来的四五分钟的时间数学教师便用到之后引导学生思维发展的练习设计中去了。

2. 通过前测单找到学生的学习起点，调整教师的教学设计，从而让学生的知识与教师的知识相协同。

我们知道，学生进入课堂之前绝非白纸一张，有时基于教师教学经验确立的重难点未必是学生的困惑所在。因此教师需要通过科学设计的前测单来找准学生的知识起点、知识难点、知识疑点，从而达成学生未知知识与教师教授知识的协同。

例如：在教授《折线统计图》时，教师在揭题后，马上对新知进行了前测。设计了如下前测单：

前　　测　　单		
题　　目	预期检测结果	实际检测结果
P49 根据这个折线统计图，你能回答下面问题吗？ 1. 横轴表示_____，纵轴表示_____。 2. 纵轴上的 1 小格表示_____。 3. 2000 年 3 月上海市的平均气温是_____℃。 4. 2000 年____月上海市的平均气温最高，是____℃。 5. 平均气温上升幅度最大的是____月和____月之间。 6. 平均气温下降幅度最大的是____月和____月之间。	预测1、2、3、4、6不存在问题，也可能1、2、3、4。	实际2、3、4、6不存在问题，1、5存在较大分歧。

从这张前测单中我们可以发现，学生的实际学情与教师的预测存在着一定的分歧，尤其在第五题中。根据学生存在的问题，教师明确了知识教学的协同点，于是立即进行了教学设计的改进，将教学的重点确定为帮助学生理解第五题，即哪两个月之间的平均气温上升幅度最大？

在这一阶段中，虽然看起来我们只是迈出了微小的一步，但是我们相信，成功将孕育于此。

第二阶段：聚力攻关、建构方案

这一阶段，我们由校长室与科研室牵头，在专家的指导下组织部分教师形成了项目研究团队，合作探索基于学生问题为起点的学习方式。我们提出了协同学习小组的学习方式，即在班级内以四人为小组单位，学生可以自行选择组员，以学力、性格等要素组成异质学习小组，共同开展小组学习。

协同学习（Collaborative Learning）是一种通过小组或团队的形式组织学生进行学习的一种策略。小组成员的协同工作是实现班级学习目标的有机组成部分。小组协同活动中的个体（学生）可以将其在学习过程中探索、发现的信息和学习材料与小组中的其他成员共享，甚至可以同其他组或全班同学共享。可见，协同学习不仅仅关注学生的学习，还关注学生在学习过程中的合作。

协同学习的过程中，学生之间为了达到小组学习目标，个体之间可以采用对话、商讨、争论等形式对问题进行充分论证，以期获得实现学习目标的最佳途径。这种协同活动有利于发展学生的个体思维能力、增强学生个体之间的沟通能力以及学生个体之间差异的包容能力。此外，协同学习对提高学生的学业成绩，形成学生的批判性思维与创新性思维，对待学习内容与学校的乐观态度，小组个体之间及与其他社会成员的交流沟通能力，自尊心与个体间相互尊重关系的处理等都有明显的积极作用。

由于协同学习小组是为了共同的目标，相互依赖、彼此互利的小组，因此，在协同学习小组的建立中，我们发现有如下特征：

（1）组内异质、组间同质。组内异质即小组成员在学习基础、年龄、性别、学习风格等方面具有差异性；组间同质即各小组之间大体均衡，这样便可以形成相互比较。组内异质可为小组成员之间的相互合作奠定基础，而组间同质又可为各小组间的公平竞争创造条件。

（2）任务驱动、适当分工。协同的效果必须依赖小组成员的共同努力，他们必须具有很强的正依赖性。任务驱动和适当分工可以保证小组成员积极投入，共享资源。

（3）公平竞争、合理比较。协同和竞争是矛盾统一的范畴，为了完成复杂的任务就必须合作，而为追求更完美的结果就必须竞争，即在小组内以"协同"为主，但不排除竞争，尤其组间的友好竞争可促进小组内部更好地协同。

（4）角色互换、领导轮流。角色的互换可以促进学生多方面的发展，而分享领导责任可使每位学生积极参与。尽管学习中组长的作用很大，但组长和学习上存在优势的学生也可能控制学习过程，使其他人产生依赖心理，所以转换领导角色既能保证学生互助、协同，又能使其有机会充分展示自己。

（5）评价的多样性。传统教学中的评价强调客观，注重信度和效度，其目的是划分等组，分出优劣。而在协同学习中，更加注重作为主观的价值判断的评价，采用学生记录和教师评价，组内和组间互评，学生自评相结合，个人成绩和小组总分相结合的方法，使评价从单一走向多元。

要营造具有以上特点及优势的小组，我们必须从开始分组就充分考虑各种因素。这也就是我们要讨论的**分组策略**。

首先分组的过程应该基于一种灵活稳定的机制。一方面，可以以"个人（person）""对（pair）""小组（group）"为单位，在学习的不同时期根据特定的任务和要求选择不同的分组方式。另一方面，从学习的长远性来看，小组成员相对稳定有利于成员间相互了解，实现更好的协同。因此，在某个任务期间应尽量保持小组成员的稳定性。

其次，分组前教师要对学生的特征进行细致分析。现在许多量表可以从认知技能、知识基础、学习方式等方面对学生进行测试，并作为分组的依据。但这些还不能决定小组的内聚力和协作绩效，因为有时一些心理、情感上的因素也很重要，甚至协同学习小组中某个成员的生活习惯（例如交流中的眼神）都可能导致协作组的失败。尤其是对未成年学生来说，受影响的因素会更多。因此必须通过各种方式了解学生，比如：让学生作自我介绍，对学生进行访谈，和学生开展座谈会，等等。如果条件允许，教师应该以学生的角色去设身处地体验一下，来了解学生到底需要什么。同时在学习之前，给小组成员留出彼此了解的时间也很重要，比如：聊天、游戏等。当然这些需要系统化、整体性地考虑，把我们可以做和无法做的事情列出来，在条件允许的范围内尽可能做得更好。

因此，基于以上因素考虑，我们的研究过程如下：

（1）小调查。

设计"我喜欢和谁一起学习"的调查单，并请学生根据自己的意愿进行填写。

三年级"我想和谁一起学习？"调查单

班级 _____   姓名 _____

序号	学习小伙伴的姓名	选择的理由
1		
2		
3		
4		

（2）找出互选关系。

通过调查单的调查，我们用图示的方法在大卡纸上用不同颜色的彩笔标识出学生间的互选关系。

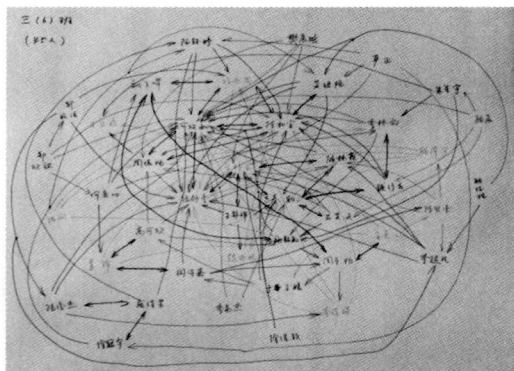

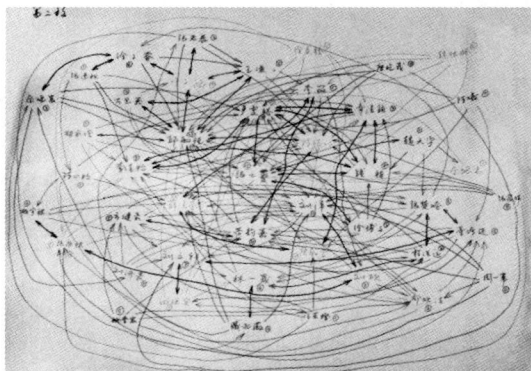

（3）根据互选关系进行分组。

在尊重学生意愿的基础上，我们尽可能将有互选意愿的学生安排在一个小组中，并根据他们的身高、学习参与度等因素对全班进行四人为一小组的分组。

（4）进行小组建设。

在小组完全调整好之后，我们就要培养小组间协同合作的意识和互相关联的关系，于是以学生学习习惯培养为目的，进行小组间的互相监督和评分活动，以进行小组建设。以下便是两个进行小组建设的案例。

案例1

学生分组合作管理给班级带来的变化

黄嘉烨

一、实施过程

1. 教师设计合作学习单，请学生填写愿意合作学习的对象，并写明理由。

2. 教师根据学生填写的合作学习单，进行学习小组（四人一组）的分配，并调整班级座位。

3. 教师请学生自己推选学习组长，并为自己的小组起名。

4. 教师设计班级执勤小组记录单、班级行规情况汇总表。

5. 一个学习小组执勤2天，并派代表在全班总结、汇报执勤情况，全班交流、讨论，提出建议。

二、分组合作执勤的体会

（一）优势

1. 由于按组评比，学生的行为习惯相互有了制约，不再是只要管好自己就可以了，学生间会积极相互提醒、督促。

2. 原先在个人行为习惯上有些破罐破摔的学生，由于现在按组评分，知道自己表现不好会影响到小集体，因而在行事时能认识到错误，并尝试改正。

3. 学生之间更加及时主动地相互管理、协调、督促，一些表现优秀的学生也比以前更愿意帮助、提醒一些问题学生了。

4. 班级管理由原先的教师、班干部单线管理，转为辐射式管理。

5. 按组管理，学生能自主挑选自己胜任、喜爱的内容来参与班级管理，改变了以往老师要求干什么，才去干什么的被动状况，能力获得了提高。

6. 这样的班级管理模式，学生通过每次的执勤总结，更加清晰地了解自己存在哪些问题，有哪些进步。

（二）不足

1. 个别学生管理别人时，对同学要求很高，显示出的管理能力也很强，但轮到自己做的时候，却往往不能约束好自己。

2. 执勤时，有的学生以扣分为目的，来实施管理，例如：听其他同学的汇报就扣分，也不进行核实、调查……引起了班级大部分同学的不满。

3. 由于每个小组的组长是学生自己推选的，所以个别组长自我约束的能力不强，自己也经常违反纪律。

4. 由于每天按组评分，个别学生感到自己一天表现很好，却因为自己的组内某个问题人物，造成自己的行规评分很低，觉得失落、烦恼。

5. 虽然一些行为习惯不良的学生在行为上时常受到组内同学制约，但是由于转变需要时间与过程，经常也有反复，所以这些学生时常被组内其他成员责备，也容易产生逆反心理，有时会与组内同学发生争执。

三、案例

（一）学生个人情况

学生姓名：王浩东

性别：男

年龄：十岁

优点：王浩东同学头脑灵活，人很机灵，吸收知识、领悟知识能力强，所以是个聪明的孩子；加上爱表现，讲义气，对班级日常工作很热心。

缺点：王浩东比班级其他孩子明显好动、脾气暴躁、学习习惯差、基础也不好。上课时不遵守纪律，经常招惹周围的同学；注意力不集中，东张西望；作业不自觉，在学习上爱偷懒；课余活动爱搞"恶作剧"，经常与同学发生矛盾，甚至会上升到暴力冲突。在家也表现得任性、冲动，稍不顺心，就大喊大叫，甚至在地上打滚，此外精力特别充沛。

（二）学生家庭情况

父母文化程度不高，母亲是新上海人，他们对孩子的教育比较欠缺方式方法。无论孩子是在学习上还是行为习惯上出现问题，都是以简单粗暴的方式解决，揍一顿了事。同时，父母由于忙于生计，很少花时间和心思去关心孩子的教育。随着孩子年龄的增长，父母感到对孩子的教育已经有些力不从心。

（三）分组执勤管理，给王浩东带来的变化

1. 分组时特殊安排。由于王浩东在班级里属于需要"特殊关照"的孩子，所以在分四人学习小组时，我和关老师特别将他安排在了大队长何欣如的小组内，同时另外两名成员也都安排了比较乖巧、懂事的女生。

2. 小组评分给予特别"优待"。由于王浩东的调皮、好动，因此我要求各个执勤小组在对待王浩东的错误上，要相对宽容，给予他改正的机会。

3. 要求组内同学多关心，少指责。由于王浩东是个倔脾气的男生，所以小组内女生温柔的责备，让他特别受用，很少与之产生矛盾冲突。并且女孩子们经常在他有困难的时候帮助他，所以他也很乐意接受她们的建议。

4. 给予优先管理内容的选择权。由于班级管理分为四人协作参与，因此老师将管理的内容也分为了四大板块。在他们小组执勤时，我建议三位女生根据王浩东的实际表现：如果他进步了，就让他先挑自己喜欢做的事情，给予优先权。

5. 可喜的变化。王浩东在短短的一个多月时间中，慢慢发生了变化。尤其是近期，我发现他上课不再那么心神不宁了，有时乐意听讲了，还常常主动举手发言。在行规、纪律上也有了很大的改进。在本学期第一次语文抽样检测时（当时还没有实施分组合作学习管理模式），王浩东只考了 47.5 分。令人意想不到的是，这次语文期中阶段性练习，他竟然考了 80.5 分。考试结束后，他一直主动问我他考得怎么样，考试成绩出来了吗？并且在得知分数后，他还要求先看看试卷，了解一下自己错在哪里，这在以前是从未有过的情况。他的父亲也告诉我，近段时间，他们也没有时间去管他，这次期中阶段性练习，儿子也不知怎么了，竟然每天很自觉地在复习功课，主动按时完成作业。这在他上学以后，是从来没有出现过的情况。

我想，教育孩子不要急着硬逼孩子，要学会等待。就像"强按牛头"，牛仍然不会饮水一样。惩罚并不见得是最有效的教育方式。集体和老师给予的爱、关怀与支持是学生进步的基石和关键。

放手让学生独立，应让学生独立完成某一件事，其间可能会碰到这样那样的困难，就让学生去碰，要知道对于学生来说：自己的教训是最好的教训，自己亲身体验的经验就是最好的经验。

案例 2

让绿色动力合作学习小组转变学生的不良行为

郑 颖

【学习现状】

咦？小 W 怎么在晨读时奋笔疾书？

我慢慢走过去想看个究竟，不料他突然惊恐地一下子把桌面上所有簿本卷入课桌台板里。往常他没按时完成作业，即便我走到他跟前，他也只是对我傻傻地笑笑，这次何以如此惊恐？这引起了我的警觉："你在干什么？给老师瞧瞧！"

小 W 一听立即涨红着小脸把台板捂得严严实实的，生怕我把什么宝贝抢了去似的。于是我板下脸严肃地对他说："如果你现在把东西都拿出来，老师不会批评你，否则……"他犹豫着，但小手还是紧紧捂着台板口。略僵持了一会儿，我正考虑如何让他自己把书本拿出来时，坐在他后面的小 L 怯怯地对我说："郑老师，他偷偷地拿了我的语文作业本在抄。"我听了"腾"一下火上来了，但为了不影响其他同学晨读，我只得强压怒气，让他先把本子还给同学。

此后，我跟小 W 聊了很久，他也意识到自己的行为是不对的。鉴于他态度诚恳，便郑重其事地对他说："抄同学作业这件事本来应该告诉你父母的，但你已经认识到错误，就暂不告诉他们了，不过老师还要看你今后的表现哦！"

事情到此暂告一段落，不过我心里仍不踏实，心想这孩子精力充沛、头脑灵活、爱表现、讲义气，对班级日常工作也很热心，是个聪明孩子，但怎样让他多花点心思在学习上呢？怎样让他改掉隔三岔五不做作业、常拖到第二天晨读时再匆匆忙忙"粗制滥造"的坏习惯呢？怎样让他在及格线左右徘徊的学习成绩有所提高呢？现在他已从拖拉作业发展到偷拿同学的作业抄了，这不得不让我反省自己对小 W 一贯悉心教育的有效性。

【家庭情况】

为了切实改变这一状况，我决定先到小 W 家了解情况。正巧一天小雨，小 W 没带伞，他一直是无人接送的，于是下班后我顺便送小 W 回家。接待我的是他年岁已高的外公和外婆，我环顾了一下四周，纳闷地问："这么晚了，小 W 的爸妈怎么还没回来？"

"伐讲了！"外公无奈地说，"我女婿单位里做领导，工作应酬多得不得了，还要经常出差，连双休日也看不到他的影子。偶尔带儿子玩一下，从来不关心他的学习。我女儿在银行工作，几乎每天都要加班、开会。这外孙读书又不自觉，叫他一放学回来就做作业，他从来不听，只想看电视，还讲不要阿拉管，真是气死人了！"

"是呀，郑老师！"外婆也气愤地说，"外公教育他，他还打外公！平时在家稍不顺心，就大喊大叫，甚至在地上打滚。为此事阿拉女儿也教训过他，但是好两天又犯老毛病了，真是拿他没办法！"

我一听，震惊了。小 W 虽然作业经常不做，但在校纪方面做得还是蛮好的，也从来不与同学起冲突，即使被同学欺负了也不会还手，怎么在家完全是两个样呀？

【问题归因】

在进一步的攀谈中，我逐渐归纳出小 W 不做作业的主要原因：他在校循规蹈矩，可能是有碍于老师的威信和校规，但回到家这层约束就没有了，他就表现得任性、冲动。父母又忙于工作，在对他教育上很少花时间和心思，也缺乏行之有效的教育方法。当他在学习上或是行为习惯上出现问题时，常以简单粗暴的方式解决，揍一顿了事。

【目标制定】

鉴于小 W 在家学习不自觉，又很难借助家校互动的方式来帮其扭转不良局面，于是我想是否可以通过建制合作学习小组的方式来对小 W 实施个别化教育，同时尽可能帮助家长调整家庭教育策略，适时给予小 W "特别"的关爱，以提高他学习的积极性和自觉性，产生绿色动力，促其转变不良习惯。

教育过程、效果及反思：

一、混杂分组，特殊安排

1. 合作意愿调查

首先以署名问卷的形式，请每位学生选出四名最愿意与其合作进行学习活动的同学（男、女生各两名），并说明选择理由。

三年级"我想和谁一起学习？"调查单

班级 _____ 姓名 _____

序号	学习小伙伴的姓名	选择的理由
1		
2		
3		
4		

小W拿到表格后异常兴奋，因为他最崇拜班里的学习委员小S了，所以毫不犹豫地先填上了她的名字。之后还填了邻居小T的名字，因为她是他最好的玩伴。

2. 绘制"合作意愿网络图"

接着根据全班调查结果，借鉴社会网络分析技术，绘制出"合作意愿网络图"，即先将班级学生姓名列在一张纸上，再用线段、箭头形式表示学生的意愿。

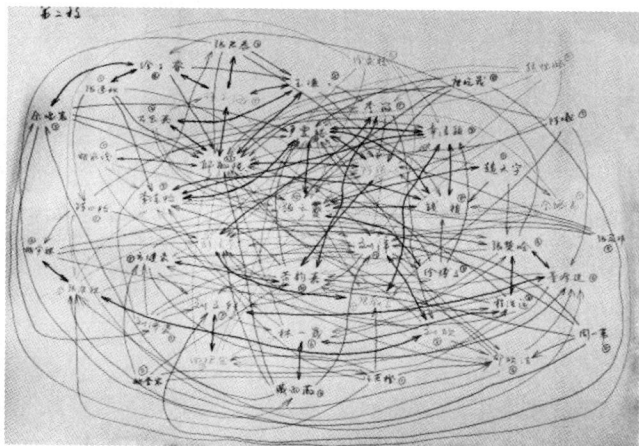

3. 提炼"互选关系图"

然后我将"合作意愿网络图"中有互选关系的学生单列出来，提炼出"互选关系图"。"互选关系"即两名学生相互选择对方作为自己最愿意合作的伙伴，这是合作学习分组策略的基础。

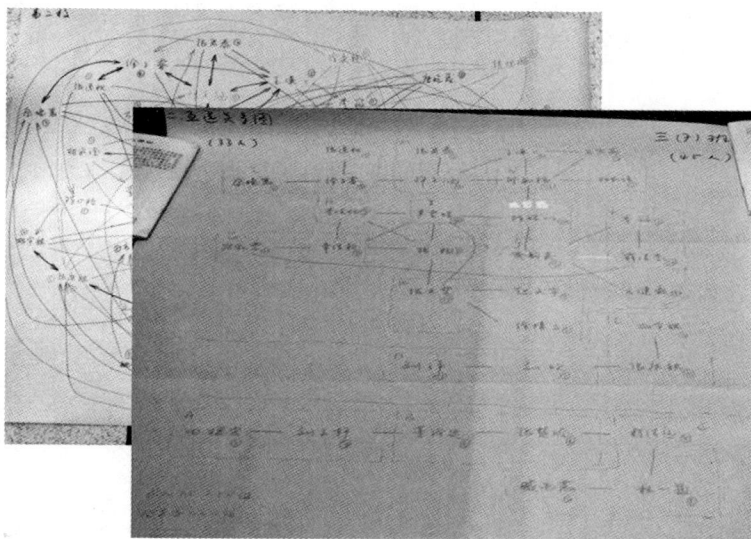

4. 确定各小组成员

最后鉴于"互选关系图"，综合考虑学生的交往能力、学习能力、组织能力和自我约束能力等因素确定四人合作学习小组成员。

| 讲 台 | | | | 前门 |

| 徐奕裬 | 严雯皓 | 刘文轩 | 陈心怡 | 徐博文 | 钱 祯 | 张楚晗 | 刘 欣 |
| 董徐延 | 田珺宏 | 胡宇祺 | 李 筱 | 赵天宇 | 臧雨薇 | 张君泰 | 章清颖 |

| 赵忱璐 | 薛清莹 | 张康祺 | 张云斐 | 徐子睿 | 金晓晨 | 唐屹晟 | 刘 洋 |
| 林一晟 | 王谦谦 | 刘济豪 | 郁欣洁 | 张宸玮 | 许子涵 | 方健豪 | 金路易 |

| 陈皓明 | 邱敏悦 | 陈 曦 | 张逸秋 | 胡家俊 | 左思嘉 | | |
| 黄韵嘉 | 唐叙雯 | 程浩远 | 汪若橙 | 姚叠宸 | 李佳怡 | | 后门 |

基于小 W 意愿的混杂分组是以减少组内交流障碍为出发点的，尤其小组的座位是以前后四人为单位的，更有利于开展组员间的互动，因此我特意把学习委员小 S 和邻居玩伴小 T 分在了小 W 组里，让小 W 如愿以偿，小家伙显得十分满足。

二、选择细目，强化责任

1. 小组命名，激发动力

在为合作学习小组起名时，思维活跃的小 W 立即想出了以"彩霞"为组名的主意，并称自己为橙色宝贝，希望阳光般的橙色能带给大家温暖。大家为了鼓励小 W 都纷纷赞同，并希望橙色宝贝能在各方面为小组争光，小 W 表现得胸有成竹。

三（7）哈哈班_____合作小组评比表

日期	培养目标	懂规则、守秩序				负责任、能自理					平均分
	考查点	戴领巾、穿校服	遵守课堂纪律	课间文明休息	排队有序（两操、专课、放学）	注意用餐文明	讲究个人卫生	保持课桌整洁	值日生、大扫除	按时上交作业	及时订正作业	10分制
彩霞	李佳怡										
	姚叠宸										
	左思嘉										
	胡家俊										
旋风	唐叙雯										
	黄韵嘉										
	邱敏悦										
	陈皓明										

2. 优先选择，委以重任

为了促使大家逐步养成独立学习的好习惯，帮助像小 W 一样不能自觉完成作业的同学，我分别从"懂规则、守秩序"和"负责任、能自理"两大板块设计了合作小组评比表，特别将"按时上交作业"和"及时订正作业"等十条细目列入了评比项目，每位组员认领 2—3 个管理细目，每天就这些细目对自己及组员进行监督。当轮为执勤小组时，也就此细目在全班进行为期 2 天的执勤，并在结束时作执勤报告。这样构建的小组能让孩子们自主挑选自己能胜任且喜爱的细目来参与班级管理，改变了以往老师要求干什么才去干什么的被动状况。

针对小 W 进入三年级后不及时完成作业的状况，我事先暗示彩霞小组其他成员推荐小 W 负责"按时上交作业""及时订正作业"这两个评比细目，而且每天由小 W 负责收齐组员的作业上交课代表，以此强化他按时做作业的意识，并激励他以身作则。对此，小 W 表现得乐此不疲。

三、评分优待，激发荣誉

在合作学习小组建制启动后，为了避免小 W 因作业问题影响小组成绩，学习委员小 S 经常督促小 W 抄全备忘录，以免回家遗漏作业；邻居小 T 时常邀小 W 到他家一起做作业，促使他养成一回家就做作业的好习惯；在校期间组员也积极配合，若老师有订正发下来，大家都会及时提醒小 W 尽快完成，帮助他养成订正不拖拉的好习惯。由于小 W 爱表现讲义气，对班级日常工作很热心，可在家中却"独"气太重，因此在班中开展合作学习小组的方式来对他实施个别化教育正符合小 W 小学阶段的身心特点。同时我还建议执勤小组，若小 W 未及时完成作业要给予他改正的机会，要相对宽容些对待他，用团队的力量让小 W 在行事时能顾全大局，使原先有点破罐子破摔的小 W 逐渐意识到自己表现不好会影响到小集体，这样调动其学习动力，培养其荣誉感和集体意识。

四、心理疏导，增强自信

在合作学习小组管理实施后，小 W 的执勤做得有条不紊。可过了两三个星期，他的老毛病又犯了，彩霞小组因此被扣了不少分，组员怨声载道，忍无可忍的情况下开始数落起小 W。

我及时对小 W 进行心理疏导："橙色宝贝，你不是偷懒不完成作业的对吗？"小 W 见我找他却没批评他，很意外。我接着说："老师看到你最近很努力，正如你的名字，真正给了大家温暖与力量。可近两天小组扣了不少分，小伙伴都很着急，你怎么想？"

"哇——"小 W 突然痛哭流涕，哽咽道："外公外婆烦死了，整天在我耳边叫'快做呀！快做呀！'呜——不管我怎么努力，甚至作业按时做完了也不给我看电视，还唠叨说人家小 S 从不看电视，多看课外书才会进步！我现在的进步还不大，还要再努力，不能放松！我一听就来气，索性不做了！"

"哦！原来你在赌气呀！"小 W 忽闪着泪眼惊异地望着我，我笑眯眯地说："你可是代表阳光的橙色宝贝呀，你会让经常放弃休息时间帮助你，放学后还打电话指导你作业的组员难过吗？"一语惊醒梦中人，从小 W 的眼神中我知道我运用的无条件积极关注奏效了。我继续展开共情教育："老师知道你很难过，外公外婆总拿别人的优点比你的缺点，其实你也不想拖小组后腿的，对吗？"小 W 如遇知音般不住地点头。我伸开双臂，把小 W 紧紧搂在怀里，在他耳边细语："老师知道你不会轻易被困难击倒的，相信自己是最棒的，再努力！有困难就来找老师好吗？"两行热泪从小 W 两颊滑落，我知道他的心结渐渐解开了，我所建立的正移情也开始奏效。与此同时我又找彩霞小组其他组员谈心，希望他们把小 W 当作自家的小弟弟，加倍关心他，尽量少指责。

之后，在班中我鼓励每个学生参与执勤汇报，让像小 W 这样的弱势孩子也能在历练中不断提高口语交际能力，增强自信，更让其在管理与被管理中更加清晰地了解自己的长处与不足，形成正面条件反射，从而助其体验成功，养成良好习惯。见到小 W 的起色后，我又语重心长地对小 W 说："郑老师设想：今后的小队长推荐就由每轮评分最高的前三组所有组员担任，如果你们小组在这轮评比中名列三甲，你也有机会带上赋予责任的小队长标志哦！"小 W 一听，眼睛更亮了，我知道他一定会更自信、更健康地成长。

五、家校合作，扭转乾坤

同时，在此期间我及时与小 W 的家长取得联系，将小 W 的心结告知他们，又将班级建制合作学习的小组情况和组员积极帮助小 W 的案例逐一阐述。当小 W 的父母得知自家孩子在合作学习小组的带领下取得的点滴进步后万分激动，同时他们也发现虽然小 W 在家是个暴脾气的独苗，但组内女生真诚的帮助、温柔的责备他都很乐意接受，很少与之产生冲突。在我的提点下，小 W 的家长也意识到自己的家庭教育确实存在很多问题，与孩子沟通交流的时间少，一味用自己理想中的标准来贬低现实生活中的他，久而久之孩子经常处于沮丧状态，对完成作业也就没有兴趣了，尤其加之棍棒教育不但伤了孩子的自尊，更造成了孩子的逆反。

隔周后，小 W 的家长竟然开始主动找我了解孩子的学习情况，还经常打电话与小组成员联系，接受她们的建议，并在家中和孩子商量也建立起奖惩机制，鼓励小 W 主动学习，千万别再拖小组的后腿了。得到了家长的大力支持，彩霞小组齐心协力，在后几天的评比中终获满分，大家笑了，小 W 更是欢呼雀跃，急着拿着家校联系册上鲜红的"☆"给父母看。

一个多月以后，小 W 情况逐渐发生了变化，他已经能每天按时完成作业了，上课也比以前专心了，甚至有时还能主动举手发言。小 W 的父母也反映，近段时间他竟然每天很自觉地在复习功课，主动按时完成作业，这在他读书以来是从来没有出现过的情况。

看着小 W 的成长，我渐渐领悟到：教育不要急着硬逼孩子，而要学会等待。同时借助家校合力，调动其绿色学习动力。对学生来说：自己的教训是最好的教训，自己亲身体验的经验是最好的经验。通过合作学习小组的建制，小 W 身上独生子女太"独"的气息渐渐少了，取而代之的是他与组员间的主动磨合、了解包容、互相督促、和谐管理。尤其平时表现优秀的学生也比以前更乐意帮助、提醒像小 W 这样需要特别关爱的伙伴了。班级管理也由原先的教师、班干部单线管理，转变为辐射式管理。

转变学生的学习方式是基础教育课程改革的核心追求和基本任务。以上阐述的合作学习小组的建制以合作学习为重心有效推进了学生学习方式的转变，成功地转变了小 W 的不良学习状况。设想这一策略还可应用于创造性地自主学习和探究学习等新课程中，我将为之而不断努力。

由上述两个案例可见，到了第二个阶段，我们开始具备结构化思考的能力，逐渐把第一个阶段看到的方向聚焦，并逐渐收敛主题，形成亮点，使项目组内的教师团队成员首先走向 GREEN 协同教学的共识，并让共识成为学校向前发展的指导工具。我们发现，支撑这一阶段的关键性力量来自学校骨干教师的示范、引领与带动。

第三阶段：系统实践、效能倍增

在这一阶段，课堂教学不仅仅在改变学生学习方式，同时也着重探索教师落实协同教学的教学策略。学校科研室组织教师们集思广益，将自己在教学中运用的教学策略进行梳理，从而形成了一个个小的教学策略案例，以供他人学习借鉴，也使得我们GREEN协同教学的达成路径更加清晰。这种将教学策略的研究和自下而上的创新结合起来的方式，成为此阶段最重要的杠杆。

教学策略是指教师在教学过程中，为达到一定的教学目标而采取的相对系统的行为。关于教学策略的含义，各研究者的阐述各不相同。邵瑞珍认为，教学策略是教师在教学过程中，为达到一定教学目标而采取的一系列相对系统的行为。① 由此看出，她强调教学策略的目的性及其整体结构；黄高庆、申继亮等认为，教学策略是关于有效地解决教学问题的方法、技术的操作原则与程序的知识。主要包括三个方面的内容：一是解决教学问题的方法、技术；二是这些方法技术的操作；三是操作中的要求和有目的、有计划的操作程序。② 这是从教学策略的使用角度来阐述的；而李晓文、王莹则认为，教学策略具有动态的教学活动维度和静态的内容构成维度。并且指出在动态的教学活动维度上，它是指教师为提高教学效率而有意识地选择筹划的教学方式方法与灵活处理的过程。③ 这个观点把静态和动态的角度综合起来考虑，但仍然偏重教学策略在教学过程中的实施技术。

总之，教学策略是以一定的教育思想为指导，在特定的教学情境中，为实现教学目标而制定，并在实施过程中不断调适、优化，以使教学效果趋于最佳的系统决策。它包含几层含义：一是教学策略包括教学活动的元认知过程、教学活动的调控过程和教学方法的执行过程；二是教学策略是教师在现实的教学过程中对教学活动的整体性把握和推进的措施；三是教学策略是一系列有计划的动态过程，具有不同的层次和水平。

在长期的研究与实践过程中，我们形成了如下三种基本教学策略：

1. 产生式教学策略

让学生自己产生教学目标，自己对教学内容进行组织，安排学习顺序等，鼓励学生自己从教学中建构具有个人特有风格的学习。也就是说，学生自己安排和控制学习活动，在学习过程中处于主动地处理教学信息的地位。我们最常使用的产生式教学策略便是前置学习策略和自我解答策略。

例如在一节数学课上，学习的是条形统计图。学生已经在二年级学习过相关的知识，本节课是在原有基础上的提升。课程开始14分35秒，老师布置了前置学习任务：

---

① 邵瑞珍. 教育心理学［M］, 上海：上海教育出版社, 1997：80.
② 黄高庆, 申继亮, 辛涛. 关于教学策略的思考［J］. 教育研究. 1998（11）.
③ 李晓文, 王莹. 教学策略［M］. 北京：高等教育出版社, 2000：5.

想一想：1格表示几?

填一填：完成纵线上数据的标注。

说一说：你是怎么想的?

之后学生们便开始了自主前置学习。他们在学习单上数数、算算、写写，还与同伴小声讨论、核对答案。

教师在本节课上使用该策略的目的在于：在之前学习的基础上，通过前置学习，发展学生的知识迁移、自主解决问题的能力。

这样的产生式教学策略具备如下优点：

① 可以积极地把信息与他们自己的认知结构联系起来，对信息的处理过程主动深入，因此学习效果较好；

② 允许学生自主地设计、实践和改善他们的学习策略，从而可以提高学生的学习能力；

③ 产生式教学策略主要出自学生自己，因此可以激发起学生对学习任务、学习过程和学习策略的积极性，培养学习兴趣。

但也有不足：

① 如若设计不妥，可能导致认知超载或使其情绪低落，或是需要学生花费大量的时间进行学习；

② 学习的成功依赖于学生先前已具备的知识及学习策略的广度。

2. 替代式教学策略

这种教学策略在传统教学中比较常用，它更多地倾向于给学生提出教学目标，组织、提炼教学内容，安排教学顺序，指导学生学习。我们最常用的替代式教学策略便是任务导向策略和关注生成策略。

例如在一节英语新授课上，老师已通过不同的情境引导学生学习了：

It makes me...、a pair of...、I need...、I want...、scarf、sock、gloves、jacket

等单词、短语与句型。

在练习与巩固环节中，老师出示了任务单，即希望学生能完成如下三个任务：

（1）将自己所需之物画在圈内；

（2）尝试用所学的单词、短语与句型来进行介绍；

（3）将该作品内容与自己的家人进行语言的交流与互动。

教师运用任务导向策略的目的在于：检测学生是否掌握了所学的短语与句型，及其综合运用的情况。

我们可以发现替代式教学策略具备如下优点：

① 比产生式教学策略效率高，它能使学生短期内学习许多内容；

② 知识储备有限和学习策略不佳的学生可以获得成功的学习。

同样，它们也会有不足：

① 因为学生智力投入少，信息处理的深度不够，因此学习效果不如产生式策略好；

② 由于教学安排过于周密，学生在学习中被动学习多于主动学习，因而学生学习志趣难以调动，制约了学生学习能力的发展。

3. 独立学习与协同学习相结合策略

独立学习指的是学生关注自己学习的掌握程度，强调自我发展；而协同学习指的是协同小组成员为达到共同学习目标，自觉地在行动上相互配合的一种学习方式。两者互相结合，从而达到优势互补的效果。

例如在一节实验操作课上，如何让旋转木马旋转起来是该课的主要学习任务。要完成这一任务，老师采用了独立学习与协同学习相结合的策略。首先通过协同学习的小组讨论，对旋转木马能够旋转起来的需求进行分析。学生可以参考老师所提供的问题进行讨论，也可以自行提出问题，与同伴交流自己心中的想法。最后，教师再次请学生通过独立的平台记录，获得属于自己的操作方案，并设计流程图，最后动手操作实验。

教师运用该教学策略的目的在于通过协同学习的小组讨论，对旋转木马如何进行旋转的需求进行分析，再通过学生的独立上机操作，总结属于自己的需求分析，并进行平台记录与动手实验。

因此，它具备如下优点：

① 能激励学生发挥出自己的最高水平；

② 能促进学生之间的互相帮助、共同提高；

③ 学习任务由大家共同分担，问题就变得比较容易解决。

它的不足在于：需要投入足够的时间与空间，才能让学生有充分的自主学习的表现。

那么，我们形成的这些教学策略是如何在课堂中落实的呢？

例如在三年级组的语文教研活动中，语文教师通过交流与探讨，整理了第 6 册语文教材中的各策略教学建议表，并将其实际的使用情况进行了举例说明。下表中便是关于自我解答策略的教学建议表。

自我解答策略教学建议表

学科 语文　　　　年级 三年级

课　　题	运用的目的	如何运用
《惊弓之鸟》	检测学生的预习情况，并引导学生通过问题的自我解答，关注课文的中心思想。	在教学前，布置学生预习课文，了解一下更羸是怎么样的人。 课间，交流更羸是个怎样的人？学生通过预习知道了更羸是古时候魏国有名的射箭能手。继而学生用"百步穿杨、百发百中、箭不虚发"等词语进一步说明更羸是一个射箭能手。然后，回到课文，结合课文，用上"不用、只要、就、能"再进一步介绍更羸特别的本领。

（续表）

课　　题	运用的目的	如何运用
《全神贯注》	检测学生的课前预习情况，并引导学生通过问题的自我解答，关注课文的中心思想。	罗丹是怎样全神贯注地工作的？默读课文第二节，你从哪些字词或短语看出罗丹全神贯注？生回答：我从＿＿＿＿＿，可以看出罗丹＿＿＿＿＿＿＿。可见，回答问题的前提便是学生预习过课文，根据提问再次思考，并对课文的中心思想有进一步的理解。
《牛顿在暴风雨中》	检测学生的预习情况，并引导学生通过问题的自我解答，关注课文的中心思想。	课始出示完牛顿的照片后，随即提问：谁知道这位伟大的科学家为科学做出过哪些贡献？可见，回答问题的前提便是学生早已在家预习了课文。那么课文预习的情况如何呢？听一听学生的回答便知道了。
《燕子过海》	检测学生的预习情况，并引导学生通过问题的自我解答，关注课文的中心思想。	这年春天，成千上万只燕子从南方飞回北方时，在瑞士境内遇到了麻烦。它们遇到了什么麻烦呀？ 回答问题的前提便是学生早已预习了课文。那么课文预习的情况如何呢？听一听学生的回答便知道了。 学生回答：它们遇到的麻烦是天气寒冷，因为气温骤降、风雪不止；它们遇到的麻烦是饥饿，因为天气寒冷几乎所有的昆虫都被冻死了；它们遇到的麻烦是又冷又饿（饥寒交迫），因为气温骤降、风雪不止，几乎所有的昆虫都被冻死了，它们没有食物了；它们遇到的麻烦是非常疲劳，它们飞过了无边无际的大海，飞过了连绵起伏的高山，飞过了许多地方，飞行了很长很长时间，这可真是一次长途跋涉呀！

我们发现，系统的实践，真正让 GREEN 协同教学这一改革举措效能倍增，而支撑这一倍增的关键力量是全体教师的执行力，以及他们在执行时更加富有群众性的创造力。

第四阶段：拓展辐射、彰显品质

在这一阶段，我们期待的是：如何让我们的"GREEN 协同教学"从解决了学生学习动力指数，丰富、拓展到学生、教师、学校发展的其他指数、其他领域？如何让我们的"GREEN 协同教学"从对我们四中心小学学校的品质提升拓展到集团内、学区内、区域内的其他学校？

事实上，"GREEN 协同教学"探索至今，师生能力均得到了明显提升。在新一轮的绿色指标测试中，我校的学生学习动力指数有所改善，学生在各级各类展示与交流中展示了四中心学生良好的风范。我校的教师也在各级各类展示、比赛中获得不俗的评价。"GREEN 协同教学"不仅提升了学生的学习动力指数，也提升了师生关系指数、教师教学方式指数、校长课程领导力指数……"GREEN 协同教学"也已经向四中心集团内的学校推广、辐射……

通过"GREEN 协同教学"的实践探索，我们发现"GREEN 协同教学"在实现"协同"文化的过程中，逐渐凝练了三大核心价值观，即"踏实勤奋""谦和宽容"和"智慧博学"。我们认为，"踏实勤奋"是一种态度，是一种境界，是行事的哲学；"谦和宽容"是一种气度，

是一种风格,是做人的哲学;"智慧博学"是一种追求,是一种价值,是育人的哲学。他们具体体现在:

1. 它具有 GREEN 的治学态度。在课堂中,它以严谨踏实的治学态度引领教师和学生就某一问题进行深入地探讨,使身处其中的师生耳濡目染,踏踏实实工作与学习,认认真真探索与实践,从而起到润物细无声的效果。因此,GREEN 的治学态度让师生更加踏实勤奋。

2. 它具有 GREEN 的人际关系。在课堂中,教师与教师之间、教师与学生之间、学生与学生之间均能互相包容、互相合作、互相学习、和谐共处。因此,GREEN 的人际关系能让师生更加谦和宽容。

3. 它具有 GREEN 的课堂情趣。(1)它能关注本质,落实学科价值,即一方面各学科教研组通过集体研讨,明晰价值,理清认识,改善行为,努力形成具有本学科特色的课堂教学面貌,另一方面,又在尊重学科差异的基础上,从各学科特点出发,探索适合本学科的教学改革策略。(2)它能尊重差异,实施多元教学策略,即目标定位基于学情,根据学生的基础和能力,分层制定教学目标、布置分层作业以及灵活多元地进行学习评价。(3)它能着眼发展,多种素质并重,即以学生的多元发展为目标,开展协同主题教学。因此,GREEN 的课堂情趣让师生更加智慧博学。

我校 GREEN 协同的四个阶段

阶段 要素	第一阶段	第二阶段	第三阶段	第四阶段
核心点	创新、尝试	聚焦、收敛	清晰、优化	丰富、拓展
重要点	愿景方向	学习方式	教学策略	协同发展
关注点	锚定问题	建构方案	系统实践	彰显品质
支撑点	校长领导力	骨干示范力	群体执行力	文化自觉力
本质点	想清楚	搞明白	做成功	推出去

展望:"GREEN 协同教学"的未来之旅

在探索"协同教学"的过程中,我们发现"协同"使得四中心小学的学校教育生活具备了厚重的哲学意蕴:它既是一种"价值观",提供了四中心人认识事物、理解教育的理念基础;它也是一种"方法论",是四中心人力行追求的育人方式、策略与路径;它还是一种"存在方式",是我们全体四中心人校园生活的形态与生态。

未来,我们将在以下两方面继续探索协同教学:拓展校内外多维协同,经营促进学生全面和谐成长的"同频共振场域";探索人机协同的智慧教育,研究依托智慧数据平台开展精准化、个性化、定制化的绿色生态教育,让"GREEN 协同教学"更好地助力于四中心师生的成长与学校的发展。

实践探索篇

体验各科之长　享受多创之乐

——记 IPA 学科实践之感

陈健君

一、引言：对"满意"的认识

GREEN 绿色协同在我校实行已有多年，在本学期新接手的一年级 IPA（协同探究实践课）中，我沿用之前的教学媒体，根据主题，结合自身所擅长的英语学科以及较强的动手制作能力，与多学科的教师在课前进行讨论、研究，制定学习方案以及活动内容，并在一年级平行的三个班进行不断地实践、修改与反思。

如何使课程让学生"满意"，是我在课程实施前思考最多的问题。我试着让学生通过多种多样的活动，如：贴合生活的小制作、科学小实验的研究、自编创意故事、绘制思维导图、英语经典故事表演等形式，培养出学生观察与发现问题的眼睛，探索与研究问题的头脑，实践与解决问题的能力。

学生的"满意"具体体现在他们与老师沟通的方式中。开心——是一年级小朋友对于 IPA 课程惊人相似的评价。当我在回办公室的走廊上，学生会异口同声地对我说：陈老师，下一节是你的课哦！当我坐在办公室的时候，又会有学生从玻璃窗上探出脑袋对我说：下节课要画思维导图，真是太棒了！孩子们的简单想法有时大人们无从理解，但从他们对于 IPA 课程的小期许以及小脸上洋溢出的小幸福来看，我还真是有些得意。得意于课程被学生们喜爱，得意于教学方法为学生们所接受。当然，IPA 课程也不是开始就顺风顺水的，从开始的课堂上有孩子哭闹着不肯画画，到该生自信满满地上讲台来介绍他的创意与想法，这中间"体验"二字在课程中发挥着不可忽视的作用。下面就来谈一谈 IPA 课程中的"体验"。

二、案例呈现：多维度"体验"课程

为了让学生在课程中通过"体验"有所收获，任务导向型的替代式协同策略在课堂中使用得比较多。它可以带领学生体验提问、思考、表达、探索、研究、制作。

（一）**体验提问与思考**。在《蚂蚁王国》这一课的教学中，老师首先给学生们展示了一个关于蚂蚁的绘本故事，在故事中蚂蚁各有名称，各司其职。学生们在了解了工蚁、兵蚁、叹后、飞蚁、切叶蚁和畜牧蚁的各种知识后，老师提供了一张思维导图中的泡泡图来帮助学生理清思路。

我问道："工蚁、兵蚁、蚁后……这些都是蚂蚁的……？"

学生马上能回答："是蚂蚁的种类。"

接着我又提问："兵蚁可以抵挡敌人的进攻，蚁后可以繁殖后代，这又是……？"

学生们有的说是能力，有的说是功能。

我说："对啊，这都是蚂蚁的分工。"

学生们通过两轮的问答，马上就体验到了老师的提问是在帮助他们进行归类与总结，思维导图的功能一下就凸显了出来，为之后学生自己进行思维导图的绘制奠定了良好的基础。

接着，我并不急于让学生通过口头表述来完成这个泡泡图，而是让学生在小组里讨论他们还想了解一些关于蚂蚁的哪些知识。小组中的学生热烈地讨论了起来：有的说最大的蚂蚁有多大，最小的蚂蚁有多小？有的说是不是蚂蚁只能活一年呢？又有的说蚂蚁喜欢居住在什么样的地形？

孩子们的思维真是让人出乎意料，于是我引导他们逐一填写好：蚂蚁的体形、蚂蚁的寿命、蚂蚁的家等等，让学生回去后进行资料的收集与整理，在下一节课中进行交流。通过这样的形式，学生的提问水平得到了一定的提高与发展。

（二）体验制作与表达。 在上《花生小人》这一课时，为了提高学生的口头表达能力，我事先让学生利用花生制作成了一幅花生图。这是由一颗花生一掰二，空心部分填充上纸巾并且涂上白胶，粘贴在铅画纸上，由学生进行绘制与涂色，背面再衬上彩色纸的小制作。学生通过第一课时的看图编故事，到第二课时的动手制作一个花生小制作，再到第三课时自编的《花生小人》故事，可以说是一气呵成。可见有趣味的任务确实是带动学生学习积极性最好的方法。

班上有个叫许明天的孩子自编了一个《布朗先生大战偷油贼》的故事，故事讲述了布朗先生如何利用现代化高科技设备打败了偷油贼，现场的孩子们与我都听得津津有味。故事讲到一半，许同学还向台下的学生提问，台上台下一本正经貌似老师与学生间的对话让我忍俊不禁。故事的结尾，还向我们讲述了花生油的制作过程，让我不禁感叹后生可畏！自此，班上的学生都模仿了此形式进行故事讲述，你争我抢，活跃了课堂氛围。

（三）体验探索与研究。 在上《纸》这一课时，我们通过动画片知道了蔡伦及造纸术发明的过程。在课上，我请学生们带来了平时使用的漱口水，再准备了些瓦楞纸和纸巾，让他们在小组中完成这个小实验。

我请4位同学分别担任不同的协同分工，各司其职。一位为实验者负责滴水。一位为控制者，掌握好实验的5分钟时长。一位为研究记录者，将实验结果进行记录。另一位为汇报者，汇报该小组的实验结果。

第一次做小实验，学生们兴奋又紧张。大部分的小组实验结果都是一样的，有一位小组的成员向我发问："老师，为什么我现在看瓦楞纸滴过水的地方，也有点透明呢？"我说："那你是不是离规定的 5 分钟实验时间已经过去了很久了呢?"他想了想确实是。我补充说明,所以小实验中我们很重要的就是控制变量,要在同等的条件下进行观测。

有的小组成员向我提问,能不能在自己带的其他纸上进行实验。在课的前半部分,我曾让他们搜集好不同的纸,通过观察和触摸来研究不同纸的用途,在这个时候就派上用场了,当然要鼓励他们进行探索与研究,让他们在课后增加一项实验对比。

注重"体验"的课程与我们传统的教授型课程不同,虽然它需要的时间和精力比一般课程更多。但是在课中,老师所使用的协同策略,更好地帮助学生通过多种感官,在小组中形成相互讨论、研究以及探索的良好氛围。学生们各司其职,都能有深入体验的机会,才能更高效地进行探索与思考,从而有所创造!

三、案例反思:给教师的实施建议

我主张在教授低年龄段的 IPA 课程中应注重体验,因为有体验才会有思考,有体验才会有研究,有体验才会有探索。建议教师在 IPA 课程的实施中,可遵循体验"提问与思考"来帮助学生进行归纳与总结。在课前,教师应深入研究所授主题,基于学生的年龄与知识基础,去除过于深奥的内容。同时引导学生进行思考,从多角度发出疑问,选择有价值的问题来展开讨论,为所探究的内容打下坚实基础。体验"制作与表达"来帮助学生发挥想象力。在课程后期,根据所探究的内容,教师可设置相应的动手环节。回顾上学期的主题内容,我们不难发现有趣的制作不但能促进学生对相关知识的记忆,并且能发展学生主动进行表达的能力;体验"探索与研究"来帮助学生建立科学观的方法。课程中很大一部分的知识是与科技紧密相关的,科学离不开实验,教师可在课间增加相应的实验环节,让学生通过一个个的小实验,了解控制变量对于实验结果的重要性,养成注重观察、乐于研究的好习惯。教师只要注重了这三个"体验",就能让学生们多维度地体验 IPA 课程与传统单一学科的不同之处,领略新课程所带来的知识重整与融合的魅力。

同时,教师在小组活动中应注意观察每个孩子是不是都有动手的机会,是不是都能参与到热烈的讨论中去,小组中的成员能力各不相同,可以让能力较弱的学生动动手,能力较强的学生进行总结与归纳。到下一个主题,也可以让能力较弱的学生跳一跳,在小组中进行观察。只有学生积极的情绪被调动起来,学生才能进行主动思考,也才能在活动中有所收获。

"协同学习" 给学生满意的课堂

丁　靓

一、协同学习背景

在课程改革的背景下，办令社会满意的教育是我们每个教育人共同的目标。把学习时间交还给学生，让他们从中收获成就感，这就是学生满意的课堂。提高学生的学习效率和学习兴趣，让 35 分钟时间充分运作起来，这就是老师满意的课堂。作为一个基层教师，上好每一堂课，让学生在课堂中有所收获，在学习过程中不仅积累知识还能增长本领，就是一堂会让学生和教师都很满意的课。

我们常常会在教研时讨论"今天这堂课我感觉很不错"，抑或是"今天这节课我上得不舒服"，这都是教师对于一堂课满意与否的最直观感受。课堂上，孩子们的回答是否流畅，能否在三言两语的点拨下，开动脑筋积极回答问题等，都会成为评价课堂有效性的关键。而"协同学习"是其中一个很有效的方式，我们学校也通过研究各种"协同教学"方式、"协同学习"模式等，让课堂效率进一步提高。

"基于小学生协同学习的教师教学策略研究"是我校协同教学研究的第三期主题。在这一主题下，我们语文教研组也要求围绕学生的协同学习，建立了协同学习小组。

二、协同学习实践

《称象》是沪教版语文第四册中的一篇传统课文，记叙了曹操的儿子曹冲在七岁时就动脑筋想办法称出大象体重的故事。课文的重难点在第 3、4 段的理解上。二年级学生已经能够通过一些简单的方法指导来进行自主学习。在教学第 4 自然段时，我使用了"先扶后放"的方式，在教授完第一句之后，通过协同学习小组的形式，让学生采用相同的方法自学后面的三句话。这样做既能保证学生充分的自学时间，又能通过指导学生评价各种称象方法的优劣，从而逐步培养学生的评价能力，使学生在课堂中有较大的自主权。

（一）文本细读，把握教学重点

本文讲述了曹操得到一头大象，让手下的官员们想办法称出大象的重量。可是那些官员们想出的办法却让曹操听了直摇头，还是曹操的儿子——当时只有七岁的曹冲想出了称象的好办法。人们照曹冲说的办法去做，果然称出了大象重量的故事。

本文共 5 节，按事情的发展顺序分成三部分：第 1—2 节简要交代了事情的起因；第 3—4 节通过人物的语言具体介绍了官员们和曹冲提出的称象方法；第 5 节验证了曹冲说的称象办法是可行的。

　　本文的语言比较简洁，通过描写曹操听大家说不同的称象办法时的不同表现，让我们感受到他对官员们的不满和对年仅七岁的儿子的赞赏。本文主要表现曹冲的聪慧过人，小小年纪就善于将各个事物联系起来，运用学到的知识，解决实际问题。

　　从理解的角度看，曹冲所说的四句话全是重点和难点；从表达的角度看，它是读写结合的范例；从学期的重点及阶段的连续性来看，它又是典型材料。在这里可以把听说读写训练结合起来，有利于培养学生的观察能力和思维方法，激发学生的观察能力和思维方法，激发学生的学习兴趣，把能力因素和动力因素的训练有机结合起来。最后，还可以鼓励学生写写自己做过哪些聪明的事。抓住了这一点就能一举多得。

（二）整理思路，把时间还给学生

　　在教学《称象》一课时，我发现在复述曹冲称象的过程时，如果始终紧紧抓住学生，以老师的思路来学习，会大大降低课堂的效果，削弱学生的学习兴趣。在学生了解了学习方法后，我觉得更应该发挥协同学习小组的作用，将学习方法教给学生，让学生在课堂上自主学习。于是，我在这一课的设计中有意识地将学习协同小组融入课堂中，尝试着让学生根据所学的学习方法来自主学习。

　　在第二课时的教学中，我设计了总结学习方法的内容，"学习后三句话的汇报"活动使学生在相互补充之后，明白文章的脉络以及内容，掌握阅读理解的方法，同时也避免了教师灌输式的教育。

（三）教学片断

　　教学片断：

　　1. 总结学习方法。

　　刚才，我们先读了句子，圈出了描写称象动作的词；然后再针对这些动词提出疑问；最后联系上下文解决了问题，读懂了句意。现在，老师请大家用这样的学习方法，自己学习后面的课文内容。

　　出示学习方法：

　　（1）朗读句子，圈出动词。

　　（2）针对动词，提出问题。

　　（3）联系课文，解决问题。

　　2. 读句子、圈动词。

　　谁来读这三句话。你圈出的动词是？（板书：赶、装、称）

　　3. 质疑。

　　师：围绕这三个词，你想提出什么问题？

（续表）

4. 读课文，解决疑问。

（1）那我们就来联系上下文，解决这些问题。先来看，为什么要往船上装石头？

（2）再来看第二个问题，课文中的哪一句话也讲到了画线的问题。

5. 齐读句子。

6. 说称象的方法。

师：能不能也用上这几个动词，说说称象的这后几步方法呢？

三、分析与反思

在总结方法后，我让学生自主学习，通过协同学习小组的形式自学后面的内容，取得了良好的教学效果，节省了不少讲解时间。而我之前所担心的学生可能无法按照要求来做的顾虑，也随着他们有条不紊地按照要求完成而慢慢消失。在后面的教学中，我牢牢抓住"教方法而不是教内容"的宗旨来展开教学，同时渗透于点评语中，让学生知道了掌握学习方法的重要性。

学生能够从中收获到的不仅是课文清晰叙述称象步骤的方法，还通过反复练习，掌握了找出关键词并归纳的表达方法，这对他们升入高年级后的学习打下了坚实的基础。

在上完这一课后，学生的反馈都比较良好。孩子们在课后纷纷表示，这样上课的方式很有趣，希望能够在以后的课堂中经常这样做。我想，这就是协同教学的魅力所在。

追求令学生满意的协同教学

——浅谈协同学习小组策略在《列车上的"人造屏障"》一课的运用

刘　琼

一、认识

追求令学生满意的协同教学是我校第八期三年规划中"GREEN 协同教学"的宗旨。作为语文教师，在课堂上要达成令学生满意的目标，就应切实关注学生的学习经历，全面提升学生的语文素养，尤其要注重学生语文学习策略的指导和学习经历的积累，充分关注每一位学生，激发他们学习的兴趣和积极性，让他们能在课堂中快乐地"习得"，并获得各方面的进步。那么如何才能做到这样令学生满意的协同教学呢？笔者经过教学实践与不断反思发现，在课堂教学中适切地运用协同学习小组策略，就能改变传统单一的教学模式，改变教师主宰课堂、学生被动接受的教学现状，给课堂注入一股"新鲜血液"。因为它能极大限度地调动学生的主观能动性，学生在自主合作与探究中，在认真而愉悦地充当"小老师"的角色中，真正感受到自己是课堂中的"主人翁"，切切实实地体验到协同学习带来的满足感。可以说，协同学习小组策略的运用有利于教师在课堂教学中充分关注学生的学习经历，全面提升学生的语文素养，也是真正达到了"授学生以渔"，而非"授学生以鱼"的目标，是一种行之有效且令学生满意的协同教学策略。

二、案例

四年级下册的《列车上的"人造屏障"》这篇课文体现了澳大利亚人民自觉遵守社会公德，有着良好的公民意识，这与品德与社会学科协同。尤其是课文第 5 自然段，主要通过介绍两个典型人物（金发女郎、长者）帮助小男孩文明地解决"撒尿危机"的事情，充分体现了澳洲人的文明、热情和智慧。

第一次执教第 5 自然段时，我是按照课文对两个人物描写的先后顺序，要求学生先学习描写金发女郎的语句，抓住关键词说说她给你留下了怎样的印象？之后再让学生学习描写长者的语句，抓住关键词说说他给你留下了怎样的印象？当时课堂气氛很沉闷，学生学习积极性不高，抓关键词说想法的时候大都是泛泛而谈，对人物品质的理解不到位，最后基本上都是由老师给出答案。

对此，我对整堂课中是否真正做到"关注学生的学习经历"进行了认真反思，并对文本进行再次仔细研读。第二次在另一个班级执教时，我一改以往由老师提出所有问题，安排好所有学习顺序，学生只能机械、被动地学习局面，这次我采用了协同小组学习策略，收到了出乎意料的良好效果。

以下是当时教学《列车上的"人造屏障"》第五自然段教学片段再现：

师："撒尿危机"牵动了满车厢乘客的心。而文中只具体写了两位，现在请1、2、3小组合作学习描写长者的内容，4、5、6小组合作学习描写金发女郎的内容。学习时先读通句子，再抓住关键词语说说他（她）给你留下了怎样的印象？（此时全班学生分成两个合作组进行两大内容模块的协同学习。）

师：现在请学习了不同人物的两个人为一组，互相教给对方你刚刚所学到的知识。

（学习时段后，生各自回到座位，开始全班总结回顾。）

生：我先说的是金发女郎。我从"崭新"看出金发女郎很乐于助人。因为她不是拿出一个旧的，而是崭新的饼干听子给小外孙撒尿。

师：你读得很仔细，尽管我们从文中还不知道金发女郎当时是否有旧的听子，但至少她把自己还装着饼干的崭新听子拿出来帮助小外孙，确实是——

生（齐）：乐于助人。

师：还有补充吗？

生：我从"送上"看出金发女郎很热心。

师：是呀，你也读得很认真。我们可以说金发女郎帮助别人真的是非常——

生：热情。

师：（板书：热情）可是小外孙对着空听子——

生（齐）：不肯在众目睽睽的车厢里撒尿。

师：此时此刻另一位乘客又是怎样做的呢？

（学生纷纷举手）

生：我从长者说"这个孩子很懂事，知道在众人面前撒尿是不文明行为，我们大人应该尊重他"，看出他很尊重人。

师：说得很好，长者尊重小外孙讲文明的行为，那说明长者也是位——

生（齐）：讲文明的人。

师（板书：文明）还有补充吗？

生：我从"说着，他发动了十几位乘客，在车厢一角背靠背地站成了一圈人造屏障"，看出长者很机智。

生：对，在当时危急的时刻长者急中生智想出了办法！

师：是呀，你们分析得很正确。我们可以说长者真是位充满——

生：智慧的人。

……

三、分析

在以上片段中采用的就是协同小组学习策略，其操作步骤和注意事项如下：

　　首先将要学习的第 5 自然段内容分成两个板块：第一，金发女郎怎么做？她给你留下怎样的印象？第二，长者怎么做？他给你留下怎样的印象？

　　其次，将不同板块的学习任务进行合理分配。我将全班 22 个学生分成两个协同学习大组，每大组都是由邻近 3 个小组（3—4 人为一个小组）共 11 人组成，并分配给两个大组明确的学习任务。学习时段过后再形成两人一组的协同学习小组。协同学习小组是由刚才学习了不同内容的两个人为一组，互相教给对方刚刚所学到的知识。在这个学习活动步骤中，教师布置学习任务的导语要明确，易于学生操作，并明确学生互助学习的方向，保证活动的效率。在小组"协同"时，教师可以巡视并作适当的点拨和指导。

　　最后，集合全班达成共识。在上面这个片段中，因为每个学生抓的关键词句不同，对第 5 自然段描写的两个人物的看法本身就有不同的侧重点，加上在小组成员间交流讨论时的方式方法和分析程度、效果不同，所以此次在小组"协同"后，还需集合全班作统一回顾。经过全班学生的相互交流、补充，教师的适当引导、修正和鼓励，学生们对人物的认识再次碰撞出火花，最终一边交流分析，一边总结出了关键字词：（澳洲人）热情、文明、智慧，从而师生无形中对澳洲人的品质特点达成共识。

四、总结

　　协同学习小组策略是小学语文课堂教学中应用非常广泛的一种，只要学习材料可以划分成许多部分或板块，并且各个部分在学习时没有必要遵循先后顺序时，就可以恰当地在教学中有效应用此策略。比如以下几种情况：

　　有多个部分或小标题组成的课文可运用协同学习小组策略，如教学《我们家的男子汉》，可以让学生四人为一小组，选择其中一个小标题按学习单学习。学习时段过后，形成"协同学习小组"。这个小组由三个学习不同小标题知识的学生组成，他们再互相教授自己学过的东西。最后全班一起总结、归纳全文知识要点。

　　针对课文中所要分析的多个人物可运用协同学习小组策略，比如《将相和》中对蔺相如和廉颇等人物的分析。

　　针对课文中一种事物的多个特点可运用协同学习小组策略，如教学《家乡的桥》一课，我把桥的数量多、造型千姿百态、名称充满情趣、是孩子们的乐园这四个特点分成四个学习板块，全班分成四个研究小组，分别按学习单的要求学习其中一个板块，然后，组成四人为一组的协同学习小组，把各自所学互相教授，最后全班汇总释疑。

　　教学实践中我们发现，协同学习小组策略的运用，可以提高学生的学习成绩，改善其人际关系。在协同学习小组这样轻松的学习环境中，教学者与被教者的信息都可以及时得到反馈，学习者就会更加积极主动地学习，获得更多的乐趣。与此同时，教学者在此过程中要扮演一个教师的角色，那么他就会无形中增强自我意识，提高了自我效能感，从而真正达成令学生满意的协同教学目标。在实践中如能这样循序渐进地教学，真正把学生的发展放在首位，相信它最终能引导学生学会学习，有效地实现自身的发展。

让学生写出满意的作文

——基于任务导向的作文教学

黄嘉烨

许多学生一见作文就头疼，越是到了高年级他们就越是害怕写作，觉得没东西可写，我们教师也害怕教，觉得没东西可教。一篇作文从指导到习作，从批阅到讲评，教师可能更多地关注目标的落实，更多地关注写作的结果，而忽略了学生的情感体验，忽视了学生写作的过程，导致学生写作兴趣始终不高，写作能力难以提升。

一、依循课标，激发写作兴趣

作文是学生认识水平和语言文字表达能力的体现。《小学语文课程标准》中提出，小学生作文的主要任务是"养成观察生活、体验生活、思考生活的习惯，能及时记录自己的所见、所闻、所思、所感；能用规范的书面语言正确表达自己的思想感情；能根据日常生活的需要，运用各种表达方式写作"。

苏联教育家说："只有在学生情绪高涨，不断要求向上，想要把自己的想法表达出来，才能产生出使学生的作文丰富多彩的那些思想、感情和语言。"可见，只有当学生对写作产生了一定的兴趣，他们才会用心积极主动地、心情愉快地投入其中。这样，学生才能有机会、有可能写出令人满意的作文。

二、经历过程，写出满意作文

写作过程本身的价值在于使学生既经历一个知识建构的过程，又经历情感体验的过程，带给学生探究的体验、创新的尝试、实践的机会和发现的能力。在作文教学中，应该鼓励学生用自己的眼，以自己的心去理解、感受生活，挖掘生活中最熟悉的，最能打动心灵的宝藏，写真人真事，抒真情实感。这种体验、感受能力在作文中显得尤为重要，缺失了这种能力作文便成了无源之水，无本之木。也正是这种能力，使学生的个性充分体现。它是大千世界最可贵的东西，它赋予作文活力，它形成了作文的千姿百态。

寓写作于丰富有趣的活动之中，正是关注学生的学习过程，从而唤起学生不吐不快的表达欲望，记录下令自己愉悦的事件，写出使自己称心满意的作文。可见，只有当学生对作文产生了一定的兴趣，他们才会用心积极主动地、心情愉悦地写作。写作的过程是学生感受生活、发现自己、理解人生的过程，开展丰富有趣的活动是创造一个让学生与自己、与他人、与自然的对话过程。在这个过程中，让学生看一看、玩一玩、做一做，学会体验，学生的写作潜能将得到充分地发挥，才能把真情实感流露在他们的字里行间，相信只有这样的写作是能让人满意的。

三、基于任务导向的"以学定教"写作教学策略

本次执教的《记一次＿＿＿＿的小试验》是一堂四年级的习作课。本次习作的学习重点是：选择一次试验写下来，按照顺序把试验的经过写清楚，写具体，并要写出试验过程中人物的心理变化。"写什么"和"怎么写"是作文教学指导的两个基本任务导向。在对本节课进行教学设计时，我将一次描写人物动作、神态、语言等的写作方法有机地结合于试验活动过程中，让学生感受到作文有法可依，有章可循，从而使学生开开心心活动，轻轻松松习作，让学生在轻松愉悦的氛围中，扎扎实实地习得描写的技巧，写出满意的作文。

（一）基于写作任务，交流试验体验，激发写作热情

为此，我在课程一开始便设计了一道交流题"你曾经做过哪些小试验？有什么感受？"布置学生参与交流，使学生平时悄然而过的生活得到再现，激发学生写作的兴趣和欲望。这一"课前热身"的环节，为课堂的有效教学起到了很好的铺垫与承接作用。动手试验是为学生们所喜爱的，有了这样一个学习动力，他们纷纷投入了极高的写作热情。

我以此为切入点，引导学生学习从不同的角度去给文章命题，在训练命题的同时让学生对文章着力点有所思考。学生可以从试验的内容出发，如一次空气流通的小试验、一次浮力试验，或者一次制作酸奶的试验，也可以从试验的结果是成功还是失败的角度去考虑，还可以从试验给人的感受的角度取题，如记一次令人难忘的小实验等。

（二）基于写作任务，试验体验，指导写作技巧

本课程中一个最主要的任务环节就是让学生运用生活的体验，在快乐的体验中积累写作素材。我为学生展示了一个"针学游泳"的小试验。首先，通过图片形式让学生认识试验所需要的器材，尝试试验。在试验失败之后，分析原因，找到试验方法。接着，我们播放了一段试验的视频展示在课程上。

随后，我请学生上台试验"让针浮在水面"上，对其余学生交代学习任务，要他们仔细观察试验动作，以及做试验的学生伴随着试验结果变化时的神态变化。活动中，我引导他们观察要用眼睛看，用耳朵听，要关注人物的动作，揣测心理活动。这样边观察边思考，更有利于孩子表达出自己的真实感受。说话是写话的前提，学生能说得流利，说得具体、生动，才能写得充实，写得精彩。在说话指导的过程中有意识地渗透习作方法的指导，比如：在指导如何把心理活动写具体的过程中，选择了试验中的一个片段，然后让学生根据写作提纲进行描写。让学生通过"解剖"，把抽象的概念具体化、形象化。有学生写道：轮到我了，我第一次试验时，有十成的信心，相信自己一定能行。可能是我太大意了，第一次试验失败了。第二次试验时，一丝恐惧穿进了我忐忑不安的心房。会不会又失败了呢？这时，我学着黄老

师的样子，也拿了一张纸垫底。可结果我和黄老师不同，我把针放在纸上，总想玩出点新花样来。只见纸沉了下去，针还浮在水面上游泳！刚想叫"我成功了"，没想到，针和我开了个玩笑，在水面上只转了一圈，就来了个"蛙泳"，"命丧水中"了。

课堂上，学生通过仔细观察试验过程，看清试验是分哪几步完成的。在熟悉试验过程的基础上，让学生用上表示先后顺序的词把试验过程有条理地说清楚。

（三）基于写作任务，仿照例文尝试写作

古希腊哲学家亚里士多德说："人从儿童起就有模仿的本能。他们因模仿而获得最初的知识，模仿就是学习。"我认为作文教学自然应该遵循"从仿到创"的基本途径。

在这堂课的设计中，我们根据本次习作的四个要求，先调动学生回顾曾经学过的课文：《哥伦布竖立鸡蛋》中的语言积累。随后"量身定做"了一篇习作例文。课堂上，我们组织学生阅读例文，明确本次习作的四个目标，即：（1）按照先后顺序把试验的经过写清楚、写完整。（2）写出试验中事物的变化情况。（3）写出试验中人物的心情变化。（4）做到语句通顺、连贯。通过这一环节的学习，学生对本次习作所要达到的要求就有了一个明确的目标。

在让学生交流试验内容时，我出示了评价要求，（1）能用上合适的动词和表示先后顺序的连接词。（2）内容完整，有恰当的心理描写。（3）叙述清楚，语句通顺。让学生在交流的时候做到这三点。有了明确的评价要求，学生似乎也找到了方向，交流的时候更积极了。交流后，我也让学生进行互评，学生对此很感兴趣，在评价别人的过程中，能够看到别人的优点和不足，那么自己在交流的时候就能"取其精华，丢弃糟粕"了，课堂效率也有了明显的提高。

四、在体验中学习写作，学生从中获得自信

我们发现中年级学生对周围的人和事物缺乏观察，写作不能恰当地遣词造句，所以写出来的文章乏味枯燥，情趣单调，没有童趣，假话特别多。但是，若学生在习作中经历了独有的实践感受、情感体验，学生更能张扬出自己的个性，写出属于自己的东西，让每一个感悟都成为一篇有光彩的习作。

（一）基于写作任务，教学活动注重学生体验

1. 重活动，重观察。我将"教针学游泳"的试验引入课堂，以轻松、愉快的活动体验，激发学生的习作兴趣；同时，也为他们提供了真实的写作素材。

2. 讲方法，施引导。引导学生仔细观察，培养他们留心观察周围事物的良好习惯，将写作方法有机地结合于活动过程中，让学生感受到作文有法可依、有章可循，解决了"写什么"，以及"怎么写"的问题，从而提高了孩子写好作文的自信心。

3. 会思考，乐表达。在活动中启发学生认真思考，遇到表达好的学生及时鼓励，给其他同学以榜样示范。

在学生掌握了一定的描写技巧后使学生从"要我写"转变为"我要写"，激发他们写作的

积极性与主动性。

（二）基于写作任务，参与评价多重体验

作文教学中的指导、习作、批改、评讲或评价组成了作文教学的完整链。作文评价是作文教学过程中的重要环节，是作文教学链中显示效果的一个结点，通常表现为教师为学生写段评语或向大家宣读之后再打个等第。这一过程学生是被动的、消极的，这种状况能否改变呢？答案显然是肯定的。

在这篇作文教学评价中，我激励评价主体多员参与，采用教师评价学生、学生互评、学生自评等方式。评价方式也是多样化的，注重过程性评价、发展性评价，尤其要重视个体内差评定，让每个学生在已有经验、知识水平与认知起点的基础上实现不同程度的自我提高与发展。评价内容应该从写作态度到写作技能，从情感内容到语言文字，从基本要求到个性感悟，具有全面性、广泛性。

教师在作文教学中，要善于捕捉各类情景引导学生参与评价，让学生在评价中获得鼓励、获得启示，在评价中展示个性，在评价中提升写作的基本能力。

（三）基于写作任务，课后拓展延伸体验

由于课堂完成小试验时间有限，无法让每个学生都动手参与实践。学生看了课堂试验后兴趣盎然，产生了一种试验的冲动，有许多学生回家后都动手去尝试，这就为学生积累了生活经验，学生的情感也会随之丰富起来。有了这种任务体验、这种真情，学生在作文中就能做到记实事、写真人、抒真情、发实感。

用心为学生搭建展示个性的平台，以真情宽容学生的失误，以赏识的眼光阅读学生的作品，就能看到学生令人感动的灵性以及悟性。作文教学中教师不是给予而是发现、引导，是激活每个学生潜在的智慧，激扬出他们多彩的个性，让作文成为他们生活的一部分且是愉快的一部分，这就是我们作文教学追求的一种境界。

以协同教学为契机，打造令学生满意的课堂

——任务导向策略在小学英语协同课堂教学中的运用初探

杨 燕

一、我的认识

随着社会的发展，信息传递的速度越来越快，我们面对的学生早已不同于以往，他们的对于知识的接受度，他们的知识面，他们对于知识的渴望，已超出我们的想象。如何满足他们对知识的需求，如何营造适合当今学生学习的氛围，如何打造令他们满意的课堂，是我们每一位一线教师需要思考并探索的课题。我校的协同教学已经走过了十几个年头，我们一直在研究，在实践，在调整，以此来为学生提供更满意的教学。对于小学阶段的孩子来说，他们处于好玩、好动，对任何事物都保有一份新鲜感的年龄。基于这一特点，在我的课堂中，结合任务驱动策略，我让学生在复习巩固所学内容的时候，动手画一画，写一写，说一说，培养学生听说读写的能力和语言运用的能力。这个年龄段的学生，对于画画充满着浓厚的兴趣，我利用这一点，设计了让他们发挥想象的环节。结合科技课上对植物的认知，能够画清植物的各个部分，并用英语进行介绍，使得英语学习不仅仅停留在单词和句型的教学上，对学生语用的能力也起到了提升作用。基于所面对学生的特点，我结合学校协同教学，运用协同教学策略，对 3B M4U3 第一课时，进行了相应的教学设计。

二、我的实践

（一）案例背景

我所教授的是牛津英语 3B Module4 Unit3 Plants 一课的第一课时，本课时是对植物的结构进行介绍，并能用英语完整介绍自己喜欢的植物。我设定的教学目标为：（1）学生掌握单词：leaf、leaves、root、stalk。（2）学生通过科技课上对植物的认识，并灵活运用本课时所学的词汇，对植物进行介绍。（3）通过了解美丽的植物，唤起学生对植物的热爱之情。

就学生而言，学习中获得的感知必须多次重复呈现，才能促进理解，而理解的知识通过应

I am _____
Look at the plant.
It has _____.
They are _____.
It has _____.
They are _____.
It has _____.
It is _____.
It has _____.
It is _____.
It is _____.
It's a _____.
I like it.

用，结合实际生活才能牢固掌握，才有利于技能技巧的培养。通过练习不但能巩固知识，形成技能，还能培养学生独立思考的能力、克服困难的意志、一丝不苟的作风及审美能力，而且对于其他方面能力的形成与发展、学习兴趣和探索精神的激发、科学思维的培养、学生学习质量的提高，都有着重要的作用。

之前在教授这堂课时，因为没有科技课的铺垫，部分学生并不能很好地将植物的各个部分进行区分，也为我之后的教学带来了一定的困难。运用了任务导向策略之后，我将任务布置给学生，学生用所学内容来描述自己喜爱的植物，他们既感兴趣，又有话可说，语用能力得到了一定的发展。科技课先上，也使学生对于植物的结构有了一定的了解，就省去了我在英语课上讲解植物结构的时间，学生可以很快地认出植物的各个部位，大大提高了教学效率。在通过让学生画一画，进一步巩固学生对植物的认知，并在画的过程中，对所学知识在头脑中进行复现，提升了学习效率。但此策略在运用过程中也有不足，如活动设计相对较枯燥。如果可以设计成同桌互动式的内容，可能学生会更乐于说，一些学习能力较弱的同学也能在和别人交流的过程中更好地理解课堂所学内容，提升自信。

（二）教学设计

在 post-task 环节中，我设计了让学生画一画植物，并运用所学的词汇和已掌握的句型对其进行介绍。

在任务设计时，我考虑到了任务的实用性、趣味性，所以从学生生活出发，让学生说一说自己最喜欢的花，并画一画。在之前的科技课上，学生已经对植物的结构有了一定的了解，学生在画的过程中，对植物的结构进行再理解，为之后用英语介绍植物的结构打好了基础。

三、反思

任务驱动策略是教师把教学内容设计成一个或多个具体的任务，每个任务蕴含了学习者应该掌握的知识与技能，也蕴含了学习者需要的能力训练要求。学生们通过完成一个个具体的任务，学习能力获得提高，思维品质得到了锻炼。他们通过学习，知道了如何描述植物的外貌特征，并由此喜爱上了身边的植物。

在英语课本中，经常会有一些知识性、科学性较强的内容，如：风的形成、水的变化、植物的结构等等。在日常教学中，这些内容往往都是令我们头疼的问题，到底我要在英语课上花多长时间去对这些知识进行讲解？讲到什么程度？都很难拿捏。如果这些内容可以在科技课上进行解决，也就是发现问题并解决问题，那么在英语课上就可以将结果进行灵活运用了，大大节省了时间，这样就可以设计更多的活动，学生学习的方式更多样，效率也更高了。

任务导向策略在英语教学中运用得较多，通过布置一个个任务，学生在完成任务的过程中，复习巩固所学内容，更符合学生的认知水平。同时要使这项策略较好地实施，还必须倚靠其他学科的支持，双管齐下定能事半功倍。

协同教学中任务导向教学模式的一些思考

——以《轻与重》协同教学为例

金 君

一、以学定教

科学与技术科目本身就是一门综合性学科，包括了物理、化学、生物、地理等多方面的知识。其特点决定了科学与技术领域的通识课程具有区别于其他课程的特点，在协同教学中具有桥梁作用，反映出各类学科与社会、科技、人类社会的发展关系。不同学科的教学衔接有不同的方式，一是多学科并行，相互不存在主次。问题的提出、实验的设计、结果的评价等都存在相识性，相互交叉。二是与其他学科前后衔接，可以是科学与技术在前，也可以在其他学科之后，两者保持相对的独立，只是在教学设计中需要注意知识和技术的过渡。

协同教学追求的是令学生满意、使学生更易消化的学习方式，教学内容的选择要基于一定标准，但必须以学生为本；教学策略的运用也要结合不同的学科特点。一方面，使学生的学习更加丰富，激发学生的学习兴趣。另一方面，将其他学科的学科知识，有效融入学生的已有知识体系。

本文主要以科学与技术教学为例，对"协同教学中任务导向教学模式"运用策略中的优点和缺点进行阐述。

二、实践求真

（一）将科技和数学知识的基础学习以及提高学生应用能力贯穿教学始终

以提高学生基础知识学习和应用能力目标，在教学目标和教学设计的制定上，要求在每个教学环节设计一个学生的应用操作点，也就是要让学生亲自经历应用所学知识的过程。如在《轻与重》课堂中设置的看一看、掂一掂、称一称三个比较方式都是建立在现实的环节中，让学生在解决简单问题中得出三种比较方法，保证知识的应用是可操作和有现实需求的。

作为科技课教师，我们要善于观察其他学科的协同点，也可以通过生活感知、网络查询等途径搜集经典案例或有用素材应用到教学中，与学生的已有知识相互衔接，让学生更易吸收，得到满意的学习效果。

（二）创造性地使用教材，创设融合的学习任务

在协同教学中，各学科的协同内容往往是一个点，并不是教学的全部，如何合理安排教学计划和授课时间就需要教师更多的智慧。《轻与重》教学中除了要求学生比较物体的轻与重外，还要求学生能使用简单的称重工具进行比较，而数学课的重点在于比较方法（间接比较

和直接比较），所以在设计教学环节时需要充分考虑两门学科的教学目标，在原有的教材内容基础上做些改变。把数学直接比较环节放到科学教学环节中，与看一看、掂一掂、称一称相融合。科学课使用称重工具称重放在数学教学环节间接比较中，学生在比较文具轻重的任务中，既掌握了科学测量方法，也应用了简单比较方法。该课例教学创造性地使用不同学科的教材，通过任务导向提高了数学教学中的应用内容，与学生的生活相同步。

（三）采取任务导向策略，以情境为载体，贴近学生生活，激发学生学习动机

教育心理学研究证实，学生的学习动机与学生的学习效果呈线性关系。换而言之，在一定动机水平范围内，动机水平越高，学习效果也就越好。因此，为了提高学生的基础知识和应用能力，创设任务时要注意激发学生学习动机。

1. 任务的设置需要适当、明确，任务结束后要及时反馈。

精心设计每一个环节，保证每一个任务都适用于学生能力和认知水平。具有明确的目标，小结时全面评价学生的课堂表现，尤其要鼓励、表扬学生。《轻与重》的教学中，学生在没有使用也不知道使用规范的情况下初次使用天平比较轻重时，要鼓励学生尝试并且自己总结使用经验和观察方法。这种策略的实施正与学生好奇和敢于尝试的年龄特征相对应，有助于学生学习动机的激发。

2. 创设问题情境。

通过教学情境这一载体，学生知道本课堂要完成什么样的任务或解释什么样的问题，通过分析，得出怎样的程序，完成某个程序涉及哪些知识等。以《轻与重》为例，任务的设置有让学生比较学习中常见的文具，如笔、剪刀、胶水等，它们重量接近，其实是很难进行准确比较的，学生必须要学习新的间接比较方法，才能比出孰重孰轻。从逻辑上说，以任务或实际问题引入课程，进而学生学习相应的数学知识，再应用天平称重完成任务或解决数学问题。学生通过自己动手，不仅学会了间接比较，也提高了他们的天平应用能力。

三、思而后教

学科之间的协同教学给教师提出了更高的要求，教师需要对现有的教材进行重组和整合，利用各科的优势资源，设计出适合学生发展的活动任务。在实践中我们不难得到以下结论：科学与技术与其他学科的协同可以是相互平行，又可以是相互融合、相互促进的。因而当科学与技术跟其他学科教育进行融合时，既要紧抓联系，使两者产生共力，又要审视差别，防止过分倚重一方而影响另一方的进行。

我们的出发点是让学生在课堂上有事可做，做中有学，在实践中发展自己的应用能力。相信以任务为导向，以情境为载体的教学模式在发展学生各学科应用能力方面必将发挥重大的作用：既培养了学生的知识与技能，能力、情感和价值观，涵盖了知、情、意、行各个方面，同时又与其他学科的知识体系、文化内涵、组织结构紧密联系。并且随着课程改革的推进、社会与科学的进步，这一教学模式将会与时俱进地得到改进，设计出更令学生满意的协同教学，更好地促进学生核心素养的养成。

绿色协同：追求让师生满意的学与教

——以《折线统计图》教学为例

陈珏玉

虹口区第四中心小学的协同教学从 2005 年至今已经有 14 年了，在整个课题推进过程中，我们从 1.0 版的协同指南的编写、2.0 版的协同教研流程的建立，直至到现在的 3.0 版的以学生问题起点为核心的协同策略研究，每一步都在追问我们自己：怎样的协同是师生满意的？于是，我们每个教师解读新课标、梳理教材、思考用怎样的教学策略使整合更能符合学生的需求。一次次的研讨，让我们对协同的意义有了更为清晰的认识，一场关于以提高学生学习内驱力为目标的绿色协同的讨论在校园内持续展开。

一、何谓满意

我校所倡导的 GREEN 协同，这个 G，可以用 gratification 来诠释，其根本意思就是满意，满意就是意愿得到满足，符合心愿。这是我们绿色协同教学的宗旨，即追求令学生满意的协同教学。那我们的协同教学怎样才是师生满意的？我认为，这里的满意有以下几层意思：

（一）教师层面

1. 教学设计：设计过程中，首先教师感受到学科的整合是必须的，才会主动跨学科与相关教师进行探讨，整合部分知识的教学，思考采用怎样的教学策略，以求得设计过程中的灵感。其次，在设计过程中，教师对怎样整合知识有自己的思考和判断，会更多地从学生角度出发，叩问自己：这样的整合协同是否真正尊重学生的学习的知识起点，这样设计会不会激发学生的学习兴趣，学习过程是否因为整合协同而变得更有挑战性，充满创造性思维的色彩？于是教师的教学设计不再是囿于经验，而是采用多种教学策略精心设计学生学习活动，教师在整个设计思考撰写过程中获得满足感。

2. 教学过程。整个教学过程能按照教学预先设计的方案顺利进行，让教师设计的初衷基本能实现。最重要的是教师能看到学生在教学过程中积极参与，活动展开有序推进，学生学习积极性高涨，思维能力在课堂上获得发展，教学有效性因整合而更为扎实、宽广且富有深度，教师也因整合适切、教学策略运用得当而顺畅完成教学任务，从而感到满足。

（二）学生层面

学习内容始终高于学生认知水平，教师所创设的学习活动始终变化，且每一次目标清晰，学生按照任务单一步一步去探究，活动中学生会经历问题呈现——问题解决——实践应用——新问题产生的学习过程，整合后的教学过程让学生有更多的时间和空间去学习本学科知识，使学习效果更为扎实，目标达成度高，学生因掌握知识而满足。此外，因为教师有针对性地采用不同的教学策略，真正从学生学习起点出发，且随时随地地尊重学生认知水平，重视非智力因素，所以学生的学习过程充满激情，充满快乐，学生在愉悦中获得满足。

这就是我所理解的绿色协同中的满意。追求教与学的满意，需要我们每位教师的智慧协同，只有这样，才能让协同更为绿色。

二、案例剖析

作为一名科学与技术学科兼职教师，在尝试绿色协同教学过程中，以师生满意为目标，思考并改进着我的教学。以下是本学期在教学三年级科学与技术《分析推理》一课中对绿色协同的再认识与尝试：

（一）案例呈现

1. 教材内容

三年级第二学期的科学与技术学科，最后一个单元《分析推理》，此单元共有两个教学内容。

2. 教学目标

（1）推理是对观察到的现象做出符合逻辑的解释。推理的结论不一定是事实，人们可以根据经验和科学知识推断事物发展的过程和结果。

（2）把数据整理成图表，能更清晰地做出比较或发现规律。要使数据变得有用，必须思考数据说明了什么，能不能支持假说。

3. 知识协同点

与数学学科可以整合协同。通过科学与技术学科教学，让学生知晓折线统计图的作用，能正确绘制简单地折线统计图，并能根据图表做出合理的推理分析，为五年级数学学习折线统计图打下基础。

4. 协同教学过程

序号	原协同教学过程		序号	新协同教学过程	
	环节	教学过程		环节	教学过程
一	新课引入	我知道，同学们都收集了自己出生至今的体重变化数据，那么怎样来表示这些数据的变化呢？今天我们就一起来学习一种新的统计图：折线统计图。	一	新课引入	师生问答： 1. 同学们，我们学过哪些统计图表？（统计图与条形统计图） 2. 你们能说说这些统计图表由哪几部分组成？ 3. 说说这些图表的作用。

（续表）

序号	原协同教学过程		序号	新协同教学过程	
	环节	教学过程		环节	教学过程
二	学生自学	看书中折线统计图，以小组形式，回答如下问题： 1. 这张折线统计图的横坐标表示什么？纵坐标表示什么？你是怎样知道的？ 2. 图中的折线是怎么来的？ 3. 你从这张图中发现了什么？ 4. 怎样合理使用折线统计图与条形统计图？	二	前置学习	现在有两组数据，两张统计图表，你能看懂吗？还有什么问题。 1. 小明从出生到 1 岁的体重变化数据。（折线统计图） 2. 小明小组的 6 位成员出生时的体重。（条形统计图）
三	反馈小结	（略）	三	统计分析	1. 学生都能看懂两张统计图表，特别是折线统计图，并根据已掌握的条形统计图，自主迁移到折线统计图。为此，折线统计图对学生来说其特征很容易掌握，没有困难。 2. 根据两个图表，学生能通过观察比较得到推理的结论，也没有困难。 3. 但对两种图表适合在怎样的情况下使用，才能让我们更为精准地去分析推理，学生表述不清。 围绕上述的第 3 个问题，组织学生开展讨论。
四	跟进练习	请按照这样的方法，把自己体重变化的数据制作成折线统计图。	四	教学策略	理由：因为选择合适的图表可以让我们更清晰地做出比较或发现规律。这正是本节教学的重点所在。
			五	跟进练习	请按照这样的方法，把自己体重变化的数据制作成折线统计图。

（二）案例启示

1. 学生学习起点得到关注

新课程理念，强调的是"以学生发展为本"，在我们的教学过程中，我们首先要找到学生学习该知识的认知水平在哪里？应该走到哪里？怎么走？显然，只有找到学生现在在哪里，即他们的学习起点、问题在哪里，抓住牛鼻子才能让自己的教学更有效，才能把新课程理念落到实处。

从本节课协同教学的前后实施情况来看，原协同教学过程中，我是按部就班把协同知识点——折线统计图进行了详尽的教学，设计了 4 个问题，所花费的时间较多，以致最后跟进练习画折线统计图时就显得时间不够。改进后的新协同教学，我更关注学生问题起点，运用了前置学习策略，设计了前置学习单，让学生通过知识迁移，自主学习了折线统计图。从课堂反馈来看，学生确实能很快看懂，不存在困难，对折线两个字也能理解。所以从折线统计图的制作来看，这一点对学生来说不是问题。学生的问题体现在表述不清两种图表各自适合在怎样的情况下使用，才能让我们更为精准地去分析推理。这就是学生的问题，也是我教学的起点。

2. 学生学习动力获得激发

为了体现以学生发展为本的新课程理念，上海市连续多年推出了绿色指标的测试。虹口区紧紧抓住学习动力指数，先后开展了三次有关学生学习动力指数的测试，覆盖一、三年级学生。学习动力来源于学习自信心、学习动机、学习压力、学校认同度四个方面。我校在历年的测试中，并没有呈现出较稳定的指数，究其原因，在于基于课程整合的协同教学更多的是从教的角度去思考，往往我们认为这样的协同可以帮助学生突破教学难点，掌握重点，但有时并未达到预计的效果，因为我们的主角——学生并没有完全进入学习状态。教师对教材的整合使学生学习没有了挑战，缺乏了学的味道，所以学生可能并未感受到协同所带来的学习快乐。为此，我们需要重新审视协同教学，思考怎样的整合最能激发学生学习动力。

本节课，通过前置学习后的统计分析，我找到了学生的学习起点，并设计了讨论的环节，让学生在学习过程中有问题可思，有问题可探，有问题可破，使学习真正发生在课堂上。实践结果证明，学生们不仅回答出问题，而且体验到了学习的快乐，享受着获得新知的喜悦。相信如果这样的课堂设计经常发生，学生的学习动力一定会获得长足的进步。

3. 学生学科素养得以巩固

协同教学的本意是希望通过课程整合而让我们的教学有更多的学科学习可能，从而让学生学科素养得以提升，但如果我们的教学是没有学生学习起点的整合，可能这样的可能很难得到保证。为此，我们必须尽可能在教学前了解学生，找到学生学习的起点，从而聚焦学生学习问题，尽快帮助学生掌握新知，而省下来的时间则可以拓展学生学科知识，使学生学习能力获得提升。

本节课，通过前置学习，我找到了学生的问题，于是我一改之前4个问题的学习讨论反馈，聚焦一个问题，组织学生开展讨论。实践证明，学生通过比较突破了这个难点。为此，我的第五个环节——跟进练习就有充分的时间留给学生。他们通过学习绘制了一张折线统计图，并通过分析推理，获得了信息，学科素养得到提升。

三、未来畅想

绿色协同已来。未来，协同要持续让师生满意，还面临许多挑战。从客观上来说，上海的课程设置与教材的变化，使得我们对教材的整合必须从头开始，某种程度上会影响协同的进一步实施。因为教师在理解、掌握教材方面需要一定的时间；从主观上来说，虽然我校教师有了初步的大课程观，也知晓并能运用一些教学策略开展协同教学实践，但真正在课堂上所发生的协同教学，经常会变得简单，甚至一晃而过。前置学习单后的结果没有好好被教师利用，任务驱动策略后的师生互动反馈往往因为时间关系，或者教师教的过程的问题而被压缩。这些资源的浪费不仅使我们的课堂没有了生气，更是影响了学生的学习内驱力。如果我们的课程观只是为了完成本学科的教学知识，而忽视学生的学习兴趣，学习能力的培养，长此以往，我们的协同教学就无法导航师生的幸福，让师生满意就成为了一种奢望。

为此，如果我们每个人要让协同更加绿色，更能激发学生的学习动力，在我们的课程与教学过程中，首先要牢固树立教是为了不教，学是为了未来生活更加美好的信念；其次，我们必须在实践过程中，认真学习领悟已经形成的学科协同指南，不再拘泥于课本知识的教学，通过自己的经验，有机融合教学策略，甚至辅之以信息技术，设计出能基于学生学习起点的协同，并让对学生问题的关注真正发生且成为学生持续学习的动力，那么此时我们的学与教、我们的协同才能体现绿色协同的宗旨，才是符合学生发展的。

未来，绿色协同之路还很漫长，让我们在备课过程中心中有学生，上课过程中眼中有学生，协力齐心，和合共同，用自己的一份责任与智慧，努力提供更多让师生满意的协同教学。

一份"涂涂改改"的优秀作业

谢 玮

作业，是学生巩固知识的很好途径和方法。通过各种类型的作业，学生可以有效地回顾学习过的知识、理解了的知识，把知识精确牢固地保持在记忆中。

小学阶段，低年级学生由于刚进入学校学习，处于学习的启蒙阶段，学习能力和学习习惯都处于养成初期。这时的作业，既能帮助学生巩固课堂教学的知识，同时，也是培养其学习能力、学习习惯的载体，帮助他们更顺利地完成"幼小衔接"，适应学校的学习节奏和学习模式。

小学低年级是学生学习的起始阶段，学生的学习兴趣、学习动机都有待养成。这一个阶段的学生，在作业的理解和完成上都有一定的难度。教师设计的作业，既要让学生在知识层面上有所得、有所提高，还要让这个年龄段的孩子能够接受，有能力完成，有兴趣完成。同时，学生完成作业的过程，也是养成学习习惯，培养学习能力，树立学习动机的过程。因此，这个阶段的作业既要有系统性、完整性，又要有趣味性，还要具备多重目的性。

作业的设计，要根据学生的身心特点和个性特点，遵循教学的规律来进行有效的设计，使得作业在帮助学生巩固知识的同时，培养学生的学习兴趣，养成良好的学习习惯，提高学生的综合素养。

只有学生喜欢的作业，乐意去完成的作业，才能是真正有效的作业。那如何才是学生满意的作业呢？

一、背景分析

品社课的活动作业，对于低年级的学生来说，是个好玩又麻烦的事情，因为他们识字量少，会写的字更少。在实际教学中，品社课的作业往往会成为家长的作业。如何设计品社课的活动作业，如何使教材中所附的活动作业真正成为学生自己完成的作业，也是低年级老师，尤其是一年级老师绞尽脑汁的事情。

二、教学片断

一年级第二学期第一单元的品社教材有一个教学内容是要学生认识自己的家人，以及各家庭成员的相互关系。教材所附的活动作业要求学生记录自己的家庭成员，整个活动作业需要书写大量的汉字。考虑到学生在学校里刚学习了一个学期，能够书写的汉字极少，因此，我调整了活动作业，要求学生仿照教材内容绘制自己的"家庭树"，要求只需要书写家庭成员的名字，我觉得对于学生难度可能不大。

第一次作业要求：

仿照书上的方法，绘制自己的"家庭树"，写上家庭成员的名字，或者你对他们的称呼，也可以用照片表示。

一个星期后，学生交来了作业。一份份活动作业要么打印要么手绘，都精美异常。赞不绝口的同时，我也发现，无论是打印稿还是手绘稿都有家长的痕迹。

于是，在第二堂品社课上，我发还了所有的作业，对学生说："这次，大家的作业画得漂亮极了！老师都舍不得在上面用红笔批改，这样漂亮的作业，能和同学们交流分享吗？"

拿着自己的作业，学生们一个个开始了磕磕绊绊的介绍，因为不是自己完成的，绝大部分孩子不知道该如何来介绍，脸上满是尴尬和紧张。

看见学生的"囧"样，我又一次提出了要求："同学们，老师把作业发还给大家，今天回去我们准备一下吧！如果你想把家庭成员再介绍得详细一些，你也可以在作业上补充一些内容。"就这样，我布置了第二次作业。

第二次作业要求：

准备根据"家庭树"介绍自己的家庭成员，为了便于介绍，可以在"家庭树"上补充一些你认为重要的内容。

第三堂课上，学生拿着的作业不再那么精致了：有的学生在原先作业的字上标注了拼音，因为那个字不认识；有的学生把原先简单的"家庭树"绘制得更复杂了；还有学生为了能介绍清楚，在家庭成员名字的旁边贴上了各自的照片。这一次的介绍，学生明显比上一次"顺溜"了很多。

在学生介绍完之后，我要求所有学生来谈谈感受。学生们纷纷赞扬一个把家庭成员介绍得头头是道的学生。于是，我把这个学生的作业展示给大家看，这一份作业布满了照片、文字和拼音，学生甚至把各个成员的兴趣爱好、特点都标注了上去。这一份作业花了他足足一整天时间，为此，他也知道了很多家庭成员的"秘密"。听了他的介绍，学生们都跃跃欲试。借这个机会，我又布置了第三次作业。

第三次作业要求：

花几天时间，尝试着了解家庭成员，可以问问爷爷奶奶和外公外婆，他们会告诉你很多原先你不知道的事情。补充你的"家庭树"，可以用照片、文字，或者符号等等，让你的作业包含更多的信息。

这一次的作业，不再精致，也不再那么漂亮，歪歪扭扭的字，涂涂改改的页面。可是，拿着这样的作业，学生却无比兴奋。课上，他们一个个头头是道地介绍着自己的家，侃侃而谈充满着自信。

当学生们介绍完之后，我向他们展示了两张照片：一张是第一次"精致"的作业，一张是第三次"涂涂改改"的作业。我问学生，哪一份作业是老师最欣赏的？大部分学生都说，第一份作业是最漂亮的，也是老师最欣赏的。

有一个学生怯生生地问："老师，我们今天的作业你不喜欢吧？很乱是吧？！"

"在老师眼里，这两份作业都很漂亮！但老师更为欣赏第二份作业，你们知道为什么吗？"我问学生。

"第一份是爸爸妈妈做的，第二份是我们做的。"学生很直白地把事情的真相说了出来。

"因为第一份作业不能让我们介绍家庭成员，第二份可以。"

……

课堂讨论还在继续着，我想，我的目标已经达成了！

三、反思

品社课由一个课时拓展成为横跨四个课时的教学，然而，学生的收获是丰盛的。在老师的指导下，学生逐步参与到学习中，并从逐次作业的反馈中，主动地进行探究和学习。

品社课的活动作业，该如何来完成才能真正有效？对学生才是有益的？老师在教学过程中该如何来引导学生真正参与学习，这是作为品社老师的我们一直思考和研究的。

任务导向策略强调学生的学习活动必须与多个任务或问题相结合，以探索问题来引发和维持学生的学习兴趣和动机。

（一）根据"任务"重新安排学习内容

在教学内容的安排上，不再用以前的"知识点"为线索，而是根据学生的接受能力及信息时代的需求，改用以"任务"为线索、以"子任务"为模块，精心组织教学内容，使其符合学生的认知特点，特别是强调所学知识要与时代同步。

就以这一份"家庭树"的作业而言，精致的第一次作业绝大部分都是家长的手笔，如果老师只是一味地肯定作业的"精致"，也就抹杀了学生作业的主动性。

品社活动作业的评价，不能简单地以鉴定和甄别为唯一目的，这样会忽视学生在学习过程中的心理变化和情感体验，以及对完成作业的态度。

根据学生在作业中反映出来的问题，我及时调整对作业的"任务"要求。一份"家庭树"的作业，学生做了三次，作业由父母协助的"精致"和"漂亮"，演变成布满歪歪扭扭的文字、图片、各种符号的"凌乱"，然而，这时的作业才真正是学生自己花心思去完成的作业。

在几次作业的交流中，学生之间相互的评价，对每一个学生都是一种激励和促进，也是他们相互学习的过程。尽管一份作业在完成之后又调整了两次，但是每一个学生的学习能力都在这个过程中得到了长足的进步。因此，尽管作业越做越"凌乱"，实际效果却是越来越成功。

（二）根据"任务"指导学生自学

在教学方法上，任务导向策略更强调学生的自主发展，强调培养学生的自学能力，在教学过程中不断地用"任务"来引导学生自学，让学生根据"任务"的需求来学习，变被动地接受知识为主动地寻求知识，改变学生传统的学习观，由"学会"到"会学"。

"家庭树"的作业中，我不仅仅用自己的要求来评价学生的作业，还把评价的权利留给了教室里的每一个学生，以及整个学生群体。学生最懂得自己的作业，所以最有发言权。同时，引导学生参与评价，他们在这个过程中学习主动找出问题，学习自己去解决问题。在这样自我评价、相互评价、团体评价的过程中，学生的自我反思、自我评价、自我决策的能力得到了极大的锻炼。

在学生的学习过程中，学生群体的评价对于学生个体的意义更为深远。学生团体的能量被激发对于团体中的每一个成员都是一种莫大的助力。

在最后一次作业的反馈之后，看着两张对比照，学生很快就能找到问题的症结所在。相信这份"家庭树"的作业，会在很长时间内给学生留下极其深刻的印象。因为，它教会了学生如何去完成作业。

这一份"涂涂改改"的作业不仅给学生，也给我留下了弥足珍贵的回忆，提醒自己作业的设计要更适合学生的发展，给学生更明确更有帮助的指导。

这一份品社作业，学生就在这样的"涂涂改改"中完成了。和往常干净而整洁的作业相比，学生们更喜欢这样让他们真正花心思的作业。在这一份作业中，他们的收获更丰富。当我们交流作业之后，学生们都会在自己的作业上进行进一步的修改和调整，他们对作业的要求在逐步提高。我想，这也是作为老师希望看到的吧！

以和谐课堂，创有效教学

刘　薇

引　言

"GREEN 协同教学"中"R"即"rapport"，也即"和谐"。和谐是对立事物之间在一定的条件下，具体、动态、相对、辩证的统一，它是不同事物之间相同相成、相辅相成、相反相成、互助合作、互利互惠、互促互补、共同发展的关系。中国古代的"和谐"理念大致有三点：一是"和而不同"事物的对立统一，即具有差异性的不同事物的结合、统一共存；二是政治和谐，一种社会政治安定状态；三是遵循事物发展客观规律，追求人与自然的和谐。总之，和谐是指对自然和人类社会变化、发展规律的认识，它是人们所追求的美好事物和处事的价值观、方法论。

而这里的"和谐"，指的是协同教学的氛围，即营建和谐的协同课堂环境。这在协同教学中可以说是最为重要的一点。实践告诉我们和谐的课堂应该是井然有序，师生关系融洽的课堂；是课堂气氛活跃，师生平等对话，学生乐意倾吐的课堂；是相互宽容，相互信任的课堂；是产生疑问，发生冲突而得到有效解决的课堂；更是教学相长，共同发展的课堂。如今我们已经越来越多地意识到学生在课堂中的重要性，因此，课堂成为学生学习和成长的重要场所。一节课中求稳、求真已不能满足学生的需求，学生虽然生活在群体之中，但是他们都有独立的意识。他们虽然接受教师的讲授，但更喜欢自我的体验。因此，不能完全靠灌输让学生获得知识、方法、情感。在教师的启发下，学生的自主探究、自主实践、自主验证才是教育的最佳方式。

案　例

（一）案例背景

一年级语文课本下册第 19 课《熊猫妈妈听电话》是一篇童话故事。以熊猫妈妈听电话的方式，写了她的孩子在不同国家演出时，受到了各国人民的欢迎，也把中国人民的友谊带到了世界各地。课文写熊猫妈妈三次接听电话，三个孩子分别从日本横滨、法国巴黎、美国纽约向妈妈讲述他们的演出情景。全文共 7 小节。1 到 6 节写了熊猫妈妈与孩子们之间的三次对话。第 7 节是熊猫妈妈夸自己的孩子并点明中心。课文语言生动活泼，结构整齐，是低年级学生学习语言文字的范本。这一课的教学，我经过两次试教，成功运用了前置学习策略和任务导向等策略。

（二）案例分析

1. 前置学习策略的运用

教学过程：

一、启发谈话，揭示课题

1. 学习"熊猫"。

（1）拼"熊猫"（个别）。

（2）猫：学习"反犬旁"，小组开火车书空。

（3）师田字格范写"熊猫"，生书空。

2.（板书课题）齐读课题。

3.（多媒体出示句子）丁零零，电话铃响了。熊猫妈妈去听电话："喂，请讲。"

4. 学习生字。

响——（指名：注意后鼻音、三拼音）

请讲——读读这个词。这两个字都是言字旁的字，你们是用什么方法记住这两个不同的字的呢？

5. 小结。

学好语文重在积累。而结合协同子课题研究，我发现从低年级开始前置预习是非常重要的一种学好语文的方法。

字词教学是低段语文教学的重点。这篇课文共有 9 个生字，我都结合文本语境进行教学，生字的学习关注音、形、义。字音的拼读其实也是在不断地对拼音进行巩固练习，例如"熊猫、次"；字形的学习，老师请学生用学过的方法进行识记，例如"请、讲"学生用了换部首、加部首的方法，这些都是科学的识字方法，学生通过一个学期的学习，已经能够自如地运用这些方法来记住生字。还有一些生字，则结合语境帮助学生理解它们的意思，例如学到"响"，就让学生用响亮的声音读这个字；"争"找找近义词，放在句子中理解，这里就是"抢"的意思；"再"是放在熊猫妈妈再一次听电话时讲授的，理解又一次的意思。同时还有"再"的笔顺指导，最后还有写字指导。词语的理解有"世界各地"，结合教材中提到的各个地名来理解。可见，正因为学生掌握课前预习的本领，我的字词教学才会成功。

2. 任务导向策略的运用

对于生字的讲授主要采用"在语言环境中识字，遇到较难的字指名说，容易的字开火车"的方法。至于对课文内容的理解，课文的朗读、语文能力的培养方面，则需要在师生共同学习、共同探讨中得以实现。要深入学习课文，理解课文的精妙之处，光靠学生的自学、小组讨论是不够的。教师必须精心设计提问，让学生带着问题深入学习，让学生在老师的引导下，读读悟悟、练练说说，从课文中汲取文化营养，积累语言，提高能力。在阅读教学中，我从调动学生学习的主动性出发，引导学生自由朗读第 2、4、6 节，了解熊猫妈妈的孩子在电话里告诉了妈妈自己的哪些情况，并挑选自己喜欢的一句话，读给大家听，说说你读懂了什么？在梳理课文语言文字的同时结合进行分散识字教学，这就需要合理运用任务导向策略。

二、初读课文，整体感知

1. 通过预习，反馈课文有几个自然段？（7）

2. 开火车分小节读课文。要求：读准字音，读通句子，不加字，不漏字，不改字。别的同学边听边想：熊猫妈妈接听了几次电话？（三次）

3. 交流。

三、学习课文

（一）学习第 1、3、5 小节

（媒体出示第 1、3、5 小节）指名读。

其余同学边听边找：同样是听电话，有什么不一样的地方？

（二）学习第 2、4、6 小节

师生共学丽丽的话。

1. 三个可爱的熊猫娃娃给妈妈打电话，报告了什么好消息呀？让我们先来读一读丽丽的话。（出示丽丽的话）

2. 丽丽一共说了几句话？

3. 第一句话先说是什么？（板书：丽丽）

再说了什么？（板书：日本横滨）

最后写什么？（板书：送束樱花）

这样提出明确的任务后，便请学生思考，听了几次电话，找到"去、又去、再一次"这几个关键词，帮助学生理清层次。再学习三个孩子打电话的内容。重点教丽丽说的话。说说有几句，每句讲什么。句子很简单，但一年级的学生交流时往往只会读句子，这时候老师就要帮助学生提取信息，并且出示、提炼句式，让学生按照句式练习说话。因为结构相似，所以接下来林林和明明的话，老师就采取不同的方法，第二段半扶半放，最后一段学生自己学。基于学生的已有水平，我稍稍提高了一些要求，借助句式把读懂的内容讲清楚。学生一开始是讲不清楚的，因此教师示范，学生学习。然后学生学到后面两段就能讲清楚了。这就是他们的学习经历。如果长此以往的训练下去，学生到二年级、三年级，他们对于句子的学习就不会感到困难，能够完整地表达句意，要比单纯地重复课文内容更有意义。

反　思

在 35 分钟的课堂中有效地完成识字教学、阅读理解以及相关的说话训练，经典课文用老办法上课可谓万无一失。但试教后，我明显感觉到，学生学有余力。一年级的小朋友在朗读上，大多数学生能做到读准字音，不加字、不减字、不漏字，部分学生还能读出句子的语气。通过教师的指导朗读，学生能体会熊猫高兴激动的心情，对朗读逐渐产生了兴趣。在语言表达上，多数的孩子能够比较流利地表达自己的想法和看法，并且可以把语句说通顺。课文的

1—4 小节可分为两个部分，这两部分在语句和结构上相似。采用对第一部分读正确，画句子、数一数、想一想的方式对学生进行指导。使学生通过掌握这种学习步骤，进行小组自学具有相似结构的第二部分。但试教后我发现，学生们毫无难度就把句子复述了出来。在完成了第一块的板书后，他们很容易就能完成第二、第三板块的学习。因此，我在之前教学设计的基础上又做了调整和新的尝试，而且收效不错。

我借助多媒体的有效运用来提升这篇课文文本直观度，更好地激发学生的感知能力，同时避免教师机械、重复地领读，有利于培养学生的自学习惯。语文能力本质上是实践性，而不是认识性的，脱离语言运用的实践活动，语文能力的发展将会是一句空话。因此，我把朗读和说话练习当作教学关键，目的在于培养学生的想象能力，举一反三进行知识迁移，从而提高学生的语文能力。

在这堂课的设计上，我主要是以识字为基础，抓住了学生的朗读和说话训练。在课文的 1—4 节的学习当中，我主要以对话为主，指导学生读出句子的语气。同时针对低年级学生形象思维的特点，配以有趣的插图，让他们更好地读懂文本的内容。例如，在"妈妈，我是丽丽。我来到了日本横滨，朋友们送给我一束雪白的樱花"这句话的指导上可以从兴奋激动的语气上范读引导，以及出示美丽的樱花图片，让学生更容易读出句子的语气。我还创设了情境，在情境表演中进行拓展，学习课文打电话的形式，自己演一演熊猫娃娃，把学到的、积累过的语言进行输出，学会运用。教师有意识地让学生们用自己平时在课外积累到的词语进行表达，可见学生的词汇积累和语言表达都是很强的。

语文教学与协同教学一样，都需要与时俱进。时代在变化，我们的学生也在不断地变化中。他们知识面广，有创新意识，每位教师都应当成为教材专家，应当深入把握教材的内涵，以及教学的切入点，然后制订出具有个性和特色的教学方案，充分发挥教材的潜能。如果我们的课堂不再变化，不能为学生创造更多展现自我的舞台和空间，那么我们的课堂将不复存在。反之，通过探究、设计、反思重新整合教材，才能让课堂绽放生命之花。在今后的教学中，也许会有更多运用协同策略的契机，这需要我们这些一线的教师去不断探索，不断实践。当然，我们还应该根据学生的年龄特点，把我们和谐课堂中的方方面面再考虑周全些，让更多的孩子爱上语文，爱上阅读。

以前置学习，建和谐课堂

——《惊弓之鸟》协同教学案例分析

董静怡

引 言

根据绿色协同要求，我们需要给孩子们营建一个和谐的协同课堂。所谓"和谐"，《现代汉语词典》的解释是指配合得适当和匀称。根据这一解释，我们可以给"和谐的协同课堂"下一定义，即"指教学中配合得适当和匀称的协同课堂"。在教学中，就是指教师和学生要配合得当，开展教与学。而语文课堂要体现的是人文性的特点，因此营建宽松和谐课堂氛围就是教学中的一项重要任务。要营建一个和谐的协同课堂，必须使教育的各因素相互促进、协调合作，形成完美的教学生态，从而促进学生自我成长，使学生成为课堂的主人。

爱因斯坦曾说，兴趣是最好的老师。课堂内容确定了，还要注意教学形式学生是否感兴趣。教学形式是课堂的线索，它会直接影响到学生的学习效率，影响到学生的成长，影响到和谐课堂的构建。课前，教学形式应该依生而定，依学而教，不仅仅是发挥教师的主观能动性，还要依学情定教情，依教情落形式。教学的形式有谈话、参观、表演、实验等，单就一节课而言，有时是多种形式的综合，但如何进行设计还需依内容，依学生爱好而定。

案 例

在教学《惊弓之鸟》一课时，我主要采用了前置学习策略。

前置性学习，又称前置性作业，是生本教育理念的一个重要表现形式。它指的是教师在向学生讲授新课内容之前，让学生先根据自己的知识水平和生活经验所进行的尝试性学习。在教学过程中，就是要认真钻研教材，围绕新课程提出的教学目标、学习目标、策略目标以及评价目标，有针对性地对部分开放性作业提前进行布置学习。

环节一：课前下发预习要求，回家完成预习。

1. 朗读课文3遍。

2. 指导理解课题意思。惊——，之——，合起来理解课题意思。

3. 自学生字，理解词语。

（1）音：嬴（léi）、弦（xián）。

（2）形：魏，嬴（与"嬴"易混淆）。

（3）意：联系上下文理解"射箭能手""直""大吃一惊""孤单失群""惊弓之鸟"等词语

的意思。

前置作业是下节课的重点甚至是难点的直接或间接展示。也是抛砖引玉，引领学生走入下一节课。让学生在完成对前置作业时能预计和把握到下一节课的主要脉络。这样做的优点很多：能够为课堂学习打下一定的基础，培养学生自主学习能力和良好的学习习惯；能够让学生初步了解学习内容，便于从整体上把握新知识，使课堂教学起到事半功倍的效果；能够让学生学习更多的课外知识内容，拓宽视野，增长知识；能够给予学生更多自主学习的空间，课外的充分研究可以让课堂内容更丰富，课内的学习更具深入，课内的交流更为宽泛。能够把课堂还给学生，学生更有成就感，更加乐学。

无效的前置性作业，时间长了会流于形式，甚至引起学生和家长的忽视。而有效的前置性作业绝对不是简单问题、相应习题的堆砌。把握好教材，掌握重点、难点和关键点，是设计好前置性作业的保证，更是营建和谐协同课堂的基础。

和谐协同课堂的构建也十分强调教师之间的交流与团队合作意识，在交流中体会心得，在合作中促进团队成长。学生之间也要养成学习中的合作探讨意识和对学习成果的分享意识，促进自身良性互动。在教学《惊弓之鸟》这堂课的过程中，布置学习任务要求环节主要在于解决实施任务需要的语言方面的内容，如语言理解、处理、表达、运用等。在实施任务设计的环节，学生通过小组合作，综合运用之前所涉及的内容进行任务制作和实施。最后在任务结果展示与评价环节，学生呈现完成的任务并作交流，展示自己的成果。而协同小组学习则是调动学生自主学习、激发学生创新能力的有效学习方法之一。小组合作学习不仅将学生个体间的学习竞争关系改变为"组内合作""组间竞争"的关系，还将传统教学中师生之间单向或双向交流改变为师生、生生之间的多向交流，学生有更多的机会发表自己的看法，为他们提供一个较为轻松、自主的学习环境，提高了学生的创新思维能力，使他们在参与学习的活动中得到愉悦的情感体验。

环节一：学习课文第9小节。自己读读第9小节，根据屏幕上的提示，四人小组讨论，说一说更羸的分析和推测过程。

因为大雁_____，所以飞得慢_____。

因为它_____，所以叫得悲惨_____。

它一听到弦响，因为_____，所以拼命往高处飞_____。

因为它_____，_____，所以就_____。

在小组讨论时，我参与了部分小组的讨论活动。发现学生在讨论过程中组长已经学会快速分配任务，并统一答案。

A组：大家共同读题。然后四人各自思考答案，再把每题答案汇总，有分歧的进行讨论，最后得到统一答案。

B组：分配一人读题，其他人在书上一起找出答案交流，统一答案。

C组：组长分配每人一题，分头完成。

在交流时，我发现：C组讨论时间最短，因为各自行动，每人只理解了其中一题，对于其他成员学习的内容都没有思考，所以在交流时，回答也不够完整。因此，这类小组学习空有其表，没有起到协同学习的作用，以后要加以指导。而A组和B组的方法，虽然比较耗时，但在合作学习过程中，小组中每个成员都积极参与到学习活动中，并且每个成员都带有极大的热情，学习任务由大家共同分担，集思广益，各抒己见，人人都尽其所能，这样问题就变得较容易解决了。同学之间互帮互学，彼此交流知识，也是互爱互助，相互沟通感情，它使每一成员都融入集体中，增强了集体意识。

反　思

协同小组学习把学生由旁观者变为参与者。它要求那些已经掌握某种知识和技能的学生把知识和技能教给其他成员。作为讲授者的学生，为了能够教得更清楚透彻，必须对所学的材料进行认真地阅读和分析。其他学生也希望在课堂上表现出色，因此他们就要做好充分的预习工作。学生的学习积极性提高了，自学能力自然就提高了。

本节课中没有设置任务评价，其实在日常教学中教师应该留有空间让学生对任务结果进行自我评价，谈论自己的体会和感受，这不仅有利于学生语言运用能力的培养，还有利于学生思辨意识和能力的培育。

总之，在教学中采用协同小组学习的方式，形成了师生、生生之间的全方位、多层次、多角度的交流模式，使小组中每个人都有机会发表自己的观点与看法，也乐于倾听他人的意见，使学生感受到学习是一种愉快的事情，从而满足了学生的心理需要，促进学生智力因素和非智力因素的和谐发展，最终达到使学生爱学、会学、乐学的目标，进而有效地提高了教学质量。

和谐是师生关系的润滑剂，学生学习的助推剂，消除生生之间障碍的清洁剂，提高课堂效率的催化剂。这就是我们所要追求的充满和谐的协同课堂，学生会在课堂上充分享受学习的乐趣，品味学习的美，体验学习的魅力。

以"和"促教，以"谐"促学
——《南极风光》协同教学的思考

陈冰羽

引 言

和谐课堂教学的基础是平等的师生关系

轻松和谐的课堂是教师在教学过程中所追求的一种学习氛围，学生在这种平等、轻松、和谐的课堂环境中讨论文本，各抒己见，表达自己的理解。教师和学生平等，学生可以无拘无束的发言，这样的课堂学生的个性也得到充分地张扬和发展，所以平等的师生关系是和谐课堂教学的基础。语文课堂上的师生互动是心灵的相互沟通，每个人都有所"听"，有所"思"，有所"言"。师生之间围绕着学习内容，进行思维的碰撞和情感的交流。当课堂处于"和谐、愉快"的教学氛围，就能够使学生产生自觉参与的欲望，学生此时的思维敏捷流畅，这样的课堂教学才能真正使学生成为学习的主体，而教师在课堂中成为主导。和谐的师生关系能使"教"与"学"的各个环节配合得适当、协调，达到和谐优美的妙境，大大增强语文教学的效果。同时在教学活动中，教师往往会采用多种教学方法，使课堂具有统一性和协调性，课堂教学呈现出的是多姿多彩而又协调一致的和谐美。

案 例

（一）案例背景

《南极风光》是三年级语文下册第24课。课文依次形象生动地介绍了南极冰雪、南极动物、南极光及丰富的地下宝藏。文章开始，写出了南极是冰雪的世界，接着写狂风堆成的"雪浪"和"各种各样形状"的"雪堆"。写南极动物，用了"望而生畏""仅有"等词语，说明在那里动物难以生存。对南极光的描绘，用了比喻的修辞手法，形象地展示了南极光的绚丽和奇特；强调南极光是奇景，"十分罕见"；"南极开发"部分，介绍南极是一块"宝地"。

（二）协同教学过程

本课教学设计的任务单以前置学习策略、任务导向策略和协同学习小组结合起来共同进行。课前通过前置学习策略布置上网收集南极光的图片去欣赏、感受南极光的绚丽夺目。课中结合课文，通过任务导向策略和协同小组结合的方法诵读课文，在诵读的基础上用课文中的优美语言去感受南极光的迷人之处。

1. 学习任务单

温馨提示：本次任务共有4项，请4位组员合作完成。

1. 找找课文第4小节中用了哪个词语来形容南极光？

（罕见）的南极光

2. 读第4节，联系课文想想为什么是罕见的？

3. 用课文中的句子介绍一下南极光。

4. 完成任务：

（1）组长：作为主持引导组员完成介绍南极光。

组员：按课文内容依次介绍一种南极光

（2）形式：a.看着课文来介绍

b.看着图片（有提示）

c.看着图片（没提示）

2. 协同学习实践

学习第4节（南极光）

（1）师：除了冰雪、寒风、动物之外，南极还有一种罕见的自然景象，就是"南极光"。（板书：罕见）

罕见就是——极少见，几乎看不到

（2）师：几百年来，凡是见过南极光的人，没有一个不为这奇景惊叹不已的。为什么这样说呢？哪个协同小组愿意来交流？

（说明："前置学习策略"将学生引入到了一个全新的学习氛围中，通过收集大量的图片和文字资料，激发学生学习的浓厚兴趣，扩展学生的知识面，学生的学习欲望空前高涨。）

（3）读第4节，联系课文想想为什么是罕见的？

组员A：有绚丽夺目的光彩，造型奇特，颜色绚丽。

组员B：像帘幕，像火焰，像灯光，像流星。

（媒体，出示图片）

（4）用课文中的句子介绍一下南极光。

组员C：在漫长的极夜中，突然，漆黑的天幕上闪现出绚丽夺目的光彩，有时像空中垂下的帘幕，有时像不断蹿动的火焰，有时像强大的探照灯光动荡摇曳，有时像天上的流星一掠而过。

（说明：我紧紧抓住比喻句的表达形式，结合关键词语的理解，让学生细细研读，深入理解。又充分利用多媒体的优势，让学生观赏南极光视频，使学生在听觉、视觉上受到冲击，体会它绚丽夺目、变幻无穷的特点。）

（5）完成任务。

① 组长：作为主持引导组员完成介绍南极光。

　　组员：按课文内容依次介绍一种南极光。

② 形式：a. 看着课文来介绍。

组员 A：在漫长的极夜天空中闪现出的南极光，有时像——，有时像——，有时像——

组员 B、C、D：有时——，有时——，有时——，有时——。

　　形式：b. 看着图片（有提示）。

　　　　难度加大了。（去掉提示）你们还能介绍么？（答案同上）

　　形式：c. 看着图片（没提示）。

③ 师：在漫长的极夜中，南极光出现了，你眼前看到了怎样的景象？请结合课前预习时欣赏的南极光图片来介绍。（前置学习策略实施的交流）

　　小结：通过第 4 自然段，我们领略到了十分罕见的南极光。（指 PPT）这一自然段先总的说南极光罕见，再具体说它是怎样的，最后说南极光令人惊叹不已。作者用到了总——分——总（板书：总——分——总）的写作方法，条理清晰，结构严谨。

　　（说明：协同学习小组的有效实施可以让我们教师在教授不同段落时采用不同的语言训练形式。）

反　思

　　教师是学生学习过程中的合作者、引导者和促进者。在教学过程中，教师通过多元化的鼓励和尊重个性、赏识性的评价，创设出了师生平等、生生平等的自由氛围。学生有了安全感与自由感，感受到了一种幸福、和谐的尊重与关爱。可以说，在这样的课堂中，学生都会冒出许多"奇思妙想"，从而拉近学生与文本、学生与老师之间的距离，课堂变得轻松和谐。协同小组学习能让学生积极地思考和参与到教学实践活动中，给学生充分的学习时间，放手让学生自主学习，创设自学的气氛。学生通过自主学习，学习主动性得到充分的发挥，这是培养学生自学能力的主渠道。

　　"前置学习策略"将学生引入到了一个全新的学习氛围中，并创造学生主动参与学习的条件。三年级的小朋友学过了一些简单的上网技能，所以收集资料对他们来说不是难事，能合理运用信息技术优势来优化课堂教学，通过大量的图片和文字资料，激发学生学习的浓厚兴趣，扩展学生的知识面。有了课前的前置学习，在完成任务单时教师再适时地向学生展现这些图片，学生的学习欲望已空前高涨。在教学过程中，学生的"自由参与"与"自由表达"就会有精彩的表现，教师给予的表扬和激励会让学生积极思考，敢想、敢说、敢于质疑，无所顾忌，积极主动地参与教学过程，达到获得知识、体验情感、促进发展的目的。

　　细细研读，深入理解。协同小组内的朗读关注的不仅是朗读的外在形式，更重视的是内涵。在南极光这部分的学习中，我紧紧抓住比喻句的表达形式，结合关键词语的理解，让学生在朗读、体会、欣赏中表达对南极风光的赞美之情。尤其是课文第4节是本课教学的重点和难点。学生对南极光没有直观的感受，难以理解。我就充分利用多媒体的优势，让学生观赏南极光视频，使学生在听觉、视觉上受到冲击，体会它绚丽夺目、变幻无穷的特点。并在欣赏的同时，通过小组内三次递进式说话训练使学生在朗读时更注重对文本的理解，适时地加以多层次、多形式的指导朗读，使学生在朗读中体会南极光的魅力，并在熟读的基础上指导背诵，进行语言积累从而突出重点，突破难点。因为每个人都必须参与其中，所以起到了互相帮助的作用。由于这些训练与文本语言、篇章结构较为吻合，切实做到了利用文本内容进行相关的语言训练，使得协同小组的课堂学习模式更为高效。

此时无声胜有声

——《高山流水》语文协同课案例分析

陈洁媛

引 言

初识协同

"协同"是我校的一大教学特色，也是各学科之间和谐统一的体现。以前我们总认为，语文就是语文，数学就是数学，音乐就是音乐……这些学科之间可以说是"八竿子打不着"的。但是"协同"却巧妙地将各个学科间相通的内容或者同一个内容不同的角度串联起来，这样可以使学生更方便地学习协同内容，也加深了对知识的理解，拓展了自己的知识面。

在我看来，"协同"的成功能够实现个体学科知识体系之间的和谐，而这种和谐能够帮助个体更好地成长。

案 例

一、前置学习

《高山流水》是沪教版五年级下学期的一篇课文，在《吕氏春秋·本味篇》和《列子·汤问》中均有记载。故事的主人公伯牙喜欢弹琴，而子期则有很高的音乐鉴赏能力。伯牙把感情融进乐曲中，用琴声表达了他像高山一样巍然屹立于天地之间的情操，以及像大海一样奔腾于宇宙之间的智慧。而钟子期的情操、智慧正好与他产生了共鸣，不管伯牙如何弹琴，子期都能准确地道出伯牙的心意。子期死后，伯牙悲痛欲绝，觉得世界上再没有人能如此真切地理解他，所以故事的结局是"乃破琴绝弦，终身不复鼓琴"。

故事荡气回肠，耐人回味，行文简洁、流畅，虽不足百字，但反映的内容却令人动容。它是学生学习中华古典文化、感受文言文语言魅力、树立良好人际关系的佳作。而这一内容在同一学期的音乐课上也会学习到，音乐课则是着重对乐曲《高山流水》进行欣赏和分析。学生以往在学习到这篇课文时，常常会好奇"究竟伯牙的琴声是怎样的呢？"而音乐老师在请学生欣赏这首乐曲时也会简单地介绍下伯牙和子期的故事，所以语文课与音乐课的协同是势在必行，也是互相弥补的。与音乐老师商量后，我们觉得让学生先在音乐课上欣赏乐曲，再在语文课上学习古文，对学生的学习能起到事半功倍的效果。所以"欣赏乐曲《高山流水》"就成为我这堂课的前置学习任务。

二、任务驱动

这篇课文是文言文，它比现代白话文更讲究韵律，带有明显的声韵美，读起来朗朗上口、抑扬顿挫，给人以非常优美的韵律享受。因此，我意识到教学中必须注重朗读。我向音乐老师要来这首曲子，将它插入到课件中，先让学生听音乐，感受其中的情绪，然后请学生带着问题"为什么这首曲子这么哀伤？"来走进课文，熟读课文。这种任务驱动的协同策略能使学生对学习这篇课文产生浓厚的兴趣。整堂课的教学中我始终让学生伴随着这首曲子进行朗读，通过教师的范读，学生的齐读和个别朗读，引导学生感受文言文的节奏和韵味。特别是文章的后半部分，我指导学生先静下心来欣赏曲子，感受其中的情感，然后再带着伯牙寂寞、孤独、绝望的心情来进行有感情地朗读。

同时，学生在听曲子的时候会对文章产生丰富的想象，能够很快进入到字里行间所创设的情景中去。这种音乐带来的感受是学生很难用语言来表达的，但是他们能理解俞伯牙和钟子期之间的深厚友谊。

反　思

这堂协同课让我觉得有种"此时无声胜有声"的感觉，在音乐声中，学生不仅在思考也在感受，不用教师过多地描述，他们也能感受到俞伯牙与钟子期之间的深厚情谊，能感受到伯牙死后钟子期"不复鼓琴"的悲伤。看到学生们投入其中，随着乐曲时而微笑、时而紧皱眉头的样子，我不仅感受到协同课的魅力所在，也对语文教学有了更深的理解。此外，这种协同也能加深学生对这篇文言文的印象，提高学生对于艺术课的学习兴趣。

但是这种协同也有些明显的不足。比如说，由于我个人对音乐的欣赏和理解有限，无法与专业的老师相媲美。

在语文学科中，类似于《高山流水》这样的古文，可以结合一定的协同资源进行教学。因为学生对文言文的理解相对比较困难，如果能够有其他学习资源作为补充来帮助学生理解，就会进一步促进学生的学习效率。高年级的文言文往往需要全文背诵，这种协同教学的方式也可以一定程度上加深学生的印象，帮助他们的记忆。

我个人比较倾向于语文学科与艺术学科进行协同，一是可以让学生在文化课的学习中提高学习兴趣，二是让学生知道学习文化课也能够帮助自己更好地去学习其他内容，这样的文化课与艺术课的协同会对孩子的成长有所裨益。

巧用前置学习策略，引领学生学会学习

田 茜

引 言

根据学校进行的协同教学研讨活动要求，作为一名语文教师，我一直在思考如何进行课程间的协同，并努力在课堂上进行协同教学的探索。

最开始，我简单地认为协同只是两节课之间的关联，但随着我校协同教学策略研究的不断深入，以及我自己在课堂上努力的探索，我认识到了协同教学一方面要针对学生在学习中所面临的困难与问题，另一方面还要结合语文学科的教学内容，才能更好地体现协同教学策略的针对性，提高协同教学策略的有效性。

人皆具有主体性，只有充分发挥师生双方的主体性，才有高质量的教学效果。叶圣陶先生曾说："所谓教师之主导作用在善于引导启迪，非谓教师滔滔讲说，学生默默聆受。"因此，教师的主导作用体现在引导学生发现策略、获取策略、运用策略，为学生搭建一个自主、创造、实践的舞台。学生的主体作用体现在重点参与、积极探究，做课堂的主人、学习的主人。

在选择协同策略教学内容时，要有针对性，应紧紧围绕学生的实际和语文学科教学内容的实际进行。具体说来，就是指所选策略要符合学生的认识水平，要针对学生学习中所面临的困难、问题，要结合语文学科教学内容，增强策略教学的针对性，提高策略教育的有效性。因此，我在平时的教学中努力让学生意识到，策略学习能提高他们的成绩，从而使学生受到激励，调动他们学习的积极性。基于教材特点和学生实际，在教学时，我采用研究性学习方法，针对性地引导学生更加有效地积极思考，以达到知识与技能、过程与方法、情感态度与价值观的整合，为学生营造足够的主动探索的时间和空间，引导学生亲身经历阅读实践的过程，并在此过程中初步构建"自主、合作、探究"的学习方式。

案例分析

《半截蜡烛》是五年级第二学期第四单元中的一篇文章。本单元的教学目标是"仔细阅读课文，学习品味语句，在字里行间体会那深深的爱国情怀"。根据单元目标，我将本课的教学目标定为"有感情地朗读课文，品读描写人物语言、动作、神态的语句，想象人物的心理活动"。

在设计前置预习作业时，我想如何利用前置学习，有针对性地引导学生积极思考，努力提高课堂教学的有效性呢？

于是，我将"面对着即将到来的危险，母子三人想出了什么办法？你觉得他们怎么样？轻声读课文，画出关键句，圈出关键词，说一说"这一题放入其中。

如学习"伯诺德夫人"的表现：

（1）作为母亲，伯诺德夫人面对危险是怎么表现的？快速找到相关句子，用直线画出来。（出示核对）她看着两个脸色苍白的孩子，急忙从厨房里取出一盏油灯放在桌上。"瞧，先生们，这盏灯亮些。说着，轻轻地把蜡烛吹熄。"

（2）这句话中，作者是抓住什么来写伯诺德夫人的？（动作和语言）概括她的办法。（板书：取出油灯　吹熄蜡烛）

（3）自己再读读这些描写动作的语句，看看她是如何取出，如何吹熄？圈出关键词语，想想你体会到什么？

（4）她的机智和镇定还表现在哪里？（她的语言）

（5）指导朗读。

（6）回忆一下，我们以往在写人的时候，除了描写人物的动作、语言和神态以外，还可以通过什么描写来表现人物的品质？（外貌、心理等）

（7）补充心理活动。

（出示）伯诺德夫人看着两个脸色苍白的孩子，心想：＿＿＿＿＿＿＿，急忙从厨房里取出一盏油灯放在桌上。

（8）正如你们说的，因为伯诺德夫人知道——（媒体）引读。

总结过渡。

在体现"由扶到放"的教学思想的指导下，在备课中，我就对三个情节采用了三种不同的教学方法，即在讲伯诺德夫人时，我主要采用"以述促读"的方式，引导学生深入研读课文，感知伯诺德夫人的为人；在讲杰克时，我就让学生用学习上段时的方法来谈谈对杰克的了解；在讲杰奎琳时，我直接让学生来读杰奎琳的话，并用采访的形式深化学生对杰奎琳的了解。

将教学难点放入前置预习中，让学生在课前就进行思考，这样有利于学生学会自主学习，也有利于学生良好学习习惯的自我养成，能够大大提高课堂教学的有效性。

反　思

《半截蜡烛》这篇课文生动地记叙了在第二次世界大战期间，参与秘密情报传递工作的伯诺德夫人母子三人与突然闯进的德国军官斗智斗勇，巧妙周旋，并最终保全了情报站的事，赞扬了母子三人的机智勇敢和强烈的爱国主义精神。这篇课文是对学生进行爱国主义教育的生动教材。故事情节生动紧凑，环环相扣，引人入胜，而且人物刻画手法丰富，语言细腻，学生比较喜欢。将教学难点放入前置预习中，让学生在课前就进行思考，课堂上的效率就高了很多。

　　课堂上，在教学伯诺德夫人一段话时，我指导得比较具体，努力为学生提供一个示范，教会他们该怎么去读书——找句、归纳、找关键词、体会人物品质、补充人物心理。在教学过程中，我让学生用批注式学法把自己较深的感受用简洁的语言写下来，使学生的情感自然流淌，与文中的字句形成强烈的共鸣，也培养了他们"不动笔墨不读书"的好习惯。在这个教学过程中，学生有感情地朗读课文，也品读描写人物语言、动作、神态的语句，想象人物的心理活动。这样层层深入，学生很快就学会了如何品读。不仅如此，他们还通过抓住伯诺德夫人的关键动作，概括了她面对敌人时所想的办法，也为最后的全文概括进行铺垫。

　　在教学大儿子杰克一段内容时，我启发学生通过读课文想象当时的情景，试着对人物表达自己读后的感受，意在让学生将心比心，换位思考，体会文中的细节，与杰克产生情感上的共鸣。在朗读中产生一种身临其境的感觉，充分感受当时情势的紧张与危急。小女儿一部分内容的教学就显得更为放手。学生在课堂上口头表达，课后进行书面表达的训练。

　　将教学难点放入前置预习中，让学生在课前就进行思考，在课堂上带着问题，有目的地学习，在教师的引导下，在学习过程中充分发挥学生的感知能力，对课文形成自己的感受，这样就极大地提高了课堂教学的有效性。我想，只有拥有了努力向上的协同学习心态，充分发挥师生双方的主体性，才会给学生教师带来更加广阔的学习空间，从而才会有高质量的教学效果。

善用和谐教学　共迈协同步伐

——一年级《小于、等于、大于》协同案例分析

马　青

马　青

引　言

和谐教学之我见

为改革课堂教学和师生的学习方式，节约教育资源，提高教学效率，虹口区第四中心小学于 2005 年确立了《基于课程统整理念下的小学协同教学实践研究》这一课题。在协同教学的研究实践中发现，如能有效用好协同主要方法之一的和谐教学，让学科与学科有效兼容，互相促进，则会实现 1+1>2 的效果，达到协同教学的目标。我对和谐协同教学的认知主要有以下三点：

（一）和谐的协同教学需要学科与学科之间的合理兼容

所谓和谐的协同不单单意味着将学科与学科简单地进行拼凑，而需考虑学科之间的一致性和关联性，寻找共鸣点，整合共鸣点，然后根据共鸣点互为因果、互为前提的特点安排课程顺序、课程内容，让课程的开展遵循内容的先后顺序，做到学科之间和谐教学。

（二）和谐的协同教学需要课程知识点符合学生的认知规律

协同教学的和谐还需要根据学生的认知规律来调整相关联的课程进度。尤其对于低年级的学生来说，一些课程的专有名词，无论是识字还是理解，原本就是学生尚未认知的知识，如在数学课堂上直接运用，极易造成学生对于新知识的认知偏差。所以，应当合理规划协同课堂的课程进度，切实有效做到和谐的协同。

（三）和谐的协同教学需要教师具有统筹的能力

和谐的协同教学对教师素养有一定的要求。教师知识的全面性是协同教学的条件，而具有全局观、大局观、系统观，在学科课程之间能做到统筹兼顾，充分融合学科与学科之间的协同资源也是和谐协同对教师素养的要求。

案　例

基于实际、全面构思、尝试和谐的协同教学

2017 学年第一学期，笔者开展了沪教版数学一年级第一学期第一单元《小于、等于、大于》协同部编本语文一年级上册《大小多少》的实践教学。

（一）协同背景

虽然教学经验不多，但在一年级上的数学教学过程中，我常常发现很多题目在课上已经说清楚，通过口头形式的形成性评价和总结性评价，也得出大部分学生均已理解的情况下，课后练习却十分不理想，较为简单的题目，错误率仍很高。

经过观察、访谈发现，由于目前很多一年级新生是零基础，几乎不识字，虽然数学课主要以研究数量关系为主，但要使学生切实理解、掌握数学知识与技能，对语言文字的认识和理解是重要前提。

尤其在一年级第一学期的《小于、等于、大于》一课中，多次对大小、高矮、多少进行了比较。在练习过程中发现，一年级学生对于"多少大小"缺乏识字基础和理解经验。所以练习错误率很高，甚至无从下笔。所以，我尝试在一年级上册语文部编版教材中《大小多少》作为数学课《小于、等于、大于》的协同知识点，尝试开展协同教学。

（二）协同知识点

沪教版数学一年级第一学期第一单元《小于、等于、大于》协同部编版语文一年级上册《大小多少》。《小于、等于、大于》是沪教版小学数学一年级第一学期第一单元的一课，而部编版语文一年级上册《大小多少》则在中间的识字部分的一课时。数学课《小于、等于、大于》与语文课《大小多少》的教学目标、教学重点如下：

1.《小于、等于、大于》教学目标

（1）初步知道"一样多""多""少"的含义，会用俩俩配对的方法比较物体的多少，初步感受对应思想。

（2）对"比较"的结果能够说理，并能够说出多、少，一样多，多了几个，少了几个。

（3）会根据长度和个数进行数的大小比较。

（4）认识符号"<"">"和"="，会用符号比较自然数之间的大小关系。

2.《大小多少》一课，教学重点在于认识"多""少""大""小"等生字，知道"大——小""多——少"两对意思相反的词，会在不同的场合正确使用"大小多少"。

从教学内容、教学目标和教学重点来看，两节课有知识点的重叠，更有显而易见的学习层次的顺序。要使两课和谐融汇，只有先对"多""少"等文字有一定的认识、理解后，才能进一步对数学课《小于、等于、大于》中物体、自然数的大小多少的比较有一个高效率的理解和运用。所以，虽然课程进度不一致，但将语文课《大小多少》放在数学课《小于、等于、大于》前授课，显然符合学生的认知规律，以及和谐协同促进教学目标的实现。

（三）协同实施教学过程

采用任务导向策略的《小于、等于、大于》简略教学过程：

教学环节	教 学 内 容	教学方式
导入部分	师：开始今天的课前，我们一起来背一背语文课上的儿歌《大小多少》：一个大，一个小，一头黄牛一只猫。一边多，一边少，一群鸭子一只鸟。一个大，一个小，一个苹果一颗枣。 师：儿歌里是怎么知道谁大谁小、谁多谁少呢？ 预设生：比较、比一比（引出课题）	协同语文 修改原来小马过河的导入
探究新知	任务导向1：昨天老师给大家布置了一个任务，想一想在我们生活中，有许多可以比一比，你们还知道什么？ 预设生：比高矮、比大小、比长短、比多少 出示课本21页"比高低"题图 小丁丁、小胖在比身高呢，他们比的结果怎样呢？ （1）同桌互说比的结果。 （2）汇报。 根据学生的汇报，可能出现的三种情况：（　　　）和（　　　）同样高；（　　　）比（　　　）高；（　　　）比（　　　）矮。	任务导向1
探究新知	任务导向2：在汉字里，用多少大小文字来表示，那在数学里，比一比的结果是怎么表示的呢？ 1. 比长短、比多少 介绍计算条1个□表示1 2. 动手操作 请同学拿出计算条，师生一起摆。 根据学生摆计算条情况，通过计算条实物顶端底端连线的推导，引出">""<"和"="，以及三个符号图形的含义：开口大的对大数，开口小尖对小数，两边一样的是相等。 3. 会用符号，会读等式或者不等式	任务导向2 落实教学重难点
练习巩固	1. 游戏：找相同 （1）找出相等的，用等号连接。 不相等的，说一说比的结果。 2. 手势出符号（口令、左手剪刀小于号，右手剪刀大于号，两手放平是等号） 　　　　0 ◯ 4　　　10 ◯ 10　　　8 ◯ 3 3. 猜一猜：可能放哪个 　　　□ > ?　　　? < 9　　　? = □ 4. 完成课本练习18页	反向练习，巩固知识点，训练逆向思维
总结评价	用符号来表示儿歌《大小多少》中牛与猫、鸭子与鸟、苹果与枣的比较。 小结评价：今天我们学了什么知识？有什么收获？	首尾呼应，再次协同语文儿歌，并让学生感悟数学源于生活、运用生活的特点，激发学习数学的兴趣

反 思

提炼收获、反思不足，深入总结协同每一课

　　7—11 岁儿童的学习规律是一段比较复杂的认知过程，一般通过与经验相联系的概念逐渐抽象后，再转化为自身理解的概念。也只有遵循这样的一个儿童认知发展规律来开展教学，才能在有限的教学时间内发挥最大的教学效果。

　　纵观本次协同课的实践设想，就是建立在儿童的认知发展规律上来开展实施，从而达到和谐协同教学的最终目标。在生活中，学生已经积累了一些关于比较的生活经验，但是知识点比较零散，且大部分零基础的学生对比较的文字比较陌生或者不甚熟悉。在统筹学科之间联系点的情况下，选择在协同语文课《大小多少》识字明意的基础上，《小于、等于、大于》数学课通过任务导向的策略，让学生带着明确的方向和目标循序渐进地梳理比较的知识点，学习数学中比较的符号表达。在前期对文字了解的情况下，从具象化的实物脱离出抽象的比较符号和比较概念，两课的协同有显著的连贯性，协同构思和设想比较成功，协同过程顺畅，遵循了学生学习认知规律，从而高效达成的教学目标。

　　再看本次协同的两节课程在各自教材中的位置，语文课《大小多少》在教材中间，而数学课《小于、等于、大于》则在第一单元较为靠前。为了调整为先语文课后数学课，则势必调整课序。但是，任何一门的学科教材内课程的顺序都是经过大量教育专家和经验丰富的教师地科学安排后确定的。要想把靠中后的语文课程调整至学期前又有些违背了本次协同顺应儿童认知规律的初衷。故本次协同是把《小于、等于、大于》一课数学教学往后移。但看似无明显先后顺序的数学知识所内含的潜在规律是否会被影响则还需再商讨和研究。

　　最后，本案例也让笔者有了一些畅想。我校协同课题是关于学科与学科之间知识点的协同，通过本案例的探究与实施发现，小学低年级的协同教学十分有意义和必要。笔者认为，考虑到 2017 年 9 月起，上海小学统一使用部编版语文一年级教材，是否有必要把小学低年级教学知识点进行再次的横向、纵向的各学科在本学科内细分知识点及相互联系，再在细分知识点的基础上，进行学科与学科之间知识点以及课程资源的整合协同，这值得进一步思考与研究。

探索数字之谜

——协同中的和谐教学

徐文彬

引 言

和谐课堂的认识

和谐这个词的意思是对立事物之间在一定的条件下，具体、动态、相对、辩证的统一，它是不同事物之间相同相成、相辅相成、相反相成、互助合作、互利互惠、互促互补、共同发展的关系。这是辩证唯物主义和谐观的基本观点。我认为协同课堂上的和谐有三个方面的意思：

第一，学生有协同求知的需要。没有知识就不能生存发展，但是学生的求知欲比较盲目，协同意识不一定强烈。这里就需要教师的引导。比如，《编码》这节课的内容是认识身份证上号码的奥秘，了解身份证上18位数字各自代表的意思。教师通过引导学生先回想课前学过哪些知识和数据有关，让他们知道在学习数学知识之前可以对以前学过的各学科知识做一个回顾，那么这样的学习就是和谐高效的。

第二，学生有协同自主的需要。学生的学习是在群体之中，但是他们的思考具有独立性。所以学生在协同学习过程中，不能依靠教师灌输式地告诉他们这些数学知识和哪些其他学科知识相关，应该让他们自我验证、自我感悟来掌握协同的知识，把各学科知识融汇贯通。

第三，学生有协同平等的需要。随着年龄的增长，心理发展的逐渐成熟，学生受到不公正待遇的时候会出现逆反心理。所以在协同学习的过程中教师要做到一碗水端平，公平公正地对待每一位学生，要正视所有学生的困惑，尽量解答所有学生的问题。

案 例

《编码》和谐课堂的实践

下面我就《编码》这节课的教学来阐述我如何在协同教学中进行和谐课堂的实施。

首先，学生有协同求知的需要。好奇心是由新奇刺激所引起的一种朝向、注视、接近、探索的心理与行为活动，是人类行为最强烈的动机之一。其强弱与外界新奇性和复杂性密切相关。求知欲是一种认识世界、渴望获得文化知识和不断探究真理而带有情绪色彩的意向活动。人们在实践活动中，感到自己缺乏相应知识，就会产生探究新知识或扩大、加深已有知识的认识倾向，这种情境多次反复，认识倾向就逐渐转化为个体内在的求知欲。有了强烈的好奇心和旺盛的求知欲，个体就会表现出对知识的渴求，对学习的浓厚兴趣和爱好。

这节课我运用了前置学习的策略，课前提出了两个问题：（1）观察自己的身份证号码，并和同学之间的身份证号码进行比较。有什么发现？（2）其他学科有和《编码》这节课相关的内容吗？这样学生就会自己先去观察自己的身份证号码。当然有些细心的学生就会思考：为什么我的号码是这些数字组成？和其他的同学比较后会有更多的问题出现，为什么两个人的身份证号码都不相同？这些号码是怎么编辑的？每个数据代表什么意思？科学技术课上也学过和数据相关的内容，就是信息的传递，这个和数学课上的编码是不是有关呢？……这样在上课之前学生已经有了对问题的求知欲，整节课的学习就会显得生动自如、和谐高效了。这些问题都是学生自己发现的，自发产生的，不是教师强加上去的，数学课程和其他课程的联系就这样在学生脑子里和谐发生了。

其次，学生有协同自主的需要。自主学习是让每个学生根据自己的体验，用自己的思维方式自由、开放地去发现、探索，去获取知识。因此，学生自主学习能力的高低，直接关系到学习的效果。要想真正让学生自主地参与探索学习并获得不同的发展，就必须营造一种自由、轻松、开放的探索氛围，促进学生去探究、发现，去"再创造"。因此，在课堂教学中，教师要尽量做到多让学生思考。《编码》这节课我设计的时候就重点放在让学生自主思考上。比如身份证号码每个人都是18位，很多学生课前就会想到其中第7到第14位是自己的出生日期。通过学习能力强的学生的发言，让学习能力稍弱的学生也能知道这些数据的意思。还有很多学生会发现前面4位数全班几乎都是3101，第5、第6位有02、09、07等不同数码。此时，教师启发学生思考：为什么前面四个数码是相同的？可能表示什么意思？学生也能够猜到可能表示上海的编码。这里教师再补充31表示上海市，01表示市区，02表示郊区，现在上海崇明是用02表示，这样学生理解就会更加深刻了。当然全班学生如果没有崇明的小朋友，自然前4位都相同了。学生自然就能猜到第5、第6位表示不同的区，所以编码也不一样。通过学生的自主思考，体现了课堂的和谐发展。

学生通过和谐课堂的自主学习，了解了身份证号码上的秘密，就会自然想到科学课上学习的信息的传递也和这个有关。信息的传递也是通过一些数据或者其他形式传递信息，那么身份证号码也有类似的意思，通过数据传递了很多信息。这样数学课堂的学习就不仅仅是学习数学知识了，而是培养学生一种学习方法，启发学生思考与其他事物建立连接的思维方式。不管什么学科的知识，再进一步想一想和其他学科有没有什么相关性，这不但是对知识的一种重新整理，更重要的是对思维的锻炼，这样课堂的学习就更加和谐有效。

最后，学生有协同平等的需要。人人学有价值的数学，人人都能获得必需的数学，不同的人在数学上得到不同的发展。人性中最宝贵的是受到别人的尊重和赏识，保护学生的自尊心，尊重学生的主体地位，让他们体验人生的价值，并提升这种价值，这才是真正的、成功的教育。比如《编码》这节课上，有的学生理解能力比较强的就先让他发言，通过他的发言可以带动更多的思考，让学习能力较弱的学生更快地赶上来，而不是要求每个学生都要达到相同的高度。和谐课堂还体现在课堂平等上，教师对课堂上每一位学生的需求都有所回应，而不是仅仅青睐优等生，要公平公正地对待每一位学生，要用一分为二的眼光正确看待学生的优缺点。

反 思

如何更好培养学生的思维品质

在教学实践中，要构建和谐的课堂教学，我们就要充分抓好融和、激趣、主动、发展这四个要素，抓住了这四个要素，也就是抓住了整个课堂教学的关键。我们还需要不断日积月累，不断提高我们的协同意识，需要我们用思考和行动来落实，用实践和反思来提升。协同不是一句空的口号，需要教师能够在课堂上让学生能够自主思考，思考课程与课程之间有没有类似的知识点，思考课程与课程之间的共通的地方。比如这节课中，科学课信息的传递讲的是人们通过密码等方式传递信息，而数学课《编码》的学习内容就是从身份证的 18 位数字找秘密。其实数字中间都隐藏着小秘密，都需要人们去破译这些不同学科之间的相同知识点。当然不同点就是密码是不被大多数人知道的，而身份证号码中的秘密是可以被大多数人知道的。

教师能够营造和谐的课堂，让学生能够充分发挥自己的主观能动性，自主思考，遇到难题时得到教师的指引，进行自主探究，那么这样的课堂就能够让学生的思维得到锻炼，协同的学习会更加有效。

当然课堂上怎么有效地提问才能让学生有思考的空间和思考的方向，这个是需要我们好好思考的。还有和谐课堂上怎么让每个学生都能有所发展，在原有水平上有所提高，这也是需要我们认真深思的。

创设情景
——引领学生发现数学之美

周嘉诚

周嘉诚

引　言

和谐课堂之我见

　　课堂是学生快乐与智慧的发源地，也是教师的生命力所在地。那么什么是和谐课堂呢？《现代汉语词典》对"和谐"一词的解释是：配合得适当和匀称。如果放在我的数学教学中，可以解释为协调雅静的学习场所，民主融洽的师生关系，以学定教、顺学而导的教学艺术，形式多样生动有趣的教学手段，教师、学生、文本的平等对话。一个和谐的数学课堂，最重要的标准一是学生是否乐意上这堂课？是否乐意参与探索、交流？二是学生得到了什么？如知识、能力、情感、态度、价值观等。只有做到学生乐学，能够有所得，那么一个美好、和谐的课堂才会得以构建。数学课堂将是学生享受快乐的场所，教师也才能在其中体会到成功的愉悦，所以我认为真正的小学数学和谐课堂需要具备以下三点：第一，要有浓厚的课堂情感氛围，即将教师的信任与尊重给予学生，帮助他们搭建展示自己的舞台，给予学生赞扬与激励，让他们体验成功的喜悦。第二，要有学生喜爱的学习方式，即不代替学生的自我发现与思考，把发现的快乐还给他们，不影响学生的交流，把合作的时空留给他们。第三，需要教师去关注学生的数学体验，让学生体验到数学是文化，数学是生活。

案　例

案例一：探索三角形内角之和

　　在四年级第一学期教学"角的度量"时候，我补充了"三角形的内角和是180度"的知识。在拓展教学时候，我带领学生明确了内角与内角和的概念后，便让学生猜一猜："你们知道三角形的内角和是多少度吗？"有几位学生积极举手，要求回答，这时候我对学生说："请用适当的方法，自己量出三角形的内角和是多少。已经知道答案的同学，想一想，可以用什么样的方法说服大家。"大多数学生在思索着，有些学生拿起工具在操作，还有的学生自觉地交流讨论着。片刻后，很多学生得出了结果。

　　学生一："三角形的内角和是170多度，我量了一个三角形的内角，加起来是179度，但可能有些不准确。"

　　学生二："是不准确，一个三角板的三个内角是60度、30度、90度，和是180度，另一个分别是 45 度、45 度、90 度，和也是 180 度，我随手画了一个三角形，它的三个内角是 114 度、26 度、40 度，和还是 180 度，所以，我猜三角形的内角和是 180 度。"

学生三："爸爸告诉我三角形的内角和是 180 度，我量了好多个三角形，内角和都是 180 度，所以，我认为爸爸说的是对的。"

学生四："我在课外书本上看到过答案，我还知道了一个能证明三角形的内角和是 180 度的实验，我想请我们组的三位同学做给大家看一看。"（实验）

此时有一个很聪明的学生，拿起同样的三角形，把三个不同的角拼在一起，也是一个平角，他把他的成果高高举了起来。学生的表现激活了整个课堂，发现的快乐充满了整节课，学生在知识的获得之余，能力也得到了极大的提高。

在这里，我没有代替学生思考，而真正将学习的快乐和思考的权力赋予学生，建立了和谐课堂。和谐的数学课堂应该是一个平台，给学生提供探索和创新的机会。新课标告诉我们，学生获取一种数学结果，远远比不上他获取这个过程重要，应该提倡自主、实践、探索、合作等多样化的学习方式，教师教学的基本方式不应该是"授予"，而是"引导"，让学生成为学习活动的主人，给学生的思考和发展留下充分的空间。只有这样，才能让学生在课堂中去体会数学的魅力和活力。

案例二：《分数除以整数》之辩论

在争辩中获得的知识才是最有价值的知识，这样的知识在学生的脑海中印象更为深刻。合理的争辩有利于学生知识的获得，也更利于课堂和谐的构建。在数学课中，我常引导学生抓住每节课的关键点进行辩论。如在教学《分数除以整数》这一课时，对于如何进行计算，我引导学生进行辩论，让学生围绕自己所选的三种不同的方法进行辩论，每人都列举出自己的理由。在辩论中学生感到其中的一种算法更具有普遍意义，所以就认可了这种算法。这样的辩论是数学课堂所需要的，也是和谐课堂的重要标志。我更期待着，课堂上不仅有学生之间的争辩，更应有教师与学生的争辩。"三人行必有我师"，教师的意见不一定是正确的，学生要树立敢于挑战权威的思想，而教师更应当鼓励学生和自己进行辩论，要让学生敢于质疑，只有这样的教学，才是最和谐的教学，最有效的教学。

反　思

在实践中，我发现要建立和谐课堂，最重要的是教师要在数学和生活的整合中构建和谐。我们的数学课堂应重视学生的生活经验，学生在课堂上学到的知识毕竟有限，教师不可能"随程养护"，也不可能把生活中的数学问题亲临式地一一找遍，但是作为一名数学老师我们应从情感上激发学生，增强他们"使用数学"的兴趣，让数学在生活中"生存"，在"整合"中提升。如在教《大数的认识》整理复习时，为了打破传统复习课训练的模式，可以选取源自学生生活的素材，比如让学生猜测中国其他地区人口数量的多少或者面积大小。可见，在"包容性生活情境"的设计下，整合教学使学生"以小见大"，竭力落实课程标准提出的"知识和技能、过程和方法、情感态度与价值观"三位一体的教学目标。

　　和谐是一种美，更是一种境界，需要我们不断日积月累，不断提高我们的"课感"；需要我们用"思考和行动"来落实，用"实践和反思"来提升；更需要我们用自身的和谐发展去创造和谐的教学，以达到促使每个学生和谐发展的目标。下学期我会更加努力地将这一目标落实在我的数学课堂上！

聚焦学科核心素养　创建"和谐"绿色课堂

王　岭

引　言

随着新的《英语课程标准》的颁布和英语学科核心素养的提出与热议，小学英语教学的理念和结构也随之发生变化。要发展学生的核心素养，课堂教学是其主要路径，课堂教学的质量对于学生核心素养的发展具有至关重要的影响。新课标提出，提高课堂教学质量，教师首先要创设平等、宽松、和谐的教学环境，让学生在这样的环境下讨论文本，发表想法，轻松对话。新课标提出的不是简单的传统意义上的师生对话，而是教师愿意倾听学生的表达，愿意探讨学生的问题，愿意评价学生的回答的一种对话；同时学生乐于分享自己的想法，善于和同桌或者小组成员沟通。

对于英语学科而言，核心素养的内容包括语言能力、思维品质、文化品格和学习能力。语言能力是基础要素，思维品质是心智表征，文化品格是价值取向，学习能力是发展条件，四者共同服务于课程总目标。要在平等、宽松、和谐的课堂氛围中培养学生的英语核心素养，不仅要求教师能够对文本教材高瞻远瞩，而且还要着力构建新型和谐的师生关系，不压制、不粗暴，这对培养学生的思维能力和创新能力有着不可估量的作用。

案　例

下面我将以 1B M4U1 Period 1 Activities in the park 为例，阐述如何在平等、宽松、和谐的课堂氛围中培养学生的核心素养。

（一）建立和谐师生关系，营造轻松课堂氛围

在"情境"中将学习任务自然导出。在这一课例中，教师创设了"having fun in the park"这一话题，所发生的地点是 in the park，教师并没有生硬地灌输，直接说"We are in the park."，或者直接问"Where are they？"而是通过"说一说，看一看，猜一猜"的方法自然引导出地点。教师在从一首欢快地 rain, rain, go away 英语歌曲中引出了太阳、草地、花、大树、乐园，让学生说出这些单词，并让他们猜一猜这是什么地方。教师只是一个引导者，让学生在轻松的氛围和优美的图片中复习旧知，并引出本次话题的发生地点。

（二）利用合理教学策略，推动学生思维发展

用"任务导向策略"训练学生核心素养中的"语言能力"。语言能力是显性的，包括了语言技能和语言知识。语言知识包括语音、词汇、语法、语篇等。语言技能则包含了听、说、

读、写的能力学习。一年级学生活泼好动，语言积累量小，所以话题的设定要贴近他们的生活，让学生有景可依，有话可说。骆芳明老师创设了"在公园中的运动"这一话题，学习 ride a bicycle，fly a kite，play football，skip rope 这四个动词词组这一熟悉的话题为学生的语言训练提供了很好的背景。然后，用"任务导向"策略来推进这四个词组的学习。在公园中，Eddie 和他的三个小伙伴 Kitty、Danny、Alice 对话。骆老师布置任务：先让学生听这段对话，但不出示对话内容。听完之后，用连线的方式来告诉大家哪个小朋友会什么运动，以此来检测英语中的"听"的能力。在这个任务中，教师还需要反馈答案，边用连线的方式出示答案，边引导学生用"What can you do？I can ride a bicycle. I can fly a kite. I can play football. I can skip rope."来训练学生的"说"，即把四个新授的词组放在旧知的句型中练习。此任务设置合理，过程推进自然。

（三）运用协同小组方式，培养合作学习精神

"协同小组合作学习"方式培养学生核心素养中的"学习能力"和"思维品质"。在一年级的英语课堂中，我们常常会用"chant"这一个 teaching method 来操练和巩固新授词组。如：在学习 play football 这一词组中，儿歌"Play，play，I can play. I can play football. Cool，cool，cool！"

在四人小组中，每个成员都要能熟练朗读，并配合学生喜欢的动作齐读。小组中学习能力较弱的学生，需要其他组员来帮助他快速学习。读完儿歌后，骆老师并没有结束这个词组的教学，而是继续挖掘和深入：I can play basketball，I can play volleyball. What can you play？这时已经从"机械操练"过渡到有思维意识的学习了：这三类球，你会哪一种呢？能用儿歌的方式继续来和小朋友交流吗？最后，由两人小组将目标内容演示出来。

A：Danny，what can you do？

B：I can play football. Go，go，go！

C：Wow！ How cool！

小组合作的方式从小组设计动作齐读、互帮互助到角色扮演，都充分锻炼了学生的学习能力。

（四）发挥积极评价模式，激励学生不断完善

学生发展核心素养可以通过课程改革和教学实践等途径来落实，但必须发挥评价对教学的促进作用。这一节课中，学生手中的一朵朵花是亮点。对于需要小组合作回答的问题儿歌、角色对话等，则都需要全班同学给予评价，学生是否做到了 read correctly 和 read loudly？如果做到了一点就出示花朵上的 good，如果做到了两点，就出示反面的 super。这样不仅对小组的回答进行了评价，更提高了全班同学"倾听"的能力，也促进了教学。当然在平时的随堂课上，我们采取的是更为严格的三点评价：read correctly，read loudly，read fluently；如果做到一点 clap your hands，记一颗五角星；如果做到两点，good，good，very good. 记两颗五角星；如果三点都达到了，那么就是 excellent，记三颗五角星。这些都是为了激励学生能够在每一次的口语训练反馈中不断做到更正确、响亮和流利。

反　思

在这一课例中，教师通过不同的方法与策略着力构建"和谐"的绿色课堂。在整个课堂的对话中，始终聚焦学科的核心素养。这个过程的目的不仅在于积累英语知识，发展英语技能，更在于提高学生的表达能力，促进师生共同发展，同时也让学生在讨论中形成乐于与他人合作的意识以及协作精神，最终提高课堂实效。

构建和谐课堂，促进多维发展

骆芳明

引 言

　　课堂教学是学校教育的最基本途径，新课程理念倡导的和谐课堂是一种"以人为本"的教学理念。在教与学的双边活动中，恰恰能体现学生的主体地位，它关注的是学生在参与课堂活动中的综合发展，即强调学生是课堂教学的主体。在英语教学过程中，教师则成为学生英语学习的促进者、组织者、指导者和协调者，要充分利用教育元素的多样性，积极营造和谐课堂教学环境，让学生在英语课堂教学中用英语去完成生活、学习中的各种任务，有效地激发学生学习的兴趣。正如语言学家克鲁姆说过："成功的外语课堂教学应创造更多的条件，让学生有机会运用已学到的语言材料。新颖别致的游戏能吸引学生的注意力，最大限度地调动学生的主动性和积极性，让他们专注于所学知识，积极参与课堂活动。"我在英语教学课堂中进行了初步的实践，通过制定明确的教学目标，让学生在一定学习目标的基础上，开展多样的协同教学策略，引导学生感知、体验、实践，积极参与到课堂教学活动中，并创设各种合作学习活动，以全班教学、小组学习和个人学习的教学组织形式有机地结合起来，努力营造以学生为主的和谐课堂的同时，促进学生互相学习、互相帮助、体验成功、合作发展。

案 例

　　英语课堂教学是一种多元化的学习活动，《牛津英语》沪教版 1B M4U1 的第一课是第四单元的课文，本单元的核心内容是以介绍活动类的动词词组为主，本课的教学目标如下：

　　1. 知识与技能：

　　（1）在语境中能正确认读单词：ride、skip、play、fly.

　　（2）在语境中能正确认读词组：ride a bicycle、skip a rope、play football、fly a kite.

　　（3）能提问某人会做什么，并正确回答：What can you do？I can _____.

　　2. 过程与方法：创设情境，通过观察图片、儿歌朗诵、歌曲演唱等方法，学习核心词汇与句型。

　　3. 情感、态度与价值观：培养学生热爱运动的意识，体验运动带来的乐趣。

　　我设计了以"前置学习策略"和"任务导向策略"为主的两种教学方法，降低了学生学习的难度，激发了学生学习的积极性。

（一）前置学习策略

小学英语教学必须在"说、唱、玩、演、看"等各种活动中完成教学任务，让学生在轻松的英语学习环境中认识英语、学习英语、运用英语。爱因斯坦说："兴趣是最好的老师。"浓厚的兴趣和强烈的求知欲能激发学生主动地进行学习。在 Pre-task 中，我通过采取前置学习策略，开展 TPR 活动，让学生唱一唱 *rain, rain, go away* 的歌曲，创设英语氛围，激发学习兴趣，并以 Free talk 的形式，提出问题：What season is it？How is spring？What can you do in spring？温故知新，为新课学习做铺垫的同时，使学生产生进一步学习新知识的欲望。

（二）任务导向策略

在 While-task 中，我采用了任务导向的教学策略，重构文本，创设语言情境，"以任务为导向，以情景为线索，以活动为中心"来设计课堂教学活动。我把对话内容设计成了听力训练，布置一定的思考问题，（1）How is the weather？（2）Who are in the park？（3）What can Kitty do？让学生带着问题边听边讲，让学生在听力中整体感知文本中得到问题的答案，以便学生的听力有所提高。在教学新对话时，我把新单词 ride、skip、play、fly 和句型 What can you do？I can... 结合起来，让学生通过听音，思考问题，感悟新单词，提高单词教学效果。与此同时，学生的听力也得到了训练。在教学过程中，不仅要面向全体，还要关注个体差异，做到尊重每个学生，鼓励他们积极尝试，及时发现他们的进步并给予相应的表扬，保护他们的自尊心和积极性。同时关注后进生和性格内向的学生，尽可能为他们提供正确表现自我的机会，让每一次小小的突破成为他们进步的基石。

在 Post-task 中，我采用协调学习小组策略开展教学，根据学生爱玩、爱唱、爱游戏、爱活动，也乐于表现自己的特点，开展角色扮演的方式，让学生分成四人小组，演一演本课所学的内容：What can you do？I can... 的句型，这样既有利于学生理解对话，更有利于他们在生活中去使用对话，以便更好地达到教学目标。

反 思

本课教学目标基本达成，学生课堂表现积极活跃。在教学的过程中，我通过将文本进行再构，设计了多种教学策略让学生学习核心词汇 ride、skip、play、fly，并且在语用输出上层层递进，有效提高学生语用综合能力。

（一）创设真实的语境

语言来源于生活。英语教学中的语境，即语言出现的环境，只有创设贴近生活的语境，学生才能在大量的语言实践中实现学以致用。在一年级第一学期，学生已经学习了 draw、dance、sing、read 四个动作类单词和句型"What can you do？"以及回答"I can ____."因此，本课时根据学生已有的知识储备，我创设了 Eddie 与他朋友们在公园一起活动的语境，让学生习得本课的核心词汇：ride、skip、play、fly，并能用"What can you do？"以及答句"I can ____."询问对方会做的事情，并做正确回答。同时让学生在学习的过程中，感受并体验体育游戏所带来的乐趣。

（二）开展多元化评价

本节课我采用了师评和学生自评等多种评价方式，除了给学生及时性、针对性的评价，我还设计学生评价（图1），评价方式是以语音语调的准确性和声音响亮为标准，若能达到其中之一就是"Good"即获得一颗星，若两者都达到则是"Super"即获得两颗星。此外，我还制作了道具（图2），将评价融入于课堂，让学生一起来对他人进行评价，极大地丰富了课堂，唤起学生对学习的渴求，促进了教学。通过多维度的评价及小组竞赛的方式，更大限度地激发学生的兴趣，使每个学生都非常积极地投入到学习中去。

Evaluation	Read loudly	Read correctly	All
	☆	☆	Good ☆
			Super ☆ ☆

（图1）

（图2）

随着新课程改革的逐步推进，构建和谐的课堂氛围，促进学生多维发展是我们追求的理想境界，只有使课堂教学的各因素之间相互依存、相互促进、协调合作、共同发展，形成完美的教学生态，达到师生之间的互动和融洽，才能最大限度地发挥学生的潜在能力，使学生积极主动地参与学习的全过程，从而让他们真正能学有所知、学有所乐、学有所获。

和谐互助协同课堂的探索与实践

——以 3A M2U1 教学为例

王　萍

引　言

近几年来，我校就协同课堂的开展与实施进行了不断地探索与实践。为了培养学生对课堂知识的学习兴趣，提高学生自主学习的能力，增强学生的探究意识，激发学生的创新精神，我校对"和谐互助"的教学模式在课堂教学过程中的应用进行了深入研究。课堂教学是英语教学的主要形式，所谓"和谐互助"就是要创造一个轻松愉快的学习氛围，让学生在一个和谐互助的氛围中，受到鼓舞并树立信心，敢于用英语开口大声表达自己，积极主动完成所有课堂任务，从而有效提高学习效率，达成预期的教学目标。

在英语教学中，老师通过创设合理的教学情境，用不同的教学方法和手段，结合多媒体技术的支持和运用，引导学生积极思考讨论，内化语言知识，掌握一定的学习方法，并有效地进行英语语言的输出。罗杰斯曾说："成功的教育依赖于一种真诚的理解和信任的师生关系，依赖于一种和谐安全的课堂气氛。"这种课堂氛围使师生之间的关系更为融洽。教师通过自己的言语、表情和动作对学生的回答和表现进行引导和评价，传递给学生亲切、尊重、鼓励和信任的情感信息，让学生不惧怕出错，敢于表达自己充满个性或富有创造性的见解，帮助他们树立信心，激发其积极向上的学习动机和兴趣。

案例分析

记得曾经接手一个三年级新班的英语教学工作，通过几周的相处时间，我发现该班级的学生上课普遍比较安静内敛，不太爱举手发言。课堂反馈的内容比较基础，很少有听到较新颖的不同见解，抄写作业质量比较平均，大多字迹端正清楚，却每次都有较多学生少抄一行，漏写一句的，比较马虎。但是在课后，他们却个个活蹦乱跳，喜欢交流些富有童趣的故事或是动手制作些新奇好玩的作品。基于这些情况，我试着先从课后多花些时间和孩子们交流开始，试图了解他们的兴趣爱好和对于理想课堂的设想，渐渐融入他们的世界，成为他们的朋友。经过多次交流，我发现这些孩子们其实很活泼，有很多稀奇古怪却很可爱的想法，愿意主动和他人分享自己的生活和爱好，并不像上课表现得那般安静内敛。那么，问题究竟在哪里？之后有一次，在和孩子们无意中聊到上课举手的问题时，有不少女生表达出自己比较害羞胆小，害怕说错没面子；又有学生说自己的发音不标准，怕被其他同学嘲笑；还有学生说自己刚想到一个答案就已经被举手的同学说掉了等情况。——记下了孩子们的困惑和顾忌，在此后的课堂教学上我做了相应的调整和变化。

（一）建立师生之间的"和谐互助"

为了营造和谐互助的课堂，首先要从备课部分进行调整。得知这个班的学生大多喜欢阅读、交流一些儿童故事，在创设教学情境的过程中，我会尽量加入一些学生们耳熟能详的动漫人物或卡通形象，把多媒体的风格尽量向故事内容靠拢，迎合学生们的喜好。例如，在 *M2U1 My friends* 一课的教学中，我将人物设定为机器猫和他的朋友们。课堂上学生一看到机器猫，马上就来了兴致，纷纷想要把自己或朋友介绍给机器猫认识，和他成为朋友。其次在授课的过程中，我时刻注意鼓励和保护学生的积极性。对于那些想举手做自我介绍却又怕说错的胆小学生投以期待和信任的目光。在黑板上，简单地给出几个关键词，并适当地帮助补充提醒，鼓励有个人见解的表达。等学生回答结束后，及时予以评价并掌声鼓励其勇气和积极性。通常，榜样的作用是巨大的，表扬的力量是强大的。长此以往，不论是受到鼓舞的学生还是其周围的学生渐渐开始不怕说错或单词发音不准，而是尝试在先，学习其中，巩固在后。然后，结合家校互动的力量，将学生在校的闪光点和进步之处告知家长。要求家长在家庭教育中也要创设和谐的学习氛围，合理运用鼓励机制帮助学生树立自信，同时还对学生的每个阶段提出新的要求，激发其积极向上的内在动力和坚持的持续耐力。

（二）建立生生之间的"和谐互助"

为了使学生之间的"和谐互助"得到良好的发挥，我之前一直采用优等生帮助学困生的一对一组合方式，希望学困生能时刻以优等生为榜样，学习其优秀的学习方法和学习态度，不断改正自己身上的问题。但是通过一段时间的实践和观察，发现自己的这份希望恐怕会变成奢望。有的学困生因其自身的懈怠和不主动，往往会打乱优等生正常的学习生活，影响他们之间原本和谐的关系；有的学困生则较为内向，每次接受了优等生的帮助，但考试结果出来又不尽如人意时，就显得垂头丧气，感觉更加没有信心了；有的优等生没能经受住学困生的物质诱惑，一起玩起了各种新奇有趣的文具或玩具，作业质量反而有所下降。

那么，生生之间的"和谐互助"是否就无法展开了呢？通过再次地观察交流和课堂实践，我发现这个班的学生好胜心很强，对数字很敏感。因此，我想到了用积分竞争的方法来促进学生的"和谐互助"。采用四人协同小组的形式，让他们自己根据自己的学习情况暂时先分成A、B、C、D四个档次，由C同学带动D同学，B同学带动C同学，A同学带动B同学的方法，辅以数字积分看哪个小组的累积积分最多，进步最大。通过这样你带我、我帮他的互助模式，让学困生看到了小目标的前进方向，也让中等生看到了自己的进步方向。然而，优等生之间的竞争也更为目标明确，稳住自己的优势并带动组内成员一起进步。这种阶梯式的"和谐互助"模式有利于提高各个层面学生的学习积极性，让"老师要我学"变成"我要主动学"，增加了学生的自信心并不断激发他们的学习内驱力，提高学习效率。

反 思

"教学是一种具有创造性的活动。"诚然，在每天的教学过程中我们都在不断地更新与创造，我们试图找出最适合孩子的教育教学方法来提高教学质量。经过师生间和生生间的"和谐互助"实践，我发现原先的课堂不再只集中在那几位同学身上了。他们越来越多地露出自信的笑容，学困生也能迎难而上，和优等生们一起逐渐向自己的一个个小目标前进。教师从学生的实际情况和兴趣爱好出发，有针对性地设计和备课。尊重并鼓励孩子的每一个想法，理解并信任孩子逐步培养出来的能力。创造一个轻松且和谐的课堂来减少学生的紧张与不安，让学生成为课堂的真正主人，让学习成为一种乐趣。同时，班集体内的"和谐互助"教学模式让学生之间的关系更为融洽，每个人对待自己的课堂表现和课后作业都更为认真负责。大家主动地交流互助，你追我赶，形成了积极向上的良好班风。

当然，"和谐互助"的协同课堂还有很多其他方面的内容需要学习和研究。比如，如何将"高效"很好地运用在"和谐互助"的协同课堂中？协同课堂上的"和谐互助"还有哪些部分需要完善和改进的地方？诸如此类的问题都是今后要在实践中进行探索和解决的问题。

最后，让"和谐"成为课堂教学的主旋律，让"互助"成为学生不断发展的前进动力。"和谐互助"，让协同课堂迸发活力，共促教育教学蓬勃发展！

双边互动新思路　和谐氛围促成长

——以协同教学促学生发展

蔡应杰

引　言

"和谐"新认识

"和"有和平、和谐等层面的意思。在国家层面倡导世界各国和平发展，和谐相处，合作共赢。和则美，谐则畅；美则愉悦，畅则通达。我校提出的"GREEN 协同教学"的目标提倡为学生创设"和谐"的教学环境。课堂教学是一个丰富、复杂、双向互动的过程，在教学活动、情感活动、师生互动过程中学生能实现自己的需要，使自己的学习能力不断得到提高。和谐的课堂强调师生双边互动，是教师的"教"与学生的"学"有机结合，而"动"则是以"动"求发展，将传统由教师教授，学生被动学习的教学行为转变为互为平等、互相促进、全体参与的和谐教学。师生、生生之间的互动，能够调动学生的学习积极性，使之能形成合作型学习小组，从而构建以师生、生生互动为基础的和谐课堂教学形式。和谐的课堂环境，尝试让学生做课堂的主人，师生、生生间的互动讨论，使学生能主动参与、乐于探索、勤于动手。和谐、互动课堂让学生能独立搜集、处理信息，分析并使用习得的信息技能解决问题。和谐、互动的课堂，真正做到了把课堂还给学生，使学生真正成为课堂的主人，让学生能用习得的技能去解决学习、生活中的问题。和谐、互动课堂提高了课堂教学质量，同时也让师生和谐互动，共同成长。

案　例

2017 年 4 月至 5 月正值信息科技节，此次信息科技节是由科学与技术和信息科技学科共同举办。活动主题是"再生纸变变变"，利用科学与技术课上习得的制作再生纸技术，结合自己的想法，创作一张创意再生纸。学生在制作创意再生纸的同时，还要使用信息科技三年级第二学期第四单元中所习得的技能，制作创意再生纸制作流程 PPT。

本节课在设计上不再是"教师带着知识走向学生"，而是"教师带着学生走向知识"。并尝试由生生、师生间的互动讨论来决定评价照片的标准，通过各学习小组组内讨论，根据评价标准来确定照片存在的问题，并探索解决问题的方法，尝试使用技能解决问题。

（一）集思广益：全员参与和谐互动讨论

本节课，我改变以往教学中教师单一讲解问题的模式。在导入环节，展示多张由学生拍摄的再生纸照片，两张一组，照片中有拍摄较好的照片，也有在亮度等方面有问题的照片。让各学习小组对比观察并讨论照片，能不能看懂照片？如果看不懂，原因在哪里，是拍摄上有问题，还是别的原因造成的。学生对于这样的学习模式很喜欢，组内的交流、讨论的参与度很高。同时通过组内讨论，他们能发现展示的再生纸照片存在亮度过暗或过亮等问题，并且能够自主提出调整照片亮度的需求。在此环节，教师接近于隐形模式，给予学生最大程度的自由探索的权利，教师只在各学习小组之间游走，观察各组讨论情况。

组内的头脑风暴，不但使大家以最快速度发现了问题，同时也让大家都积极参与到小组的活动中，组员之间的情感交流也得以提升。教师在各组之间游走、观察，也能及时发现组员之间的交流是否顺畅，以便针对不同组的情况，在今后的教学过程中及时调整教学策略，达成组员之间的和谐。

（二）探寻方案：小组自主和谐学习

在本环节，教师通过播放一段事先录制好的微视频，让各学习小组自主学习如何使用PPT2013中的图片工具。同时出示三张存在问题的照片，请各小组讨论并指出照片存在的问题，以及解决该问题对应的图片工具的功能，并记录该功能的名称，尝试使用该功能解决问题。

整个自主学习的流程为：小组合作发现问题——解决问题——组内交流经验，最终让照片达到更明亮、更清晰，主体更突出的效果。

在此环节，教师深入各学习组，弯下身，倾听并与学生一起讨论。此时教师不做具体的指导，只给学生一些建议，让学生自主考虑是否采纳。信息科技课有大量的实际操作环节，通常情况下是由教师教授特定的方法，让学生去照葫芦画瓢，但这种方法大大限制了学生的创造力及思考能力。教师走到学生身边倾听学生的想法、问题，给予他们一些建议，让学生感觉到教师并不只是教师，还是一位好朋友，课堂环境就趋于和谐，学生能更容易地发挥出他们的潜能。

（三）和谐课堂：自主选择工具创作

通过前几个环节的学习，各组已经能对照片的不同问题采用合适的方法进行修饰。本环节是请学生根据自己的需求，选择合适的功能，修饰自己拍摄的照片，鼓励学生创造与众不同的作品来表现"再生纸变变变"这一主题。传统的信息科技课是以教授学生如何使用某一个特定软件的几个功能为主。在新课改的背景下，信息科技课的学科核心素养是培养让学生学会思考问题，利用所学的信息技能解决问题的能力。在这一背景下，信息科技课的教学方式也必须做出相应的改变，以适应新的培养学生能力的要求。

在实践操作前，先通过小组合作讨论，根据前几个环节处理照片的经验，由学生自导，教师协助制定评价一张照片好坏的标准。有了评价标准后，学生以小组为单位，根据评价标准，小组协作分析每位同学的各张照片存在哪个问题（光线过暗/过亮或照片背景环境过于复杂），并商量应该使用图片工具中的哪一个具体功能对图片进行处理。在小组协作发现问题、解决问题时，我在各个小组之间观察学生的操作以及组内交流、互相协作情况，记录下协作学习氛围较好的小组编号，后续为该小组加上协作分。各组完成照片修饰后，还给每个小组交流经验的时间，每个小组由一位同学说明发现的照片问题以及解决的方法，同时由另一位同学具体操作演示。当同学操作上遇到困难或者解说者遇到困难时，小组内其他同学会给予及时的帮助、提醒，从而达到所有同学都能学习到不同的解决问题的方法。和谐的协同学习氛围，加上适当有效的评判标准，帮助每位同学能在有限的课堂时间内有效地掌握好本节课的知识点，同时在分析每一张照片时，他们又重温了一遍再生纸的制作流程，不但学会了信息技能，也巩固了科学与技术学科的知识技能。

反　思

　　和谐课堂不是简单的课堂氛围的和谐，还包括了生生、师生之间情感关系的和谐。互动不是简单的教师问，学生答，而是生生之间有互动的交流、探讨，师生之间平等的交流。和谐的课堂是灵动的，让课堂成为学生成长的舞台、发挥他们创造力的乐园。在新课改的大环境下，信息科技课不再仅仅只教会学生使用信息设备及其应用软件，而是转变为更注重开发学生的创造潜能，注重学生想象力和创造力培养的学科。和谐、互动的课堂氛围能帮助学生在实践中发挥自己的潜能。在实践中我发现三年级的学生自主学习能力虽有很大提高，但是离理想状态还是有一定的距离，如果给予学生的自由度过高的话，部分学生可能会发生"失控"情况，这样的"失控"可能会影响到学习小组内的和谐氛围，进而影响到整个课堂氛围。在给予学生多大自由度这个问题上，还需要做更多的探索和尝试。

　　和谐的课堂氛围可以提升协同学习的效果。对于学生来说，协同学习是一个喜闻乐见的教学形式，学生在小组中可以获得存在感，以及协力解决问题时的喜悦。同时每个学习小组都有自己的组长，平时只要把任务交给组长，组长会协调组内同学及时完成任务。在同学有困难的时候，组长及组内同学也会去帮助同学解决问题。在设计协同小组学习时，我也发现了一些问题。比如，在设计教案时要考虑学生的个体差异，在给学习小组进行分组时，也同样要考虑学生的个体差异问题。既要考虑一个小组的整体学习水平问题，也要尽量兼顾组内每一位同学的个体学习水平，还要特别重视组内学生的性格是否能合得来。和谐的协同学习还应注意学习的时长问题，要合理分配小组协同学习的时间，保证各个环节的教学活动能顺利开展。和谐的小组协同学习，带动了师生和谐互动，生生和谐互动，创造了一个和谐的课堂环境，提升了学生学习的效率，提高了学生解决问题的能力，让学生学得更开心！

协同美术英语教学，营造和谐课堂氛围

——以"母亲节"教学为例

范 渊

引 言

随着教育教学事业的不断发展，协同教学的重要性逐渐地被人们所关注，同时也走进了中小学教师的视野中。

"协同教学"的意义用整个学校教育统整的视野，从而打破个人教学的屏障，协同各学科所展开的教学研究。它的目的是不断优化教学过程，提高课堂效率，让学生快乐学习，从而让师生共同学习、共同进步。

作为学校协同教学的一名教师，应当做到绿色协同。而在绿色协同中更应该注重的是"rapport"，也就是"和谐"。"和谐"指的是教学的氛围，是使学生在课堂之中能够感到舒适和谐的协同课堂环境。我们不但要上好协同课，更要注意营造一个令学生感觉舒适而又能激发学习动机的环境。在这个环境中，学生会被学习的内容所吸引，学习的积极性得到提高，从而能够认真地学习。

本学期我作为一名二年级的美术教师，有幸与英语学科进行了一次协同教学。下面就分享一下我所实践的案例结果与反思。

案 例

（一）前置协同

在前置的协同教学中，大致可以分为两个部分，一是教师之间的相互协同，二是与学生之间的相互协同。

在第一部分教师间的相互协同之中，我与二年级汤老师交谈得知，二年级的英语课程中有一节"Mother's Day"——母亲节，而在我的拓展课之中则有一节制作纸质百合花的课程。我们在核对内容核心之后，便决定开始商量共同合作完成一节协同课程。

我们先就课程的先后顺序进行了讨论，而后决定由我先上折纸——百合花课，然后再上英语的协同课。用我的美术课程辅助英语课，再通过英语课程来对于美术课程进行升华。

在第二部分教师与学生的前置导入时，我并不用布置什么前置预习，主要是让汤老师在英语课程开始之前先请学生们对课程进行预习，并且让学生们进行思考，母亲节是一个什么样的节日，而在这样一个节日里，作为孩子们的学生们又会有哪些表示？

至此，美术和英语协同课程的前置布置内容就这样完成了。

（二）课程内协同

这个部分是学科教师要着重关注的要点。要关注到课程与课程之间的相互合作、相互协同。在这个课程之中，不但要在教师之间的课程互相协同，同时也是要让学生感受到协同课程的魅力，学习到一些平时在单一课程之中所没有体验到的内容。

在这次的协同之中，由我先上美术课。

在课程的一开始，我询问学生是否已经预习过了英语课的母亲节，在他们告诉我已经预习过后，我告诉学生们今天要上一节协同课程，并和他们聊聊，在他们的心中，母亲节会怎么庆祝？

在得到会送花的答案之后，我问学生们想不想自己制作漂亮的百合花来送给妈妈，并引导学生说，如果收到我们自己制作的花而不是买来的花，相信妈妈会更加高兴，从而开始课程的学习。在这个过程中学生对于制作百合花产生了强烈的兴趣，并且在课堂上纷纷议论要怎么样把自己的花装饰得美美的，同时又如何添加一些好看的内容，一时间学生的学习积极性变得非常活跃，课堂氛围也变得融洽和谐。

（三）课后协同

在美术课上，这是一节传统的折纸课程，但是同时也是一节协同课程，当学生们在课程结束后制作出一朵朵美丽的百合花，他们的动手能力得到了进一步的提升，并且我告诉他们，这些花我们在英语课程——母亲节也会运用到，这样更加增加了学生们对折纸的学习兴趣。

在课程的末尾我向学生询问，大家都是带着什么样的心情来制作这样一朵花？有没有带着感恩的心情呢？可能现在的你们还不是很明白，不过没有关系，在我们之后的英语课上，相信大家一定会对母亲节这个节日以及母亲这个含义有更深刻的了解。请大家带着感恩的心，把这朵花送给自己的妈妈。如果乐意，还可以教教妈妈如何折百合花。

就此，我的协同课部分完成了。

反　思

在一开始，我对于协同教学的理解并不是很深刻透彻，所以对协同的内容也抱有一定的疑惑。但是当进行了尝试之后才发现，其实协同教学并不会妨碍每一位教师自己学科的课程教学，反而学生们在协同课程中能够学到更多内容。在协同教学的环境下，学生们对课程的内容理解有了更深刻的体会，学生的学习积极性明显要比单一课程来得更高，学习的效果上也是更加高效。同时，教师在教学中也能注意到更多之前忽视的内容。协同教学也让我找到了让课程变得更有趣，更容易让学生接受的新方式。

从知识碎片到文化统整

——四年级美术协同课《兵马俑》案例分析

林　娜

引　言

关于营造和谐的协同课堂环境的认识

有"协同教学之父"的美国华盛顿大学教授夏普林，曾对协同教学做下列阐释："所谓办同教学是一种教学组织性，在两个以上教师的合作下，负责担任同一群组学生的全部教学或其主要部分，其目的不仅是教学方式的改变，更注重学生学习形态的创新，让学生在活泼的教学情境中得到丰富的知能并培养健全的人格。"我们的协同教学也经历了从简单的"以复数的教师协同分担一定责任并担任同一学生群组指导的组织"的狭义概念，逐渐演变为"为提升指导效率，充分运用教师特性，有效进行教师的协同性教学"的广义概念，这有助于以发展学生的兴趣、能力、想要解决问题能力为主的个别化教学。

各学科间的主题式协同教学所运用的主要策略是从调控教学系统结构诸要素的关系入手，把被不同学科割裂成各自为政的断章取义的文本碎片，重新粘贴融合成充满活力的、相对完整的文本，从孤立到互为支持，从彼此割裂到融为一体，为学生身心健康发展创设和谐的教学条件和氛围，实现教学的整体优化。

和谐的协同课堂教学营造一种开放式的、互相支持的、愉快积极的教学情景和氛围。在这样的氛围中，学生以一种轻松愉快的心情学习，接收信息和处理信息的能力就可以得到强化和巩固，从而促进学生在知识与技能、过程与方法和情感态度与价值观方面的主动发展。创设轻松和谐的课堂环境和自主参与的教学情境，使学生主动创新，从而提高课堂效率。

案　例

美术《兵马俑》协同实践教学

举世无双的秦始皇兵马俑是我国享誉世界的珍贵历史文物，堪称"世界八大奇迹"之一，规模宏大的兵马俑是秦军强大力量的缩影。《兵马俑》来自沪教版美术教材四年级第二学期第七单元"古代瑰宝"中的一课，原来是泥工教学，为了适应我校美术教学条件，调整为绘画教学。通过写生一尊站立的将军俑或者半跪半蹲的跪射俑，学习写生人物的基本方法，为之后的人物写生单元"熟悉的人"教学打下基础，是为美术课内的协同。

另外，四年级语文有一篇课文《秦陵兵马俑》，这篇课文语言生动、描写细致，可以引导学生通过体会课文的语言来发挥想象，去触摸兵马俑各具个性的丰富形态，激发学生的情感，但是相对于生活阅历浅显的小学四年级学生来说，未免还是显得有些抽象。考虑到这样的因素，美术课安排在语文课之前上，在绘画教学中结合欣赏我国制作的大型纪录片《复活的军团》，为学生提供截至目前关于秦始皇兵马俑的最为系统全面的认知，从而达到美术和语文的互为协同。

单纯的将军俑或者跪射俑的写生教学，两课时基本就能完成。但由于专业性强、学习方法单一，人物绘画教学向来不怎么受高年级学生的欢迎，如果还要画背景和涂颜色的话，不少学生会敷衍了事，兴趣缺失。

为此我相应地将本课程教学安排成三步骤：第一步，根据各自的兴趣选择站立的将军俑或者半跪半蹲的跪射俑进行人物写生，学习"定比例——打大形——画细节"的人物写生方法；第二步，在彩色手工纸上画出以简笔画为基础的长城，并且根据各自的认知经验和爱好，自由发挥添加细节、场景，写实的、卡通的、魔幻的、搞笑的，各种风格皆可，只要是自己能力所及；第三步，将画好的兵俑人物沿轮廓剪下，贴在长城背景上，完成一幅绘画和剪贴相结合的《兵马俑》作品。既有专业严谨的写生方法学习，又有符合各自能力、爱好、自由发挥的创作空间，最后通过剪贴将二者结合成一幅完整的作品。表现方法和表现形式的变化组合，使得在延续四课时的教学活动中，维持了学生绘画创作的兴趣。尤其是每课时完成既定的美术作业后，再抽出 10 分钟左右时间，在教师的引导下，带着问题有目的地去观看纪录片《复活的军团》部分内容（鼓励感兴趣的学生将纪录片复制回家完整地观看），系统地了解作为秦始皇陪葬坑的兵马俑，帮助我们了解史料未曾详细记载的、存在于两千多年前强大的秦帝国的支柱——秦军，包括它的军阵结构和规模、军队编制、武器配备、各兵种协同作战方式等。经此，学生对于为秦始皇统一之路立下汗马功劳的强大秦军有一个较为全面而又直观的了解，显著地提升了学生对于写生和绘画创作的兴趣和积极性，让学生既学习了人物写生的基本方法，为之后美术课的人物写生单元做铺垫，又为之后语文课《秦陵兵马俑》的学习提供了直观的、开放式的、完整的文化背景支持，使得原本单一的美术人物写生技能的学习融入令人惊叹的、探秘一般兵马俑的相关考古发现之中。美术直观的人物绘画学习与语文抽象的语言文字学习统整成为兵马俑文化学习。

第一课时

绘画： 选定写生对象，跪射俑或者将军俑，先定好比例再画出整体大形，最后完成头部细节描绘。

视频： 观看《王者之师》，了解秦的崛起，秦始皇兵马俑的发现、发掘及其概貌。

第二课时

绘画： 完成跪射俑或者将军俑全身细节绘画。

视频： 观看《血色青铜》，了解秦军军工生产和武器配备。

第三课时

绘画： 在彩色手工纸上画出以简笔画为基础的长城，并且自由发挥添加细节、场景。

视频： 观看《死生之地》，再现"长平之战"，了解秦军多兵种的协同作战方式。

第四课时

拼贴： 把兵俑剪下来，贴到画好的长城背景上，完成整张作品。

视频： 观看《关山飞度》，了解秦始皇时期伟大军事工程"灵渠""长城""秦直道"。

反　思

在本课程的教学中主要运用了任务导向的教学策略，不管是人物写生教学还是观看《复活的军团》系统了解兵马俑文化，主要是通过以下的教学任务设计来实现：

（1）先提示人物写生学习任务，即教师首先给学生讲清楚要完成任务的内容、条件和目标，并通过对学习任务的提示，激发学生的学习动机；

（2）尝试完成任务，教师一边讲解演示写生方法，一边让学生尝试写生兵马俑，教师适当指导；

（3）学生通过模仿教师基本完成任务，针对为什么要用"定比例——打大形——画细节"的人物写生方法提出问题，学生知道怎样做后，再了解为什么要这样做；

（4）教师提问引导学生带着问题有目的地观看纪录片《复活的军团》，全面了解秦始皇兵马俑的考古发现和相关推测，让学生获得完成兵马俑写生绘画任务以及语文《秦陵兵马俑》所需要的相关文化背景；

（5）回归人物写生任务，把所获得的文化背景知识与绘画任务联系起来，包括兵俑写生和背景绘画创作，看看能否把兵俑绘画任务完成得更好，具有个人的特色。

任务导向的教学策略创造了一种兼顾教学、探究与实践的"三位一体"教学模式，本质上是教师将学习任务作为教学环节和背景，向学生传授人物写生绘画技能，这就需要教学参与者从根本上认识到学习任务的目的。人物写生需要兼顾技能学习与创新，学习的任务融入教学环节，在开展"定比例——打大形——画细节"的人物写生方法讲解的同时，通过写生兵马俑，实践体验这种写生方法带来的好处，强化训练学生的写生技能。

任务导向策略适合美术学科的所有内容，尤其是知识与技能方面的学习，能够在有限的35分钟内，保持教学的效率与学生鲜活的思维和创作的积极性，同时为学生参与教学、探究与实践的"三位一体"专业研究提供了条件。

创和谐体育课，激学生之兴趣

宋祖源

引 言

我们经常从一节课的教学目标、过程、方法、练习密度等方面分析评价体育课，而很少从学生的角度，一起亲历体育课，体验学习的乐趣。如果能站在学生角度来考虑教学的方法与手段，激发学生的学习兴趣，就能使我们的课堂成为学生喜爱的课堂，使学生体验到学习的乐趣。

首先，要创设宽松和谐的教学氛围，让学生全身心参与学习。创设宽松、和谐的体育教学氛围，要求教师从"传道、授业、解惑"的"授予者"转变为一个"启发者"。课程改革要求体育教师善于营造宽松、和谐、自主的教学环境，使学生精神焕发、个性张扬，唤醒学生的创新意识，发挥学生的最大潜能，使学生在学习过程中体验到学习的乐趣。

其次，要合理采用教学方法，有效提高学生的学练兴趣。体育教学中，合理采用教学方法，能够有效提高学生的学练兴趣。如果能和其他学科配合进行协同教学，提高学习兴趣，那将是一种更为行之有效的方法。

最后，要巧用教学手段，激发学生兴趣。教学手段有很多，如果通过协同教学来完善教学手段，会有助于学生建立完整、正确的技术动作概念，突出技术动作的重点和关键，更有利于激发学生的学习兴趣，体验到学习运动技术的乐趣。

案例与问题

（一）案例（反例）

三年级学生反复练习站姿，稍息、立正、左右转法。练习中学生依然没能完全掌握动作，立正时，不是手的中指没贴在裤线上，就是脚跟没靠拢或脚尖没分开。转向时，教师虽然反复强调了左右方向，还是有很多学生转错方向。

问题：学生会有什么感受？

（二）案例：（正例）

三年级学生向右转的时候采用下列教学手段：

（1）教师让学生将写字握笔的手举起来，确定右手、右边；（2）对学生说，教师在喊"向后"口令时，将握笔的手拉拉自己的裤腿。听到"转"的口令，即转向拉裤腿的方向；（3）心理暗示在拉裤腿的时候动作要小一点，不然被操场上的大哥哥大姐姐看出来多不好意思啊。

简析：教师抓住三年级学生的年龄特点和动作要点，巧妙地运用"拉裤腿"的方法帮助学生识别方向，使学生既做对了动作，又会觉得有趣。

所以，教师要了解学生的心理特点，探寻他们对体育学习的心理需求。小学三四年级学生在学习过程中第一信号系统仍然起相当大的作用。在观察、了解事物的过程中视觉还占重要的地位。在教师的帮助下，他们逐渐学会进行比较、分析，学会观察事物的特点，逐渐将自己的注意力集中到学习内容上，注意力的稳定性有了明显的提高。此外，学生的道德感不断增强，在理解道德概念时，不仅与具体行为现象联系，而且与社会标准相联系，道德意志坚持性有所提高，道德行为开始从不自觉的模仿向自觉的坚持发展。学生观察事物的目的性、持续性、概括性都有了明显的提高。

讨论：针对三年级学生的心理特点，如何引导学生进行基本队列队形学习？

在教学内容方面：对于三年级学生而言，队列训练、矫正走等练习都是比较枯燥的学习内容，如果将其进行游戏化处理，对学生会产生极大的吸引力。例如，采用"我们都是木头人"的游戏对学生进行站姿训练，采用"模仿动物走、模仿各种人物走"等游戏进行矫正走练习，就能够有效提高学生的注意力。

在教学技巧方面：三年级学生对学校生活不再陌生，而争强好胜的性格、幼小的年龄使他们在面临失败时很难找到正确的应对方式，往往只会一味宣泄自己的不满。如果在这个阶段可以和思品课进行协同教学，将取得良好的效果。

反　思

在这个案例教学的过程中，总会有那么几名要求严格的学生，一会儿："老师，刚才某某手没贴裤缝"，一会儿"老师谁谁脚跟没并拢了"。面对这样的学生，教师应及时表扬，肯定他认真学习的态度！有时候这种学生的心理是："我按老师的要求做了，而老师没有注意到我，没有表扬我。"学生在用自己的方式引起教师的注意。因为三年级学生还是在课上希望得到教师和同学的关注，渴望得到同伴的认可和教师的表扬，所以在教学过程中，还是应抓住学生的这一积极心理加以引导，通过表扬和指出问题来增加和谐气氛，促进其健康人格的发展。

还有的学生时常会做出一些与众不同的事情，比如向后转的时候跳转180度。这样的学生已经不满足于对动作方法的掌握，而是想要在同学和教师面前展示自己的能力，得到大家的赞许。这个时候表扬一下学生能力，指出其动作的规范性和合理性，让其得到心理满足的同时把动作做好，使课堂和队伍充满和谐！

而通过与品社课的协同教学，利用视频的展示和训练画面的冲击，直观上对学生进行了顽强的意志品质教育和学习的严肃性教育，使教育过程充满和谐，提高了学生的学习兴趣，取得了较好的教学成效。

协数学之"理" 造体育之"速"

张　波

张　波

引　言

课堂是促进学生学习成长的重要场所，课堂教学模式决定课堂教学效果和水平，利用系统论中的"协同效应"建立的"协同教学"课堂模式，能够促进学生更好的发展。在协同教学中，我一直注重的是营造和谐的课堂氛围，努力创设和谐的协同课堂环境，使学生在课堂中学到更多不同知识的同时和谐地对待彼此，在学习中共同成长，共同进步。

那么什么才是和谐呢？常见的说法是：和谐是对立事物之间在一定的条件下、具体、动态、相对、辩证的统一，它是不同事物之间相同相成、相辅相成、相反相成、互助合作、互利互惠、互促互补、共同发展的关系。

和谐课堂又是什么呢？简单来讲就是，课堂秩序井然有序，课堂氛围宽松宽容、充满活力，教师做到民主平等、公平公正，师生感到心情愉悦，师生之间互相理解、真诚交流、关系融洽。因此和谐课堂在人的培养、教学质量的提高以及发挥学校教育的作用等方面具有非常重要的价值。所以在协同备课中，要体现和谐课堂，因为在和谐课堂中，才能真正实现师生之间、学生之间的和谐相处，实现学生、教师与课堂环境的和谐相处，这样课堂才富有情趣和乐趣，给人以愉悦。

案　例

（一）案例背景

本节课选用小学三年级第二学期的教学内容《50米快速跑》，在学习本课前学生已经在一二年级的时候学习过30米快速跑，但是掌握的程度参差不齐，同时这节课的内容也可以与数学学科协同。体育课先上，数学课后上，学生们通过在体育课上进行50米快速跑练习活动，了解到速度、时间和路程的基本含义，充分感知三者之间的关系，也为数学课的学习做好知识储备。

（二）案例分析

在教学中，因为要与数学课进行协同教学，因此我运用任务导向策略开展教学，引导学生在协同小组合作学习的过程中理解速度的含义，了解路程、速度与时间的关系，初步感知三者之间的变化规律。让每个学生通过小组讨论与合作，来感受体育学科的快乐，在和谐的课堂中提高50米快速跑的动作技术，也初步感知路程、速度与时间三者之间的关系。因为本课的重点是前摆积极，所以在教师巡视指导的过程中，向学生不断强调"前摆积极"的动作要领，使之在不断地练习中，慢慢提高自身的奔跑能力。

课堂中生成了以下几个任务：

任务1：教师组织50米快速跑练习后，告知每位学生自己50米跑的用时，然后组成3人一组的协同合作小组并选出一位小组长。

任务2：各小组：同样的时间内，谁跑得距离远。思考并讨论：速度、路程与时间的关系。（得出结论：同样的用时，跑得路程长的速度就快）

任务3：各小组：同样的距离内，谁跑得用时短。思考并讨论：速度、时间与路程的关系。（得出结论：同样的路程，跑得用时少的速度就快）

教学片段：

1. 导入50米快速跑

师：同学们还记得我们一二年级的时候学过的30米快速跑吗？今天老师要带着大家一起
　　继续学习50米快速跑，并要求大家在学习过程中思考速度、路程与时间的关系。

2. 学生活动的任务1：

师：各位同学按照四路纵队的队形，四人一组进行一次50米快速跑的计时小测试，大家
　　有没有信心？

师：各位同学现在都知道了自己的测试成绩，接下来尽量按照成绩差异较大的原则来组
　　成3人一组的协同合作小组并选出一位负责的小组长。

3. 学生活动的任务2：

师：各小组按照任务要求在同样的时间内进行练习，小组长先进行计时，时间限定为5
　　秒钟，一次练习结束后计时的同学进行轮换。思考并讨论：速度、路程与时间的
　　关系。

师：根据同学们的思考与讨论得出最终结论：同样的用时，跑得路程长的速度就快。

4. 学生活动的任务3：

师：各小组按照任务要求在同样的距离内进行练习，小组长先做裁判，距离限定为20
　　米，一次练习结束后裁判进行轮换。思考并讨论：速度、路程与时间的关系。

师：根据同学们的思考与讨论最终得出结论：同样的路程，用时少的速度就快。

通过这堂课的学习，学生们已经初步了解了速度、路程与时间三者之间的关系，为数学课赢得了更充分的活动时间，同时也提高了学生的学习兴趣。

反　思

在本堂体育与数学的协同教学课堂中，我运用了任务导向策略及协同小组合作学习的方式进行教学。在备课过程中，我设计了一份简单实用的任务单，学生通过完成一系列的任务，可以让体育与数学协同教学的效果事半功倍，不仅提高了学生的奔跑能力，也为数学课增加

了知识储备。在设计任务单时，首先根据教学目标和学生的学习能力，将简单的教学内容变得丰富，让学生开动脑筋，激发学生主动学习的兴趣。其次，各个任务之间的设计要有连续性，让学生知道这样做的目的，层层递进，有利于学生的逻辑思维的养成。最后，任务要具有合作思考性，让学生在完成任务的过程中，运用团队的力量共同思考，在不断地尝试中总结出结论。

在进行协同小组分组时，我安排的每小组三名成员的 50 米快速跑的成绩差异较大，这是让学生在完成后两个任务过程中凸显出差异。在分组的过程中，我还要求以优带差，让后进生在教师和优生的指导下慢慢提高，这也体现了和谐课堂的氛围，由此来带动全班学生的上课积极性，提高了课堂的教学效果。

通过这堂课的学习，不仅提高了学生的运动能力，还培养了学生团队合作的精神，也为数学《速度时间路程》一课打好了基础。

立足学生　体现教学完整性

施　翌

一、努力向上，立足教学过程的完整性

以任务为导向的课堂教学是基于以问题为中心，以知识和能力为两条主线展开的教学过程。以任务为导向的课堂教学是在教师指导下，引导学生尝试着解决一个又一个新问题的探究学习，以"巧妙解决问题的过程是不断提出新问题的过程"为依据，总结出"通过不断提出问题解决问题"的方法模式，构建过程完整化的教学模式，提出结构化问题概念。教学实践表明，以任务为导向的过程完整化教学模式可以有效地落实课程标准，是一种具有极强操作性的有效教学模式，该模式体现了教师本着拥有努力向上的协同学习心态所进行的教学过程。

现在就一年级第二学期语文第 33 课《重阳节》的教学过程，来谈谈如何贯穿绿色协同拥有努力向上的协同学习心态。一年级的学生在阅读记叙文时，把朗读作为学习课文最有效的方法，因此我将这节课的重点放在引导学生读准字音、读通句子，在朗读的基础上去体会人物的思想感情、心理活动，领会作者的写作意图。

二、在教学实践中凸显努力的心态

（一）正确朗读、明确教学目标

1. 能根据拼音正确认读本课"阳、节、古、人、景、色、太、平"8 个生字，在教师的指导下正确描写"阳、古、太、平"，认识"左耳旁"。

2. 能正确朗读课文，做到读准字音，不加字、不漏字。

3. 通过查找课外资料，简单了解重阳节的风俗，能用一两句完整的句子说说自己家过重阳节（或中秋节）情景。

4. 协同品德与社会课《日历告诉我》让学生加深对日历的认识，知道可以获取哪些信息，从而了解公历、农历的区别，引发对传统节日相关知识的兴趣。

首先，我在教学活动开始就明确本课要完成的任务。

以品德与社会课《日历告诉我》为语文《重阳节》的教学奠定基础，通过《日历告诉我》一课，加深学生对日历的认识。我通过提问学生："从日历中可以获取哪些信息?"慢慢引导学生复习已学知识，学生回答："我们可以从日历中了解到年、月、日，还可以知道公历、农历。"通过公历、农历的区分，调动学生对传统节日相关知识的兴趣，并进一步提问："从日

历中我们还可以获取哪些信息?"学生通过观察日历知道在日历中还有节气、节日的划分。随后让学生交流自己知道的节日,引出"重阳节"。让学生回忆自己怎样过重阳节的,进而了解它的寓意和习俗。

其次,要完成这三项任务必须要先阅读诗歌,学习生字。

(二)谈话引入,揭示课题

1. 师:小朋友们,我们中国有许多传统节日,在品社课中学习过《日历告诉我》知道了在日历中有年、月、日、公历、农历、节气、节日的介绍。你们在日历中找到了哪些节日呢?

   生:清明节、植树节、春节、重阳节、端午节、五一劳动节、国庆节……

2. 师:选择一个节日,说说在这个节日里我们会干什么?

3. 今天我们来学习一首描写节日的儿歌——重阳节。(板书课题:33 重阳节)

4. 学习生字:阳(读准后鼻音)、认识"左耳旁",节(一字开花)。

5. 师:你们了解重阳节吗?谁能简单地说一说?师补充介绍重阳节的来历和风俗。

(三)初读儿歌,整体感知

1. 师范读儿歌:仔细听听儿歌都告诉了我们什么?指生答。

2. 学生自读儿歌:要求做到读准字音,读通句子。

3. 互读儿歌:同座位同学互相纠正。

4. 齐读儿歌:读整齐,注意标点符号的停顿。

(四)精读儿歌,识字背文

1. 学习第一句。(出示课件——儿歌第一句)

师:通过初读儿歌,你知道重阳节是在什么时候?

(1)指生读。(2)分男女生读。(3)喜欢的同学站起来读。

2. 学习第二、三句。

(出示课件——儿歌第二、三句)

(1)问题式引读。

师:古人和现代人在重阳节这一天登高的目的有什么不一样?(生:齐读第二句)师:人们登高许下了什么美好的心愿?(生:齐读第三句)

(让学生懂得要敬老爱幼)

(2)请大家看着大屏幕,把这两句读给同座位的小朋友听。

请同座两位小朋友一起读然后齐读。

3. 学习生字。

(1)学习生字:"古、人、景、色、太、平"以四人小组为单位,交流识字方法。(重点指导:重)

(2)出示词语:"九月""古人""风景""秋色""太平"。

指读和开火车读（注意读准后鼻音生字"景、平"，平舌音"色"）。

（3）全班交流。

4. 熟读成诵。个别准备，小组比赛，班内展示。

（五）复习生字，指导书写

1. 复习词语：齐读，全班做游戏"菊花朵朵开"。

2. 复习生字。

3. 考考你的脑力学作诗游戏，复习课文。

三、反思总结

教学过程是非线性的，因此学生学习过程的完整是教学真正意义上的完整，而现在大多数的教学过程为：复习旧知、导入新知、讲授新知、理解新知、巩固新知，这仅仅是教师教学过程的完整，并非学生学习的完整。而学生的学习过程和思维过程是不连续的、碎片式的，不是教学真正意义上的完整。

低年段的学生对新鲜事物充满了好奇心，根据他们年龄特征引导他们仔细观察，培养学生观察日历的能力，从日历中挖掘出信息，知道在日历中有年、月、日、公历、农历、节气、节日的介绍。随后让学生交流自己知道的节日，引出"重阳节"。随后教师不断抛出问题，学生根据自己已有的生活经验解决问题，在轻松有趣的课堂环境中，一步步了解了重阳节的寓意和习俗。以任务为导向的课堂教学体现了我校校本课程绿色协同努力向上的协同学习心态，促进了学生在相对轻松的氛围中有效地掌握学习目标。

努力学习的心态比智慧更有力量

施　晴

一、关于协同教学

"努力"是我们的态度，即拥有努力向上的协同学习心态。

一个健全的心态，比一百种智慧都有力量。向上的学习心态对每个孩子一生的发展都很重要，因为积极努力的心态总是与乐观、自信、成功联系在一起。一个拥有努力向上心态的孩子，总比其他人更容易看到事物中积极有利、乐观向上的一面，在平时的学习生活及人际交往中能够建立起良好的关系。而且，学习心态积极的孩子常能心存光明愿景，对未来有美好的期待，即使身处逆境，也能凭借向上的心态、坚定的信念和顽强的毅力战胜困难、走出逆境。

协同教学，致力于培养学生努力向上的学习态度，构建愉快和谐、互助友爱的师生、生生学习关系，引导学生身心健康发展，激发学生自身的潜能。通过协同教学过程设计，教师可以避免教学活动中消极心态对学生的困扰，协同教学课堂努力为学生健康快乐的人生奠定牢固的基石。

二、实践案例分析

二年级　美丽的西双版纳

教学目标：

	目　标　陈　述	目标达成度		
		达成	基本达成	未达成
教学目标	1. 能正确认读认识本课生字"纳、等、壶、砍、扁、悠、甩、楼"。正确描写"等、壶、悠、甩、楼"。			
	2. 能正确朗读课文，知道西双版纳既是植物的王国，又是动物的王国，并能选择自己喜欢的小节背诵。			
	3. 了解我国国土辽阔，资源丰富，激发学生热爱祖国的情感。			
	4. 协同音乐教学，通过歌唱、表演《金孔雀轻轻跳》，感受歌曲所描写的傣族风情，表达傣族小朋友热爱生活亲近大自然的纯真情感，表现傣家孩子幸福、快乐的生活。（前置学习策略）			
教学重点	能正确朗读课文，知道西双版纳既是植物的王国，又是动物的王国，并能选择自己喜欢的小节背诵。			
教学难点	了解我国国土辽阔，资源丰富，激发学生热爱祖国的情感。			
教学准备	1. 生字卡片。2. 多媒体课件。			

教学过程：

教　学　过　程	说　明
一、启发谈话，揭示课题。 　1. 师（出示图片）：今天，老师带来了一组照片，是老师到西双版纳旅游时拍的。看后，请谈谈你的感受。 　2. 歌唱、表演《金孔雀轻轻跳》，检验前置学习效果。 　协同：通过歌唱《金孔雀轻轻跳》，感受歌曲所描写的傣族风情，表达傣族小朋友热爱生活亲近大自然的纯真情感，表现傣家孩子幸福、快乐的生活景象。学生们尽情地表演，歌曲与舞蹈的完美结合，活跃了课堂气氛，激发了语文学习兴趣。 　3. 出示课题。（学生字：版） 二、了解课文，学习生字。 　1. 听课文录音，你听到了些什么？ 　2. 学生自学课文。 　（1）读通课文内容，不加字、不漏字，按标点停顿。 　（2）自学文中 11 个生字。 　3. 学后反馈。 　（1）开火车检查。正音：耸、愁、喷、羽。 　（2）注意字形，仔细书空：壶、喷、宽。 　（3）游戏：看谁眼睛亮。 　解释：边陲、傣族（词义）。 　协同：基于学生已在唱游课中了解了一些傣族的民族特征，这一环节可放手让学生们自己介绍傣族的发源地、民族风俗、服饰文化和音乐特点等，发掘学生自主学习的潜能。 三、学习课文，加深理解。 　1. 西双版纳在哪里？那里有什么特点？ 　出示第 1 节，生朗读。（个别、齐读） 　2. 西双版纳不仅森林面积广阔，而且有许多独特的植物，可谓资源丰富，不愧是植物的王国。（第 2—3 小节）文中向我们介绍了哪些植物？（任务导向策略） 　（1）同桌对读，用"＿＿"画出两小节中介绍了哪些植物。 　（2）选择你最感兴趣的一种植物来读一读句子。 　（3）引读第 2—3 小节。 　协同：播放西双版纳独特的民族音乐，在美妙的音乐中欣赏五彩缤纷、多姿多彩的植物，感知"植物王国"美誉的由来。 　3. 西双版纳动物种类繁多，其中不乏珍贵的野生动物，看看给我们介绍了哪些动物？（第 4 节） 　4. 为什么说西双版纳既是植物的王国，又是动物的王国？ 　（1）"王国"是什么意思？为什么说这里是动物的王国呢？ 　（从介绍的动物以及省略号中找到） 　（2）个别读。找自己的好朋友合作读这小节。 　（3）说话练习：同学们课前还找到了许多生活在西双版纳的动物资料。请大家用：我来到了西双版纳，我看到了（　　）的句式来说一说。可以用书上的语句，也可以用自己的话说。（前置学习策略） 　协同：学生对孔雀很熟悉，也很喜爱。让学生在听课文、玩乐器、唱歌曲、创作孔雀的动作等音乐实践活动中，用柔和优美的声音表达对金孔雀的喜爱，唱出柔美的情绪、跳出可爱的形象。	

（续表）

教 学 过 程	说 明
（4）协同小组交流。 协同：西双版纳景色美，人更美，（师出示相应的图片和资料）学生体会。学生 　　　交流课外收集的有关资料。（协同小组学习策略） 通过交流，增进学生间的了解，增进友谊，共享学习成果，发扬团结互助的协同 学习精神。 四、总结全文，反馈练习。 1. 读全文。 2. 指导写字：注意比较"悠、甩"两个字在田字格里的比例。	

三、实践反思

　　课前布置前置学习任务，欣赏西双版纳独特的民族音乐，学习傣族舞蹈（唱游课中已学习），收集西双版纳的植物与动物资料，准备交流材料，在学习民族文化习俗时，学生可能难以理解，这一前置任务的完成，让学生的本课学习做到有备而来。

　　正式进入新课之前，我让学生欣赏一系列西双版纳旅游时拍的照片，让学生们谈谈感受。随后，让学生们通过歌唱《金孔雀轻轻跳》，感受歌曲所描写的傣族风情，体会傣族小朋友热爱生活亲近大自然的纯真情感，感知傣家孩子幸福、快乐的生活景象，这一教学活动的设计不仅活跃了课堂气氛，更激发了学生对语文学习的兴趣。

　　语文课堂上，为培养学生努力向上的心态，让学生尝试用优美的语言去描绘西双版纳的美丽景色，教师设计任务导向策略，学习植物的多、美和特征。在美妙的音乐中欣赏五彩缤纷、多姿多彩的植物，体会"植物王国"美誉的由来。谈到西双版纳又是"动物的王国"时，学生对孔雀很熟悉，也很喜爱。让学生在听课文、玩乐器、唱歌曲、创作孔雀的动作等音乐实践活动中，用柔和优美的声音表达对金孔雀的喜爱，唱出柔美的情绪、跳出可爱的姿态，努力调动多个感官去理解课文内容，学生们在理解课文内容的基础上学会了用充满情感的语句表达自己心中的感受，并在协同学习小组中分享交流。

　　本节课中，学习策略的组合运用对挖掘学生学习潜能，养成努力向上的学习心态，提高课堂学习效率的成果是显著的。因为学生有备而来，所以课堂上学生们回答问题的语言更加有深度，和课文主题更加接近，加上音乐的渲染，课堂学习气氛热烈。但同时对教师的备课提出了更高的要求，对于学生们已掌握的知识，教师应如何将新旧知识有效地结合；课堂学习评价如何落实；怎样发挥教师的引导作用，更好地融入到师生活动中，都是本节课后迫切需要思考和解决的问题。

协同：一种共同努力的尝试

裘 奕

一、努力，是一种身教

我校开展协同教学已有多年，在这期间，我们不断探索、实践、总结，已形成了我们四中心特有的一套"协同教学模式"。在每学期授课前，我们所有教师按年级组形成教师团队，进行协同教学规划，制定相关教学计划，选择协同教学策略，其目的是不断优化教学过程，让课堂高效，让学生乐学，培养学生努力向上的学习品质。

在协同教学开展的这些年来，我们教师一直是课堂教学的主力军，所以我们首先要努力提高自身的学科专业素养。其次在协同教学中，教师要更好地利用协同策略引导学生努力学习，形成一种努力向上的学习品质。这就要求教师在课堂教学设计与课堂教学实施中加以探索、实践、总结、反思。教师在课堂中参加到学习活动中，和学生一起热情地学习，会给学生树立榜样，这是一种身教。当教师对学生进行引导时，将通过言语为学生排解困境指点迷津、纠正方向，这时教师就是引领学生发展的导师，是一种言传。有些时候，教师并不参与或引导学生，是学习的观察者，他（她）只提问题，让学生小组讨论，自己解决。这时，学生们会努力地表现得更好，这是一种"不言之教"。

在平时的教学中，我根据学校的协同指南，利用协同策略，使课堂更高效，使学生的学习更有兴趣。

二、协同案例

《律师林肯》一课，用朴实的语言描述了律师林肯利用扎实的天文知识，在法庭上为蒙冤受屈的被告人辩护，最终揭穿证人谎言的故事。课文语言精练，描写生动，尤其是描述林肯在法庭上利用扎实的天文知识一步步揭穿证人的谎言的过程，让人由衷地拍案叫绝。

结合教学要求，我将教学的重、难点定为：阅读林肯的辩护词，理解林肯利用有关月相的知识揭穿证人谎言的过程。但是，大部分学生没有实际观察过月相的真实体验。因此，学生对于这一内容的理解缺乏真实体验，容易停留在表面，难以体会林肯的睿智。虽然课后有关于月相知识的介绍，但那只是纸上谈兵，学生阅读后，也不易产生强烈共鸣。怎样让学生进一步了解月相的变化，更好地突破教学难点，从而感受到律师林肯的睿智呢？这是本节课教学的难点。

细读课文，感悟精彩辩护

师：林肯的这次辩护是从质问证人开始的，目的是为了在福尔逊身上打开缺口。轻声读课文，找一找，林肯在法庭上问了福尔逊几个问题？分别是从哪三个方面展开提问的？

生交流：

（1）读第一个问题。（证人看到的的确是阿姆斯特朗）

（2）读第二个问题。（证人的位置）

（3）读第三个问题。（时间）

师：林肯究竟是怎样一步步地从福尔逊身上打开缺口呢？老师读旁白，请女生扮演林肯，男生扮演福尔逊，我们合作朗读第7—12小节。

师：问到这里，林肯在法庭上郑重向大家宣布："证人福尔逊是个彻头彻尾的骗子！"这个意外的判断使法庭里的人都愣住了。有人高声质问："律师说出来的每一句话都应该是有根据的，您有什么令人信服的事实证明福尔逊是个骗子？"师：这个判断对法庭里的人来说是意外的，对林肯来说却是预料之中的，他早在之前就做了充分的调查和准备，福尔逊的回答正合他意，这每一问都在为后面的辩护埋下伏笔。

师：为什么说，证人福尔逊是个彻头彻尾的骗子呢？请小声地读读课文第15小节。

师：读了文章，请大家说说，林肯为什么说福尔逊是个骗子？谁能结合上节科常课学到的知识以四人学习小组为单位，来边画示意图，边告诉大家。

生：学生边把上弦月和被告以及证人之间的位置关系画出来，边解释。

师：请学生上来一起做实验。

师：出示填空。

10月18日应是____月，11点钟的时候，月亮已经_____，即使_____，月亮也_____。月光从_____往_____照。而_____在东边，_____在西边，福尔逊是无论如何也不可能从二三十米外看清阿姆斯特朗的脸的。

生：交流。

师：再来读读这段话。

三、案例反思

这篇课文主要写美国历史上一位比较有影响的总统林肯，在他早年当律师期间，为被诬告的阿姆斯特朗出庭辩护，并获得成功的事。文章的难点是让学生理解林肯是如何利用月相的常识成功为受害人辩护的。在前一节的科常课《月相》里，学生已经学习了一些关于月相的天文知识，很好地为这节语文课做了铺垫。

在学习第15小节时，也就是林肯如何揭穿福尔逊是个骗子时，我运用任务导向的策略，让学生结合上节科常课学到的知识，以四人为小组在纸上边画示意图，边来说说原因。学生得到任务后，便在合作小组中分工，把上弦月和被告以及证人之间的位置关系画出来，并一起解说原因。通过任务的设定与实施，学生会不自觉地运用自己所学的知识来尝试一步步地完成任务。当请小组派代表到黑板上交流时，学生如能把上弦月的样子以及与被告、证人之间的位置准确地画出来，并能由此解释出上弦月的特点与案件的关系，说明上一节科常课的内容学生已掌握了，也能学以致用了，那么自然而然地，这节语文课的难点也解决了。

让学生画完示意图后，再和学生一起来做一个小实验，直观地让学生感受一下当时的案发现场。这样，学生既对前一节科常课月相的知识进行了复习与巩固，又进一步帮助理解了案子的真相，很好地将科常课与这节语文课进行了协同。

在语文学科中，任务导向策略在很多地方都适用。关键在于是否与其他课程有协同点。我们在提高任务导向策略的有效性时，要注意和学生已有的学习状态相关。在充分钻研教学大纲和教材内容的同时，教学任务目标的制定要以学生的特点和已有的学习准备为基础，也就是在其他学科中所学到的协同点，因为学生已经具备的知识技能是进一步学习的基础，因此教学任务目标的确定不可能脱离开学生已有的准备状态。

提高任务导向策略的有效性还可以和合作学习相结合。因为合作学习是一种以学习目标为导向的教学活动，是合作学习小组内成员之间为达成一定的学习目标相互鼓励、帮助和支持共同来完成学习任务，使学生在知识、能力、情感等方面获得一定发展的学习方式。同时教师布置合作学习的任务要明确、清楚，这样也会大大提高学生合作学习的有效性。

总之，协同教学优化了课堂教学，提高了课堂教学效率，促使教师和学生共同成长，共同拥有努力向上的协同学习心态，使我校的教学更上一层楼。

师生在协同中"管教空气中的流浪汉"

严 净

一、走进协同，努力创造

对于"协同教学"教学这个词，我接触时间并不长，直至在语文大组活动中，我才真正理解协同教学的含义。

在后来的教学实践中，我慢慢摸索出协同之道就是在语文教学中，有效地整合语文学科和其他学科之间共通的内容，让其他学科内容有效地为语文学科服务，同时让其他学科在语文课学习时得以良性延伸。

进而我又感受了协同之乐，记得我们在学习语文课《奇异的琥珀》时，学生对于天然琥珀的形成过程特别感兴趣，但由于时间有限，教师无法在课上对其进行详细讲解。后来在科学课上，科学老师带着孩子们制作了人工琥珀，详细地学习了琥珀的形成过程，所以学生对这一知识掌握得非常扎实，说起琥珀的形成过程也是头头是道。更让我没有想到的是，在作文练习《我最喜欢的一堂课》中，班中将近有一半的学生写了那堂科学课，而且很多学生都写语文课《奇异的琥珀》让他们非常感兴趣，没想到今天这堂科学课居然还能让他们自制琥珀……还有的在文后感慨：原来要经过千万年才形成的琥珀，其实轻易就可以得到……

这一次协同让我充分体会到了它的魅力，我将努力创造出自然的、充满趣味的课堂情境、课堂氛围，让学生更积极向上地乐于学习。

二、协同案例

学习第4—6节，体会灰尘在人类的生活中弊大于利。

（一）既然大家都不欢迎灰尘，干脆消灭它好了。作者在文中为什么说：

出示：这样看来，我们就不得不管教管教这些空气中的"流浪汉"啰？

1. 作者为什么用了"管教"这个词？

2. 联系上下文找找答案。

（二）学习第3小节，了解灰尘的"用处"。

1. 也许你没想到，这些乱逛的灰尘也还是有用处的。快速阅读第3小节。

学生齐答：灰尘的作用是：没有它，天就不能下雨。出示句子。

2. 看媒体演示，边看边想：灰尘和雨之间到底有什么关系？

（媒体演示）看来，缺了灰尘还真不行！

3. 我们读读文中的句子再次感受一下灰尘和雨之间的联系吧。

4. 过渡：现在，我们更加清楚地知道灰尘和雨之间的关系，没有灰尘，天真的就不能下雨。

（引读）如果你不信，不妨试一试——（在下雨时……）

（三）没有灰尘天就不能下雨，但是灰尘的坏处是很多的。

1. 引读：大家知道，学生读：灰尘多了会迷人的眼睛，呛人的鼻子，会使人的呼吸器官发炎。灰尘钻进机器，会使它声音嘶哑。落在未干的电影胶片上，会使它失去功能。

2. 运用我们在信息科技课的本领，上网搜集灰尘带给人类的危害，学生就课外资料进行沟通。

3. 运用本节中的"总分"句式，将所查资料用简练的语言加以概括，说说灰尘带给人类的危害。

三、案例分析和反思

《空气中的"流浪汉"》一文是著名科普作家叶永烈所写。这篇课文是四年级第一学期第七单元的第二篇课文，课文要求学生能够了解课文的主要内容，分清主次。此文虽然写于二十世纪七十年代，但现实意义于今日依然深刻。本文从灰尘的大小和它存在于空气中的数量、来源，以及它在人类生活中的利弊等方面对灰尘进行了具体介绍，让学生了解有关灰尘相关的知识。文章主要告诉人们减少灰尘的方法，培养学生保护环境、改善环境的意识。

这篇课文中，有关于灰尘的知识仅仅靠我们语文课堂上的学习是远远不够的，灰尘到底有哪些危害？到底给人们带来哪些麻烦？还要多一些了解。为此，我努力营造轻松的学习氛围，让孩子们燃起对说明文学习的兴趣，更好地落实文后的说话练习。

所以在学习这篇课文之前，我运用了前置学习策略，在预习课文的基础上，让学生充分利用信息技术课的时间，在协同小组内，利用信息科技课上学到的如何利用"搜索引擎"在网上寻找相关内容。灰尘会给人类带来多大的麻烦？有哪些麻烦？人类到底想了哪些办法去"管教"灰尘？……毕竟不是所有的学生都有较大的知识储备，不是所有的学生都可以在课堂上对环境问题滔滔不绝。很多学生只要看到带有发散性思维的说话练习，便不再自信。所以此时的前置学习策略有效地结合协同教学的运用，让学生在课前便对"灰尘"有所了解，让学生不打没有准备的仗。

在教学时，对学生一读就懂的内容，我便省去了教师的串讲，以读代讲，节约大量时间，使学生有足够的时间诵读理解。整堂课上，我尽力为学生创造表达的机会，紧扣重点词句设计语言实践的训练，收到了较好的教学效果。在学习课文第 4 节时，学生更是借助协同学习，用上了在信息科技课上通过搜索引擎找来的各种资料，运用本节中的"总分"句式，用简练的语言概括灰尘带给人类的危害。因为有了协同小组的配合与准备，学生的积极性很高，课堂上生成不少新的观点。从学生收集的材料来看灰尘的害处是很多的：积尘会使电器设备运行产生的热量不能正常散发，引起电路的短路或漏电；烟囱中的烟雾灰尘影响空气质量，长期吸入不利于人的健康……这样通过举例子来说明事物的方法，同时也自然地迁移到学生的语言实践中。因为协同信息科技课的教学，孩子们有了翔实的资料，说话练习不再千篇一律、人云亦云，好多孩子也体验了一把"侃侃而谈"，变得乐学、爱学。

而至此，学生更体会到管教空气中的"流浪汉"的意义，心灵受到震撼，感受到了作者从心底发出的呼唤：保护环境，刻不容缓。语文的工具性和人文性因着协同教学悄然粘在一起。

协同中探索月相之谜

施 敏

一、在教学中努力实践协同

《律师林肯》是小学语文课本四年级第一学期中的一篇课文，它讲述的是律师林肯利用月相的知识进行逻辑推理，从而当场戳穿了证人的谎言，使小阿姆斯特朗被无罪释放的故事。

这节课的重点和难点是让学生理解关于上弦月、下弦月、满月、新月等月相知识。如果学生缺乏有关月相知识，就无法读懂林肯严密的推理过程，也就无法理解整篇课文。

语文作为一门基础性学科，所涉及的不仅是学生身边的日常生活，还能够牵带着各门学科：音乐、科学、思想品德、数学等等，与各个学科都能进行整合，并且加深相关课程内容的理解。语文教师在教研过程中发现，如果先上自然科常课，就能为语文课提供课程资源，为学生理解月相奠定基础。在《律师林肯》的教学中，由科常老师先行上课，虽然每天月亮升起的时间是不同的，但升起的时间变化是有规律的。了解月相变化的成因，掌握各月相的识别特征，进而把月相知识与生活经验联系起来，为之后的语文教学扫清障碍。在科常课上完之后，根据学生对于月相的理解程度，我是这样设计语文课的：

（一）默读课文第 7—14 节，了解"证词"内容

过渡：通过刚才的交流，我们知道了，法官是根据福尔逊一口咬定的证词判定阿姆斯特朗图财害命。那么证词上究竟写了些什么？文中并没有直接告诉我们。

1. 默读课文第 7—14 节，边读边想：福尔逊要让法官相信他所说的都是真实的，他的证词中应该有哪些内容，请你圈画出相关的词句，然后小组交流。

2. 学生交流。

3. 同桌二人，根据要点的提示，连起来说说证词的内容。

4. 师引读证词。

师：刚才两位同学用不同的方式说清了证词的内容，老师根据这些要点是这样来表达的。福尔逊在他的证词中写道：

出示：十月十八日晚上十一点，月光很亮。我在草垛后面清楚地看到阿姆斯特朗在大树下面开枪杀人。虽然我和他相隔二三十米，但因为月光正照在他脸上，所以我看清了他的脸。

师：根据你学习的月相知识，你觉得有什么疑问吗？

（二）研读第 16 节，了解林肯掌握的全部事实依据以及掌握事实的过程

过渡：证人福尔逊一口咬定目睹阿姆斯特朗开枪杀人，林肯要帮助阿姆斯特朗洗清冤情，

就必须用事实证明福尔逊的证词是谎言。

1. 静心地读读第 16 节林肯的辩护词，想一想，林肯掌握了哪些事实？

2. 交流。

（1）出示：十月十八日晚十一点，月亮已经落下去了，根本没有什么月光。

（2）提问：谁能告诉我，为什么？

（3）引读。

师：这是林肯在查阅案卷时，凭着扎实的天文知识所掌握的事实……

二、在教学中努力领悟协同内涵

本篇课文逻辑推理性非常强，教师初读时也觉得有些复杂。要让学生最后能抓住要点概述福尔逊的证词内容，了解林肯掌握事实的整个过程，感受到他的睿智与正义很有难度，因此我也反复阅读了多遍，精心设计教学环节，降低难度。另外，对于月相知识的理解，教师通过科常和语文学科的协同，在教学设计中加入协同的元素，增加语文学科与其他学科的内在联系，使各个知识点互相渗透、互相同步。

协同教学，不仅是学科与学科的协同，也是教师之间相互交流、相互分享的一个教学实践过程。两位（或多位）教师在同一节课有效辅导学生，使每一个学生都得到来自教师的关爱。协同教学的重要目的之一就是让多位教师同时辅导，让每个孩子都能在原有基础上获得知识，得到提高。所以在实际教学中，多位教师如何共同有效地辅导学生，是"协同教学"的关键所在。在理论知识和培训的基础上，以及教学的具体实施中，协同教学也起到了作用。协同教学，不仅能活跃课堂氛围，也能够调动学生对于课外知识探索的主动性。学生们的主观能动性被调动起来了，教师的积极性也有所提高了。

与此同时，协同的目标是让学生能够理解知识，掌握知识，从而运用知识。如果单纯为了协同，将一堂课上成科常课、思品课、音乐课、美术课和语文课的大杂烩，那协同就失去了意义，也失去了语文课所固有的韵味了。

协同教学的实际运用需要每位教师把握一个度，在开展协同教学的同时，也要强化自身科目的学习，不能顾此失彼，到头来没有取得任何效果。协同课程的意义不仅在于减轻学生负担，更促进了教师增加自身的能力。

言传身教，以身作则

冯 蕾

一、"努力"，发现文言之美

"努力"一词首见于《汉书》，原意指尽量使出自己的力气来做事。现在用法更广泛，一般用来指做事情的积极的态度。作为小学老师，我们面对的是一群群天真烂漫的学生，他们的成长只有一次，身为人师，重任在肩，于是我选择与学生一起努力。

学习文言文，对于学生了解中华文明，接受传统文化，有着极其重要的作用。但是我们现在的文言文教学处于一个比较尴尬的状态，学生在这方面的积累少，缺乏基本的审美和想象能力，难以感受古文的魅力，因此对老师的教学提出了很高的要求。

教学中，我认真解读教材，努力挖掘文本内涵，精心设计教学活动，让学生在主动积极的思维和情感活动中加深理解和体验，有所感悟和思考，受到情感熏陶，获得思想启迪，享受审美乐趣。在设计《高山流水》这则古文的教学方案时，我始终秉持着以学生为主体的教学观，努力营造氛围，与学生一起走进俞伯牙的情感世界，体会失去知音的痛苦。

实践告诉我，教师与其他职业的不同在于，单方面的努力是不可能成功的，必须想学生所想，设计学生所爱，调动起学生的积极性，让学生和教师一起努力，才能达到理想的境界。

二、当音乐和文言文相遇

（一）与音乐协同，努力营造故事氛围

1. 同学们，每个人都有自己的朋友，朋友之间往往会发生许多难以忘怀的故事。今天，我们就来学习关于朋友之间深厚友谊的故事——《高山流水》。（指名读题）

2.《高山流水》是一首乐曲，音乐课上大家都已经欣赏过了。谁能谈谈对这首乐曲的评价。

3. 这个故事发生在哪两个人之间？

学生回答：钟子期、俞伯牙。

4. 对于这两个人物，大家又了解了多少？

5. 所以这个故事还有一个名字就是——

学生回答：伯牙绝弦。

6. 这"弦"字比较难读，我们再来读一次。

7. 这是一篇文言文，古人只用了 77 个字，却向我们讲述了一个感人的故事。现在，我们就一同去品味文言文带来的独特魅力。

说明:"高山流水"典故最早见于《列子·汤问》,同时它也是中国十大古曲之一。在音乐课上,通过音乐老师的介绍,学生已听过乐曲,基本了解乐曲内涵,这对于帮助学生理解课文提高课堂效率,起到了相当大的作用。所以语文课上,直接让学生谈对音乐的理解,将学生引入故事情节,感受古文与音乐之间的独特联系,为学好古文,读出文章韵味做好了铺垫。

(二)整体感知,努力引导读出韵味

1. 文章读通了吗?谁来读读看!

2. 文言文的朗读和现代文的朗读是不同的,光读通读顺还不行,还要读出文言文特有的节奏和韵味,老师给文章画了停顿处,自己试着练练吧。

3. 文中有几句的停顿特别有难度,可以看大屏幕上,听老师来读一遍。

4. 谁来读读?"兮"这个语气词后面可延长并停顿一下,你再来读一遍。很好有进步,这样一咏三叹,颇有音乐美!我们一起来读一遍。

5. 看来,正确停顿是读好文言文的关键所在,你可以激情澎湃地读,也可以摇头晃脑地读。好,让我们一起读。

6. 推荐一位朗读高手与老师合作读。

说明:"读"是学习文言文的重要环节,自古以来就有"书读百遍,其义自见"的说法,在现代教学中,更是充分依托了前置教学策略,在预习的过程中已经让学生把每个字的字音读准,有些特别容易读错的字,还要求学生在作业单上通过注音来落实,这样充分提高了课堂的效率,最终学生读好停顿,读出了音乐美。

(三)课外拓展,努力激发学生情感升华

1. 同学们,你们知道吗,当时的伯牙已是楚国著名的宫廷乐师,那他当时的境遇如何呢?我们来看看下面的一段资料。

补充资料:

伯牙在楚国做宫廷乐师。一天,楚王君臣饮宴,请伯牙弹琴助兴。伯牙弹了他的成名大作《水仙操》。他弹得非常投入,把琴曲所描绘的红日、云霞、山林、海浪,以及风、雨、雷、电等变幻多端的海上风光表现得淋漓尽致。但他没有想到,就是这样一首优美的乐曲,却不能引起楚王君臣的丝毫兴趣。楚王听了这首乐曲连连摇头说:"太嘈杂了,换首别的弹弹吧!"

伯牙只好改弦更张,换了一首《高山流水》。这时,楚王君臣已经喝得酩酊大醉,甚至有些人在琴声中已昏昏睡着了。伯牙又气愤又伤心,在这所谓的上流社会里,艺术竟然遭到如此的践踏。他心中产生了疑问——天底下究竟有没有知音?

小组合作学习:

任务单:

(1)用"_____"画出楚王及大臣听了乐曲以后的表现。

(2)交流后讨论:为什么会这样?是伯牙弹得不好吗?

（组长整理组员的回答后完成任务单）

组员 1＿＿＿＿＿＿＿＿＿＿＿＿＿＿＿＿＿＿＿＿＿＿＿＿＿＿＿

组员 2＿＿＿＿＿＿＿＿＿＿＿＿＿＿＿＿＿＿＿＿＿＿＿＿＿＿＿

组员 3＿＿＿＿＿＿＿＿＿＿＿＿＿＿＿＿＿＿＿＿＿＿＿＿＿＿＿

2. 读了这资料，听了同学们的发言，让我们再来看看，当伯牙他志在高山，钟子期曰＿＿＿＿＿；志在流水，钟子期曰＿＿＿＿＿。（出示）此时、此地、此人——钟子期，却都能听懂他的琴声。

3. 伯牙苦苦寻觅的知音找到了，伯牙当时的心情怎么样？千言万语化作一句话，他最想对子期说什么？

说明：仅仅读这篇文言文，学生难以体会知音难觅，情感无法得到升华。在这个环节，我组合运用了任务导向策略与协同学习小组策略。文章中所描写的是钟子期能够听懂俞伯牙的曲子，与伯牙是"心有灵犀一点通"，我们称之为知音。那么是否所有人都是对于伯牙的乐曲如此欣赏呢。在这里，我补充了一段课外的资料。讲的是楚王君臣听伯牙演奏乐曲，结果楚王君臣是丝毫不感兴趣。伯牙换成《高山流水》的时候，楚王君臣的表现更让伯牙心中产生的疑问，天底下究竟有没有知音？

因为这是现代文的阅读和理解，所以我通过一张"任务单"让学生画出楚王及大臣听了乐曲后的表现，然后交流讨论：为什么会产生这样的结果，是不是因为伯牙弹得不好？在交流的过程中，学生是以小组形式进行讨论的，思维碰撞之后，由组长将各组员的回答做书面整理之后再在全班交流。

通过协同学习小组策略，让每个孩子都有了发言的机会。而任务导向策略更让每个孩子有了思考的空间，每个学生都不做旁听生，而是做课堂的积极思维者。这两个教学策略的组合运用，更是调动了学生学习的积极性，也让课堂效率得到了提高。

三、实践反思

叶圣陶老先生曾说："学习语文，要听说读写四者并重。"四年级学生已初步具有自学能力，且这篇文言文古今字义差别不大，学生可以借助注释自主读懂课文的大意。在教学时，我借助音乐以激发学生的学习兴趣；抓住重点词句品词析句，体会知音深刻含义；然后安排配乐写话，启发学生珍惜朋友间真挚情谊，达到以读促写的效果。在学习语文的同时，使学生感受到音乐艺术的魅力。

教学中，我努力追求本色语文，扎实、有效地体现语文课所承载的内涵。不走过场，不要花架子。为此，在课前我要求学生充分预习，让学生在自学文章时能沉下心来，进入阅读状态，达到语文学习的效果。

通过教学实践，我明白了努力虽然不一定能和成功画等号，但是只有老师努力了，学生才会积极。待些时日，当你回头看时，我们的内心深处会因为自己所付出的努力而感到欣慰。

找到背阳的向日葵

刘珺雯

如果把虹口区第四中心小学比作一个大花园，那这个花园内一定种满了向日葵，教师们和同学们都向着"协同"这个大太阳绽放，人人都努力向上生长，希望自己能长高一点，再高一点。

"GREEN 协同教学"是四中心第八期三年规划中提出的目标，以绿色指标为依据，以协同文化为基础，希望在"协力齐心、和合共同"的理念下，营造和谐、快乐的校园氛围。GREEN 有 5 个字母，每个字母对应的单词也是"绿色协同教学"的内涵意思，即满意、和谐、努力、活力、规范。在"绿色协同教学"的实施过程中，"努力"一词给笔者的感受是最深刻的。

还记得刚接触"协同"一词时，把"协同"简单地理解为找出不同学科教学内容中的相交点，把这些交点进行整合，使这些知识以系统的螺旋式上升方式展现在学生的课堂中。"协同"光靠自己闭门造车是不行的，每学期的协同教研活动，是每位教师努力研究的成果展示的平台，所有教师各抒己见、头脑风暴，把原本只是在教师间流行的"协同风"刮到了学生之间，正是因为教师的榜样作用，学生也学会了协同合作。可是"协同"的内涵不仅仅是整合学科资源那么简单，如何利用科学的教学策略使教学课堂更有效，这又成了教师们需要思考的新问题。

在学校发展的长期历程中，"协同"从原本一堂课、两门学科的融合变为所有学科交织，从教师教学方式延伸至学生的学习方式，现如今变为协同文化，这离不开学校中每位教师的努力。人人都拥有努力向上的协同学习心态，每位教师无论是在精神层面还是行为准则方面，都在尝试协调多方面的力量进行合作，人人都为拓展协同文化的内涵而努力着，每位教师都爱生且乐教，也希望学生能在教师们的影响下尊师且乐学。

向日葵的成长离不开太阳，因此如何找到学生学习中的薄弱点，针对学生最需要教师指导的内容进行教学设计，是教师需要努力思考的。笔者认为学生自学过程中无法理解和领悟的知识点，就像受地理位置的影响一直晒不到太阳而长不大的向日葵一样，如何找到背阳的向日葵，在接触到前置学习教学策略时，笔者找到了答案。

《空气中的"流浪汉"》是四年级第一学期第七单元的课文，本单元都是科普常识类课文。《空气中的"流浪汉"》一课从灰尘的大小和它存在于空气中的数量、来源，以及它在人类生活中的弊大于利等方面对灰尘进行了具体介绍。文章层次清晰，语言简洁，是一篇适合学生阅读的科普常识性课文。

语文教学中课文是载体，教师通过课文来进行学习方法的传递。因此教师若能运用好前置学习教学策略，就能掌握学生确切的学习效果。对前策预习的内容进行检测，就好比找到向日葵的背阳面，这样作为教师就能有针对性地调整教案，使得教师在课堂上的教学变得有的放矢，也有利于调动学生积极向上的学习兴趣，这一策略的使用可以让师生的努力都变得有效。

对于这一课的前策预习测试我主要从以下三方面考虑：

一、立足于课后练习，检测学生自学字词情况

仔细想一想，在括号里该填上哪个字。

医 yuàn（　　）　　面 fěn（　　）　　bào 炸（　　）　　jù 说（　　）

公 yuán（　　）　　水 fèn（　　）　　bào 躁（　　）　　jū 住（　　）

这一题是本课的课后练习，训练目的在于让学生辨析易混淆的音近词、同音词。四年级上学期的教学是由字词句到段的过渡，因此往往要求学生在预习时尽量通过多种方式解决不认识、不理解的字词。这一题的出题目的是为了了解学生对字词的掌握情况。

二、了解题意，为课文教学做铺垫

空气中的"流浪汉"是指＿＿＿＿＿＿＿＿＿＿＿，它们之所以会被称为"流浪汉"是因为＿＿＿＿＿＿＿＿＿＿＿＿＿。

本文讲的是灰尘，但课题中却用"流浪汉"来指代，这里有一个引号的作用，对于四年级上的学生而言这一符号的作用还停留在初步概念的阶段，因此这里的第一处横线是为教学时教师对引号的作用讲解进行铺垫。第二处横线则是为了检测学生对课文的理解程度，希望学生能通过抓住文中的关键词句，总结出灰尘在空气中无处不在的基本特点。

三、关注单元训练目标，掌握学习方法

读课文，请选择一个正确的答案，在括号里用"√"表示。

这篇课文主要是想告诉我们：

（1）灰尘是很微小的。（　　　）

（2）灰尘的坏处很多，但也还是很有用处的。（　　　）

（3）空气中到处都有灰尘，它虽然也有用处，但坏处更多，人类想了很多办法"管教"灰尘。（　　　）

本单元的训练重点在于分清文章主次，这是本单元的第二课，学生对于分清文章主次的方法还处于初步了解阶段，因此在课前预习中通过选择题的形式在一定程度上降低了学习难度。

这节课让我认识到课堂前策设计的重要性，虽然平时有预习作业，但是学生完成情况是

怎样的，其实我作为教师并没有很直观的感受。以这一节课为例，3 道预习题我认为正确率应该都在 90%，但是最简单的看拼音写词语的正确率却只有 68%，反映出的问题不仅仅是学生不会写，还折射出学生对于易错词的不理解，并且没有找到恰当的学习方法。另外前策的一道选择题，看似简单，实则是对文章中心的把握，有了直观的得分率后，教师对于班级这节课的上课重点就能有针对性地进行调整。

原本我把字词作为一个整体的教学目标，现在则将两个目标细化到具体的内容，由此明确本课要落实的具体点。想要教学效果达到最佳，仅仅靠调整教学目标还是不够的，最主要的还是需要调整教学环节。例如前策中的第二题，在学生预习阶段，虽然有 90% 的正确率，但是他们的答案来源于对文中原句的摘抄，当然不能说不对，但是语文课堂中教师要做的就不仅仅是让学生知道这道题的答案，而是要教会他们做这类根据课文大意概括填空的方法。

因此这一教学环节，原本设计是让学生读课文第一自然段，边读边思考以下问题：你见过文中描写的这种现象吗？从中你感受到了灰尘最大的特点是什么？根据前策预习的结果，我将原教学设计调整为让学生读课文第一自然段，抓住关键词语，思考：灰尘怎么成了空气中的"流浪汉"。在学生找出关键词"东碰西撞、到处游荡"后再引导他们体会灰尘的最大特点是在空气中无处不在。

其实这样的教学环节调整是很小的变动，但是教师提出的问题更加明确了，并且加强了方法指导。在这样的基础上，还可以让学生说说他们圈画这些关键词的依据，这不仅有助于巩固他们习得的学习方法，也让他们学会了独立思考。

向日葵的生长离不开自身的努力，但前提是这个地方有阳光。值得庆幸的是在四中心这个大花园中，在"协同文化"的照耀下，我们的校园是个利于生长的美丽土壤。只要教师们用对了教学策略，相信每一朵花儿都能茁壮成长。

协同，引领师生努力学习

许　斌

一、关于"努力"态度的思考

最近几个学期，学校一直在进行协同教学的研讨活动。我作为学校的一名语文老师，也一直在课堂上进行协同教学的探索。

我校的协同教学策略研究已经逐步从浅层次向更深层次发展。协同，不仅仅是看某两节课之间有什么关系，更是课堂教学理念的一种延伸，教学策略的一种深入。

为了更好地利用协同策略引导学生努力学习，我在平时的教学工作中，努力摸索教学中的规律，实践优秀教育理念，总结优秀课堂的经验，反思自身存在的不足。在课堂教学设计中，努力摒弃华而不实的环节，从学生的实际出发，做到提出言简意赅、学生能够理解和解决的问题，努力做到课堂内外的练习具有针对性，让不同学习层次的学生都能得到提高。

经过几个学期的努力学习，我渐渐地摸索出协同教学的规律，也在不断地向高效课堂进发。协同策略的实施，实质就是基于学生的兴趣，提高他们学习成绩的同时，使其人格得到发展。如果他们在老师的帮助下，运用自己已习得的知识体系，去同化新知识，那么，他们收获的不仅仅是冷冰冰的陈述性知识，更重要的是他们具备了默会的能力，能将所学的知识迁移到日常生活中，去解决之前不能解决的问题。在整个过程中，学生们进一步感知成功的喜悦，进而更加努力地投入新的学习中。

因此，如何利用协同策略引导学生进行努力、自觉、高效地学习，成为我在协同教学中的重点。

二、案例展示

《鲁迅与时间》是小学语文第十册一单元中的第二篇课文。课文具体介绍了鲁迅善挤时间、珍惜时间的优秀品质，从而教育学生从小要养成珍惜时间的好习惯。文章层次清晰，脉络分明，从"平日里"和"节假日"两个方面具体介绍了鲁迅是如何珍惜时间的。

文章详细介绍了当别人在欢度节日时，鲁迅抓紧时间，见缝插针写了很多的作品。让学生理解这一行为是本课的教学重点，教师通过引导学生学习相关段落，使他们感受鲁迅的优秀品质。如何利用前置学习策略，引导学生更加有效地积极努力地学习文章呢？我做了一番思考。

五年级的学生，已经养成了良好的预习和复习的学习习惯，能够在教师的引导下，有针对性地对新学习的课文进行预习。教师如果能引导学生在预习的时候就抓住文章重点内容进行前置学习，就能更好地引起学生的注意，带着目的去预习，提高学生的学习效率。同时，学生自主学习的能力也会得到进一步的锻炼和提高，进而鼓舞他们努力学习的心理倾向。因此，课前预习作业的设计显得尤为重要，它引导学生初步感知课文，思考文章的重点，让学生在上课听讲时有的放矢，从而集中精力突破自己学习上的难点，也更容易把握学习重点。

针对《鲁迅与时间》这篇文章的特点，我在课前设计了如下的前置学习任务：

（一）用学过的方法理解下列词语。

勤勉——

懒散——

虚度年华——

（二）查阅资料，了解鲁迅其人及生平取得的成就，思考鲁迅取得的这些成就和时间有什么关系，课文从哪两方面来讲清了这个问题。

第一题，理解词语。以上三个词语都是文章中的重点词汇，让学生课前自己学习，先整体感知鲁迅先生的形象。学生理解词语的方法多种多样，比如查字典、联系上下文、语素拆分法、找近义词等。这里的预习要求，我让学生运用自己学过的方法来理解词语，把学习的主动权交给学生，训练他们的实践能力，让学生在习得的同时，感受学习带来的满足感，从而让学生学会自主学习，坚定信心努力学习。

第二题，则直接关系到本课学习的重点。作者为了体现鲁迅对时间的珍惜，在文中列举了一系列的具体数据，让读者有了更加直观的感知。要了解作者的行文思路并非易事，需要学生运用已有的知识经验深入思考。因此在预习中，我通过自学题，给学生铺设思考的台阶，引导让学生抓住重点，开展思考预习，让他们对文章的主要内容有一个整体感知，初步理清文章的脉络。这样，学生在接下来的课堂学习中也能够抓住重难点。

三、实践反思

《鲁迅与时间》一课执教结束后，结合课堂实践和学生的反馈，我认为这堂课设计的前置学习任务，取得了较为良好的课堂效果。

经过了解，全班44人，第一题除了个别学生学习能力存在一定的困难，其他人都能完成。其中，大多数学生运用查字典的方法进行理解，一部分学生除了查字典，还能灵活地运用寻找近义词或者抓住重点词汇的方法理解，人数所占比例较小。尽管理解的方法不同，但学生都能初步感知到鲁迅的伟大品质。

另外，我发现学生在理解词语时，较为依赖词典，当然这样的做法没有错，但是联系上下文理解词语，对于学生来说是必须掌握的一种重要学习方法，但显然目前他们并不能很好地运用。因此，我打算在接下来的时间里加强对学生进行"联系上下文理解词语"的训练，改进他们的学习方法。

　　第二题，学生已经初步感知了鲁迅先生的形象，于是他们手中有了一根帮助理解课文的"拐杖"，利用这根"拐杖"进行自学，可以做到有的放矢。经过课前读文和思考，大多数学生对问题有大致的把握，也对鲁迅善挤时间、抓紧时间的品质有了初步的感知。超过半数的学生能比较清楚地理清文章的脉络。

　　但同时我也认识到，有近十个学生对作者举具体数据的写作手法，心里明白却不能用比较清晰流利的语言来表达他们的想法，表达思路比较凌乱。究其原因，学生头脑中只是存在大量的默会知识，难以言述。因此，我也将在以后的教学中引导学生将心中所想诉诸口头和笔端。

　　协同，不仅仅给学生，也带给教师更加广阔的学习空间。相信拥有了努力向上的协同学习心态，我校"协同教学"的教育实践一定会更上一层楼。

运用"问题导向教学策略"增强学生学习动力

——基于《分拆为乘与加》课例的教学反思

高则锋

　　问题导向的教学策略是我校"绿色协同"课堂中应用最广泛的教学策略之一。所谓"问题导向教学策略"——即在问题导向下的课堂学习，它是以学习者的学习为中心，以问题为起点开展教学，同时以问题解决为任务驱动。问题导向下的课堂教学能使学生课堂学习目标的导向性更强，学生在整个学习过程中可以明确学习方向，在课后也将获得较强的自我效能感。因此，有效的问题导向教学策略在课堂教学中必将成为增强学生课堂学习驱动力。教师通过学习动力的激发，培养学生的努力品质。

　　那么如何在数学课堂教学中以"有效的问题"来引导学生学习，增强课堂中学生学习的驱动力呢？我认为教师在问题设计时要努力体现两个创造：

一、把课本创造成教学问题

　　有效教学问题的设计必须立足于课本又高于课本。因此，教师对教学问题的创造性应建立在对教材整体把握和对知识点较强理解力和开发力之上。基于课本的教学问题应不仅能体现教学内容关键点，更应为教学难点的突破起到推波助澜的作用，高于课本的教学问题能促进学生在问题探究的过程中实现知识的探究。智慧的教学问题在课堂中将起到点石成金的作用，它能引领学习者主动探究、解决学习问题，让学生在解决问题的同时尝试思考和发现，这是课堂教学的过程也是学生学习内驱力激发的过程。

二、创造有效的问题探究过程

　　探究问题的过程中教师辅导的重要性是毋庸置疑的，实现有效的问题探究过程离不开教师对教学主体——即对学生全面的了解和认识。按照斯滕伯格的观点，每个学习者的思维方式都是分析性、创造性和实用性思维以不同比例结合在一起的。因此，问题探究过程中离不开教师深入观察、探究学习者的学习行为以及他们在学习中遇到的困难，以便及时调整。探究过程中教师必须保证问题的针对性和思考力，只有这样的探究过程才能保障学生学习的驱动力不断提升。

　　我在教学中也不断尝试和探索，下面将以《分拆为乘与加》一课的问题导向教学策略实践，开展具体阐述。

案例描述

《分拆为乘与加》是二年级（上）第四单元中的教学内容。本节课的教学是基于学生理解乘法和除法的意义、掌握了表内乘法和除法的计算方法而展开的。同时，通过本课时的学习，为学生理解有余数的除法中除数和余数之间关系做好知识铺垫。

本课时的教学目标主要是：

（一）认知目标——要求学生会将一个数表示成多种形式的乘法和加法，增强对数的感觉。

（二）能力目标——通过动手操作，学生感悟数分拆到不能分拆为止的含义。

（三）情感目标——让学生体验知识的形成，培养学生探究能力和发散性思维，激发学生学习数学的兴趣。

因此，在教学中教学问题设计始终将"让学生理解乘、加算式中每一个数的意义和关系"作为中心问题。

依据低年级学生的特点，探究过程以直观操作"拼搭"活动贯穿，分两个层次实施。

第一层次是"每份数不变"的"拼搭"，问题围绕"拼搭结果如何分类"展开，其核心问题是：有第四类，余3根的情况吗？为什么？通过讨论、探究学生可以发现：剩下小棒的根数必须小于3根，这一结论为保证成功探究"剩余数必须小于每份数"提升了动力。

第二层次是"总数不变"的"拼搭"，问题围绕"如何拆数"展开，其核心问题是：分拆几？你怎样看出的？通过讨论、探究为学生理解"有余数除法的意义"打下基础，从而增强学生的数感，提高学生数学思维能力。

案例呈现

一、拼搭活动："每份数"不变

（一）板书：出示三角形

师：用什么搭？搭成了什么图形？

（二）活动1：随意取一把小棒，拼搭一些这样的三角形。

要求：拿一拿（随意拿一些小棒）

数一数（数数你拿了几根）

搭一搭（用这些小棒搭独立的三角形）

说一说（学着黑板上的样子说说你搭的结果）

（三）汇报交流

师：将上面这些拼搭的图形分类，说说你的分类依据。（中心问题）

生：A. 正好　　　B. 余1根　　　C. 余2根（整理板书）

思考：有第四类，余3根的吗？为什么？（核心问题）

生：搭到不能再达成一个三角形为止，所以余下的小棒数要比3小。

说明：讨论"没有第四类出现"就是为理解"剩余数＜每份数"这一知识难点打下基础。学生依据问题进行实践、总结、思考，初步感受到了当剩余的小棒根数大于或等于3根时，还能再搭一个三角形。

（四）改写算式

1. 正好搭完

A：师：我把____图改写成一个数学算式，你能看懂吗？

师："6""2"和"3"分别表示什么意思？

B：师：谁能学着上面的样子把____图也表示成一个数学算式？

师："4"和"3"分别表示什么意思？

2. 有余数

C：师：用8根小棒搭了2个三角形，还剩2根，能用算式8＝2×3表示吗？怎么办？

师："2"和"3"分别表示什么意思？为什么还要加"2"？

D：师：用7根小棒搭了2个三角形，还剩1根，用算式怎样表示？

师：加数"1"表示什么？（课堂生成）

说明：第二个问题是课堂生成，提醒学生关注剩余的数，理解这个"加数"的意义就是理解有余数除法中"余数"的意义。

（五）师：这些图改写成的算式有什么相同和不同？

汇报：　　　　　第一类　　　　　　　　　　第二类

　　　　　两数相乘的形式　　　　　　　乘与加的形式

小结：我们可以将一个数分拆成两数相乘的形式，也可以把它分拆成有乘有加的算式。

揭题：分拆为乘与加

说明：这是一个归纳总结性的问题，通过探究学生发现了：一个数可以分拆成乘与加的形式，落实了本课时的知识目标，确立了学生对本知识点学习的基本能力。

二、拼搭活动："总数"不变

（一）活动2

要求：选一选、搭一搭、说一说（用算式来表示拼搭的结果）

（二）汇报交流

师：这次为什么都有余数？

生：这和我们用的乘法口诀有关。

三、尝试填写

（一）出示：第58页图的第二条

$$21＝（\quad）×5＋1$$

师：分拆几？你怎样看出的？（核心问题）

** 几个为一份？还余几？你怎样看出的？（问题生成）

师：算式怎样填？你怎样想的？

说明："分拆几？"是围绕知识难点：一个数的不同分拆法展开设计，但每一个问题后面我都依据学生课堂表现补充了课堂生成问题"你是怎样看出的"。这个问题的设计就是为了及时了解学生的思维脉络，分析教学的优势与不足，以便后续设计更有针对性的问题。在第一小题的反馈中我发现还有个别学生填写的算式中加数比每份数大，基于此我马上调整补充了问题——"几个为一份""还余几"强调了每份数，再结合第一环节教学中得到的结论：剩余的小棒要比 3 小，这一结论使得学生后续的错误率有了明显的降低，在"问题"的指引下学生的数学思考力不断被推进。

（二）出示：第 58 页图的第一条、第三条

师：第一条分拆几？第三条分拆几？

师：两个算式都是分拆"21"，还都剩余"1"，有什么不同？

师：什么方法思考方便？分别想几的口诀？（生成问题）

说明：前两个问题的设计是课前预设的，而第三个问题是依据学生的课堂反馈生成的。在反馈时，我发现学生填写时还有想依靠计算图来寻找的现象，因此，我停止了学生的练习，及时反馈讨论寻找优化的思考方法，并强调采用乘法口诀的作用和意义，进一步巩固了学生对知识的运用能力，以及优化思维能力的培养。

案例反思

在实践过程中，我不断体会到：有效的课堂问题设计在学生学习思维力的发展中显现的巨大作用。有效的问题教学策略提高了课堂的实效，更提升了学生的学习内动力，最终促进了学生努力学习品质的发展。但在不断探索和实践的过程中我也作了如下思考：

1. 课堂问题的设计还应更关注知识体系的整合。课堂设计时教师越来越重视教材的整体性，挖掘学生的知识基础，纵观教材的后续延伸。但在问题设计时，教师通常习惯于立足每一课时的知识点和能力目标，如果能将知识整体的问题整合编排，将每一个知识点用某个核心问题贯穿起来，一定能使学生对整个知识体系的学习内驱力产生全面推进的力量。

2. 课堂问题的设计应放手让学生在课后延伸思考。课堂的时间和空间是有限的，课堂问题给予每一个学生的力量也各有不同，如何促进每一个学生学习内驱力的发展，善于利用课后的思考也是一种方式。如何在课后将课堂问题继续延伸，并有效反馈推进也是我们值得探索的方向。

在科学和数学的协同中探究轻重关系

刘敏捷

努力向上的心态是协同教学中必不可少的要素，是教师追求专业发展的选择，是促进不同学科教师间合作的基石。在教学过程中，教师拥有努力向上的心态能够帮助学生更加直观地理解数学中的概念，激发学生的学习兴趣。跨学科协同教学是指两个或两个以上不同学科的教师，根据相关的知识点即协同点，共同开展备课、上课、实践和评价的一种教学方式。本文以科学技术学科和数学学科的一次跨学科协同教学为例，从采用跨学科协同教学的契机、具体实践过程、教学反思等三个方面进行经验总结。

跨学科协同教学的案例也许就是教师们对努力向上心态的诠释，我和科学学科教师的配合如下：

1. 分析教材，协同备课。由于是跨学科协同教学，因此在备课前必须先协同制定目标，科学课《轻与重》的目标是了解比较物体轻重的方法，并学会运用简易称量工具进行比较。数学课《轻与重》的目标是通过实物的操作，让学生亲身体验并比较物体的轻与重，并能用正确的语言对比较的过程和结果进行描述。科学教师和数学教师通过对教材的一次次分析，把协同点定位于"直接比较""称量"这两方面，并且决定先上科学课，目的在于让学生在科学课上先了解生活中比较轻重的方法，以及运用简易天平称重直接比较物体的轻重。随后在数学课堂上，运用科学课掌握的"直接比较"和"称重"的知识，解决实际问题。这样的设计既能全面调动学生学习的积极性，又能为数学课中知识的学习做好铺垫。

2. 策略研究，有效学习。美国教育家奥苏伯尔认为：接受学习不一定是机械被动的，只要把有潜在意义的学习资料与学生已有的认知结构联系起来，引导学生采取有意义的学习策略来进行学习，就能达到良好的教学效果。数学课上我运用了任务导向策略——学生们通过完成任务单，进行几个物体间的轻重比较，从而完成设定的学习目标。在协同小组的合作学习中，学生们表达自己的见解与看法，相互启发，乐于实践，深化知识，发展了思维能力，培养了实践能力。

课堂案例

教学内容：二年级第二学期第六单元

协同目标：

1. 掌握各种比较轻重的方法，如：掂一掂，称一称。

2. 使用天平，进行直接比较，并能用正确的语言对比较的过程和结果进行描述。

3. 教学重点：学会使用比较轻重的方法。

实践过程：

新授环节：运用简易天平，探究三种物体的轻重比较。

（一）比一比：固体胶 B、剪刀 C、笔 A 的重量，什么最重？什么最轻？

同桌合作：一人操作，一人记录，两人同时观察并完成任务单。

任务单

次数	过程	结果
第（　　）次	（　　）和（　　）比	（　　）比（　　）重
第（　　）次	（　　）和（　　）比	（　　）比（　　）重
第（　　）次	（　　）和（　　）比	（　　）比（　　）重
第（　　）次	（　　）和（　　）比	（　　）比（　　）重

经过比较，我发现最重的是：＿＿＿　　较重的是：＿＿＿　　最轻的是：＿＿＿

（二）表示比较的结果：

从重到轻排列：＿＿＿＿＿＿＿＿＿＿＿

从轻到重排列：＿＿＿＿＿＿＿＿＿＿＿

（三）小结：以上运用了（　　）和（　　）比，（　　）比（　　）重的方法，进行直接比较，了解了物体间的轻重关系。

任务单看似简单，但比较的过程对二年级的学生来说却并不容易。由于每次只能比较两种物体，所以我的惯性思维是要比较 3 次，（A→B，A→C，B→C）才能比较出结果，没想到在试教过程中有位学生只比较两次就比出了结果，我在惊讶之余发现是我对三种物体的排列造成了这一结果，只考虑到排列顺序，而忽略了物体重量对排序的影响。我原来设计的排列顺序是：固体胶 A、剪刀 B、笔 C。称重的结果是：固体胶最重，剪刀次之，笔最轻。那么问题来了，学生只要按顺序将固体胶 A→剪刀 B 搭配成一组，剪刀 B→笔 C 搭配成另一组，进行称重比较，第一次得出结论固体胶最重，第二次得出结论剪刀最重，显然笔就是最轻的了，这样一来，两次就能比出结果。这当然与我最初的设想是相悖的，因为在进行搭配时，我希望学生能做到有序组合，有序比较，这样才能不重复，不遗漏，而现在学生只比较两次就得出结论的做法，并不适用于有序比较。因此为了避免这个问题的出现，我重新设计排列顺序，尝试几次后发现排列的顺序有 6 种，而只有一种排列方法必须进行三次比较才能得出比较的结果。学生们在进行实践操作中我进行了巡视，发现有的小组急于求成，随手拿了两件物品就放到天平上称重，虽然最后得出了结果，但过程显得无条理；有的小组内部产生分歧各执己见，导致时间浪费，未能及时完成任务；有的小组则沉着冷静，先商量，再动手，思路清晰，结果正确；有的小组不仅顺利完成任务，还会运用科学课上掂一掂的方法来验证称量的结果。我一边巡视，一边加以指导，每位学生为了能够得到正确的结果纷纷动脑，遇到困难能够合作商量，不放弃不认输，努力发挥自己已有的知识来解决问题，这难道不是努力向上心态的体现吗？

感悟与反思

一、教师应该积极关注设计要素，在活动中落实学科核心素养

由于学生们在生活中都有"比较"的经历，因此在比较三种物体轻重时，我结合学生动手操作，设计任务导向学习单，在完成任务单的操作过程中，学生小组内部思考分工，选择搭档，在较短时间内又快又准确地得出结果，这考察了学生综合的运用能力，也是我们所说的数学核心素养。数学核心素养是数学基础知识、基本能力，数学思考和数学态度等方面的综合体现，学科核心能力的培养必须是与学习的过程紧密结合在一起才能落实的。因此，我在任务导向学习单的设计中力图通过观察、操作、探究等活动，培养学生的探究能力和自主学习的能力，发展动手操作、合作交流的能力，最终让学生在动手过程中体验成功的乐趣，享受学习的过程。

二、融入协同思维，提升教学内涵

在本课的操作环节中，主要是运用科学课的学具——简易天平进行直接比较。用科学知识协同数学知识的学习，对于老师和学生而言都是一次新的尝试，且形式新颖，易激发兴趣。

但同时我也从中认识到存在的不足，即由于时间和空间的限制，在任务单设计中只将三种物体称重进行直接比较，若可以给学生提供多种方法进行选择，例如：同样是三种物体，如果要在最快时间内比较出轻重，这样的话学生就会选择用手掂一掂，如果用掂的方法比较不出结果，那么就应该使用天平来比较物体重量。如何根据物体特征选择合适的比较方法，这才是真正体现学生学以致用的验证方法。

本学科教学中，我努力思考如何将任务导向策略更好地运用于教学内容之中，若学生有一定背景知识的数学概念，如对时、分、秒时间的认识，则便于使用任务导向策略。有时几种策略还能在一节课中综合运用，相互弥补不足。在教学中如何运用正确、有效的教学策略，主要还是要对教材进行深入剖析，通过思考"为什么教？教什么？怎么教？教到什么程度？"这四方面来进行设计。

变则新，不变则腐

——《体积与容积》教学与反思

于　峥

协同教学的开展离不开师生共同的努力，拥有积极向上的心态能促使我们在这漫漫的教学与求学的道路上渐行渐远，协同教学需要我们调整原来的教学思路，探索新的教学方法。俗话说得好，"活到老学到老"，回顾教学历程，我已从新手教师转为较有经验的老教师，教育由传统教学只侧重结果，到新课标教学不仅重结果，更重过程，再到如今侧重学生个性的发展，注重创新精神和实践能力的培养，数学课堂也由重数学思想方法的教育向注重学生的情感态度价值观和思想品德教育慢慢转变。一路过来有着许多感受，但不断地学习、实践、积累和反思是教学路上永恒不变的主旋律。自从协同科研开展以来，我发现自己对教材内容较为熟悉，知识点的把握比较准确，不足之处是受传统的教学观念影响太深，创新意识不够。因此从最初的听协同教学研讨课，到自己结合教学内容挖掘与生活、其他科目相关联的知识，随后通过校级公开课汇报自己学习的成果，并听取他人的意见做好教学反思，虽然自己的起步比较晚，但作为一名老教师能努力地向他人学习，认真地钻研教材，突破传统的教学模式，也算是对自我的一种挑战。

教学背景：

本节课的学习是在学生认识了长方体和正方体的特点，以及长方体和正方体的表面积的基础上进行的。这一内容是进一步学习体积的计算方法等知识的基础，也是发展学生空间观念的重要载体。教材的编排是以体积与容积的单位换算为主，而我个人认为建立概念要比机械的换算更重要，所以我把大部分的时间用于生活中相似物体的比较，引导学生体会并理解体积和容积的意义与区别。

生活中蕴含着许多数学知识，而数学知识又蕴含着许多科学知识，例如乌鸦喝水、阿基米德定律等都是体积与容积最贴切的知识协同点。

一、生活中蕴含数学知识

【案例片断 1】

（一）建立容积概念

1. 实验（一个有厚度的长方体盒，大米一堆）

问：如何计算出长方体盒的体积，先从外面量出长方体盒的长、宽、高，再计算其体积。

（把长方体盒装满大米）问：如何计算细沙的体积？计算细沙的体积也是计算长方体的体

积。(但要从长方体里面量长、宽、高,再计算其体积)

2. 质疑:计算米的体积为什么要从长方体里面量长、宽、高?

3. 师:今天老师带来了一些教具,它们都是放在哪里的?

4. 揭示"容器"的概念。

像这个纸盒、纸箱、量杯等这样能容纳物品的器具叫容器。你还知道生活中有哪些容器?

5. 学生列举生活中的容器。

教师通过多媒体展示生活中的容器。

(二)揭示容积概念

1. 问:液体、气体是否有体积呢?(比如水、空气等)

说明:打破学生的定向思维,通过学生的讨论得出瓶子里装满水,空间被水占了;吹气球,气球鼓起来了等现象说明它们是有体积的。

2. 出示:大小不同的两个水杯,哪一个水杯装水多呢?

出示:仔细观察:一个魔方和一个装满米的长方体。

(1)谁的体积大?(木盒的体积大)

(2)魔方和木盒都有容积吗?为什么?

(木盒有容积,因为只有容器才有容积)

说明:对于同一个容器,它的体积一定比容积大,因为它有厚度。

3. 师:(板书)容器所能容纳物体的体积,叫容器的容积。

长方体盒子里所能容纳的米的体积就是这个盒子的容积。

4. 举例:说一说什么是容器的容积?

说明:让学生通过几组直观物体的比较,不仅激活了学生的思维,同时也暗示了"体积"和"容积"两个概念之间的联系,使学生充分感知容积的含义。

(三)案例反思

学生在日常的生活中,不仅能接触到大小各异的物体,还知道不同的杯子、纸盒所能装的东西多少不同。这些都是在生活中找到的体积与容积的具体化事物,现在要把这些生活原型概念化,对于学生来说是比较抽象的。小学生的思维以形象思维为主,可能会受到表面积的影响,认为物体形状发生了变化,体积也会发生变化,对于体积与容积的概念,也可能会混淆。因此,在教学中,我想充分利用直观的教学方法,让学生在观察、比较等操作活动中,体会体积与容积的概念内涵。

二、数学故事中蕴含科学知识

【案例片断2】

(一)故事导入,揭示课题

1. 视频"乌鸦喝水"。

2. 课题"体积与容积"。

（二）协同科目

1. 视频：阿基米德定律。

2. 科常知识介绍：

浮力与物体的排水量（物体体积）有关，而不是与物体的重量有关。物体在水中感觉有多重一定与水的密度（水单位体积的质量）有关。阿基米德在此找到了解决国王问题的方法，问题的关键在于密度。如果皇冠里面含有其他金属，它的密度会不相同，在重量相等的情况下，这个皇冠的体积是不同的。把皇冠和同样重量的金子放进水里，结果发现皇冠排出的水量比金子的大，这表明皇冠是掺假的。

（三）案例分析及反思

课堂一开始借助乌鸦喝水的故事直接导入学习，既能引出体积和容积这两个概念，又能激发学生的学习兴趣。在课的结尾拓展关于阿基米德定律的知识，既对本节课的学习进行了反馈，同时又为学生今后的知识学习奠定了基础。

本课的学习目的主要是转变传统教学过程中，教师不顾学生的生活经验，强行灌输陌生的数学概念的做法。本堂课的主要教学原则如下：

一是教材内容体现生活化。学生的空间知识来自现实中的具体感知，与现实生活联系非常紧密，这是他们理解和建立空间观念的宝贵资源。为了培养孩子的空间观念，我将视野拓宽到生活领域，重视现实世界中有关体积和容积的问题，以此作为教学的基础。学生在他们的生活中已经积累了许多关于体积和容积的默会知识，教学从学生熟悉的实物出发，通过学生自己的活动，增强了学生的感性认识。在本课的学习中，直观教具、演示、动手实验贯穿于整个课堂之中。

二是学习方式具象化。由于体积与容积的教学知识比较抽象，为了更好地让学生理解体积与容积的含义、区别及其联系，在教学中借助一些学生常见的物体如魔方、粉笔盒等事物，通过演示和实验操作活动来开展教学。让学生在直观的演示中思考，在比较中理解和区分。在教学中，通过对比思考，区分"物体所占的空间是有大有小的，物体所占空间的大小叫物体的体积"以及"容器所能容纳的物体是有多有少的，容器所能容纳的物体的体积叫容器的容积"。

三是教学设计趣味化。数学知识蕴含着许多科学知识，阿基米德定律是体积与容积最贴切的一个知识协同点。通过视频和阿基米德定律的简要介绍，使学生感受数学的魅力。学生对概念的理解在学习过程中不断加深与完善，最后迁移到实际生活中。本节课的教学重点和难点都能在每个环节逐步得到解决，通过猜测、观察、操作等教学活动，感受体积与容积的不同。在比较交流中，发展学生的空间观念，学生也能很好掌握。生活中的数学问题无处不在，只有静心、潜心地研究教材，才能让我们的数学课更加精彩。

协同课程已经进入一个收获的季节，但这并不是终点，相信只要持之以恒地去做一件事，终会有所收获。最后引用荀子的一句话："骐骥一跃，不能十步；驽马十驾，功在不舍；锲而舍之，朽木不折；锲而不舍，金石可镂。"借此激励大家带着努力向上的心态继续前行。

任务导向策略为师生插上"隐形的翅膀"

——"WTE 2A Chapter 5 *Signs in the park*"协同教学案例

汤丽琴

　　"努力"是协同教学的态度，是拥有努力向上的协同学习心态。于我而言，正是在对课堂新的教学组织形式的探索中，我逐渐化茧成蝶，慢慢领悟协同教学的真谛和实质，也正是这种努力的心态，支撑着我渡过教学的瓶颈期。努力，就是要倾注自己的时间和精力，去探究协同教学的实质含义，探寻贴合课堂实际的教学策略，感受协同给学生和教师们插上的"隐形的翅膀"。在教学中，我着重运用任务导向策略帮助学生进行语言学习，维持学习兴趣。

　　协同教学是一种教师合作的教学组织形式，它打破以教师个人为主的教学方式，由不同专长的教师组成教学团队，对班级的学生采取大班教学、小组讨论、独立学习或者个别指导的方式，来完成某一单元或者某一领域的教学活动。基于英语学科的核心素养要求，我开展了协同教学实践，努力践行协同教学策略（任务导向策略为主）在英语教学中的应用，整合和交融方式，见证了协同教学策略给英语教学带来的成效。

　　纵观整个实践过程，主要经历了认知——探究——领悟三个阶段。第一阶段：认知。我对协同教学的初步理解是教师在一堂课中整合两门学科的共同知识进行教学的模式。其间，与其他教师之间的合作较为单一，多以商讨知识的协同点为主，教学效果一般。第二阶段：探究。我开始关注协同教学形式的多元化，探究协同学习小组、任务导向策略的实施。与其他教师之间的合作次数逐渐增多，教研氛围浓厚，教学效果微显。第三阶段：领悟。在不断的反思和实践中，我领悟到协同课程资源对任务导向策略的作用。于是，着力于研究协同课程资源对两门或多门学科的共同知识进行分析、整合和拓展的方法，教学效果凸显。历经三个阶段的努力，我收获了不少成功的案例。下面就以"WTE 2A Chapter 5 *Signs in the park*"为例来进行说明。

一、案例背景

　　从理论知识来看，任务导向策略倡导教师将教学内容隐含在一个或几个有代表性的任务中。课堂讲授、学习活动和练习设计环节均围绕这些学习任务进行。学生在教师的引导下开展探究性学习，运用协同课程资源在协同学习中完成学习任务，从而提高学习能力。

　　从教学内容来看，WTE 2A "*Signs in the park*"主要是认识公园里的文明标志，与一年级IPA课程《安全童行》中认识校园安全标志一致。虽说标志的内容有所不同，但很多知识是触类旁通的，适合开展协同教学。为此，我与 IPA 课程的许珺老师就此教学内容进行了教学研讨，发现 IPA 课程《安全童行》中"Don't park""Don't smoke""Don't run"等标志的知识可以作为英语课"*Signs in the park*"的协同课程资源，为任务导向策略的实施提供了有效保障。

二、案例描述

本课的教学目标设定如下：

（一）知识与技能

1. 在游公园的语境中理解并学习词组：Don't walk on the grass. Don't climb the trees. 等。

2. 在语境中理解并初步运用 You can ... 的句型表达建议。

（二）过程与方法

1. 借助图片理解 Don't walk on the grass. 等行为的含义，通过模仿对话进行语用与表达。

2. 在听听、猜猜、演演等活动中理解与运用 You can ... 表达建议。

3. 通过听文本、设计标志等活动综合运用 Don't ...，You can ... 句型表达禁止与建议。

（三）情感态度与价值观

通过与公园管理人员的对话了解各种不文明行为，帮助学生树立做文明人的观念。

为了达成以上教学目标，我依托 IPA 课程《安全童行》的课程资源开展协同学习。运用任务导向策略，组织学生自主探究，通过完成一个个语言学习任务，提高语用能力。下面就以 post-task 环节中 Tim 和 Alan 去新公园游玩，因不识文明标志欲做不文明行为而遭到公园管理员及时制止的情境对话为例，来描述任务导向策略的具体实施过程。

Step1　任务一：1. Listen to Tim and Alan's dialogue. 2. Guess what will the park keeper say to the children? 此处有六组对话，分别针对六个文明标志。如：Tim：Look, Alan. The ducks are lovely. Alan：Yes, and they are swimming to us. Let's feed them. Tim：That's a good idea. 学生听完对话后，说出 park keeper 的回复"Hi, boys. Don't feed the ducks. You can watch them."并在屏幕上圈出相应的标志。教学过程中，学生积极参与，教学氛围良好。

Step2　任务二：1. Choose a word sign. 2. Design a picture sign for it. 3. Act out the dialogue about the sign. 学生在任务单的驱动下开展协同小组学习，运用 IPA 课程《安全童行》中学得的制作安全标志图的技能来设计公园文明标志图。结果学生操作起来驾轻就熟，为之后对话表演任务预留了足够的时间，提高了对话表演的质量。

Step3　任务三：学生呈现图片文明标志并表演对话，展示协同学习成果。师生评价后，自然过渡到听 park keeper 反馈的环节"Hi, children. It's very kind of you. Thank you for your help."这时，学生喜出望外，为协同任务的实施增添了情感体验。

鉴于任务导向策略的有效实施与协同课程资源的支持密不可分，我依托协同课程资源的知识正迁移作用和自主探究作用为任务导向策略的有效实施提供了保障。

1. 利用协同课程资源的知识正迁移作用

在任务导向策略实施过程中，我们可以利用一门学科的课程资源推动另一门学科知识的学习，也就是知识的正迁移。如：在本课的 pre-task preparation 环节，为了导入 *Signs in the park* 的话题，我运用了任务导向策略。在任务 Where can you see the signs? 的驱动下，学生利用 IPA 课程《安全童行》中的协同课程资源"安全标志的知识"猜测标志出现的场所，直接引入公园文明标志。这时，学生可以通过知识的正迁移轻松猜出 Signs in the park 的结果，继而开展公园文明标志的学习。其间，学生凭借协同课程资源的知识正迁移作用提高了任务导向策略实施的有效性。

2. 利用协同课程资源的自主探究作用

在协同课程资源和任务导向策略的帮助下，学生可以自主探究知识，转被动学习为主动学习，从而提高学习能力。如：在本课的 post-task activity 环节，为了让学生高效完成设计图片标志的任务，我运用了 IPA 课程《安全童行》的协同课程资源"设计安全标志的技能"。在任务导向策略实施前，我向学生展示了各种安全标志图，学生以此为参考通过自主探究，自我创新，快速完成了公园文明标志图的设计任务，提高了任务导向策略实施的有效性。

三、案例反思

在此案例中，我把学生的学习活动与多个任务及问题相结合，通过呈现任务单，引导学生自主探索问题的答案，在互动协作中培养学生的学习能力。总体而言，任务导向策略的运用给本课教学带来了以下三方面优势。

（一）有利于教学目标的达成

鉴于本课教学目标中"通过听文本、设计标志等活动综合运用 Don't ..., You can ... 句型表达禁止与建议"一项有活动性强、语用率高的特点，在 post-task activity 环节我运用了任务导向策略，把巩固语言知识的学习活动分配到两个语用任务中。任务一：1. Listen to Tim and Alan's dialogue. 2. Guess what will the park keeper say to the children? 任务二：1. Choose a word sign. 2. Design a picture sign for it. 3. Act out the dialogue about the sign. 学生通过协同学习小组的分工与合作，完成一个个小任务，累积成效，有利于教学目标的逐步达成。

（二）有利于学习兴趣的维持

在课堂教学中，我们大多关注教学活动的设计激发学生的学习兴趣，很少探究维持学生学习兴趣的方法，以至于学生的学习状态时而主动，时而被动，课堂的学习氛围时而热闹时而冷清。然而，任务导向策略的介入能改变这一局面。案例中协同学习小组成员在任务的驱动下积极合作，自主探究问题的答案。他们之间有商有量，有说有笑，有利于学习兴趣的维持。

（三）有利于语言知识的习得

美国语言教育家克拉申在第二语言习得理论中指出：语言知识的习得需要大量语言交流

环境和语言学习活动的支撑。对于英语学科而言，任务导向策略正是建立在这两大支撑的基础上来实施的。案例中，教师开展的"听文本，猜应答，演对话"等一系列语言学习活动给学生提供了大量的语用机会，学生在与同伴、教师和角色人物的语言交流中自然习得了语言知识。

经过案例分析，我对任务导向策略的有效实施有了全新的认识，它是依托于协同课程资源的支持来实现的。所以，在今后的协同课中，我要努力开发和利用多元协同课程资源，使之更好地为协同教学策略所用。

为学生搭建学习语言的台阶

——"GREEN 协同教学"的思考与实践

罗培颖

一、对于"努力"的理解

我校在第八期三年规划中明确提出了"GREEN 协同教学"的办学理念。在英语单词"Green"的基础上，以首字母翻译的方式，进一步解释了"GREEN 协同教学"的含义。其中，E 代表英语单词"effort"，中文意思为"努力"。

在汉语中，"努力"指用尽力气去做事情，后来指一种做事情的积极态度。比如说努力工作，努力学习。在教师的协同教学中，"努力"也同样代表了一种态度，那就是拥有努力向上的协同学习心态。

要保持"努力向上的协同学习心态"，教师在教学中要主动培养"协同学习"的意识，根据协同主题和各学科教学内容，设计协同教学环节，由单纯的"教学意识"转化成"课程意识"，在协同课程资源的开发中提升和发展自我。自 2005 年来，"协同教学"已经成为我校教学的一大特色。"协同学习"意识的树立和协同教学内容的设计，打破了基础型课程间的壁垒，它要求在职教师们在教学中不仅仅要关注自己所任教的学科，还希望教师们能不囿于自己的学科，尝试走出去了解其他学科，整合各学科教学资源，拓宽课堂 35 分钟的教学时空，从而提高教学有效性。例如，3AM4U3 Plants 中，教师在备课时研究了科学与技术课，发现英语课中有关种子的教学部分可以与科学与技术课《果实和种子》的内容整合。

在第一课时的科学与技术课上，学科教师可以从生物学角度，客观介绍种子和果实的有关知识，帮助学生初步了解种子的生长过程。在英语课上，学科教师以推进式的教学方式对整体教学活动进行设计。首先，学生通过听看两个 Seeds 兄弟的故事，对种子的生长过程有初步的了解。接着，学生在文本细读过程中，学习有关种子生长的核心词汇与核心句型的英语表达。随后，学生通过排序进一步理解种子的生长过程。最后，学生通过回答：How do the plants grow? 将重点内容从文本中体现出来，并结合他们在科学与技术课上学到的知识，用英语对一株常见植物的生长过程进行简单的介绍，以此提升学生的语言表达能力和词汇运用能力。此外，在教学过程中教师遵循小学生的生理发展规律和认知规律，合理地选择并使用恰当的课堂教学策略进行协同教学，提升学生的学习动力和信心，也是培养学生"努力向上的协同学习心态"的重要途径。

二、案例阐述

"基于小学生协同学习的教师教学策略研究"是我校近两年协同教学研究的主题。在这一主题下，我们学习了相关教学策略，如前置学习、任务导向教学策略和协同小组合作学习等。下面就围绕"任务导向""前置学习"这些教学策略在课堂教学中的运用进行说明。

本单元学习内容为"Oxford English 3B Module 2 Unit1"。单元主题是 Animals。涉及的主要内容是关于动物的描述。核心词汇：tiger，lion，panda，monkey，核心句型：Do you like …？Yes，I do. No，I don't. 我们围绕 Animals 的主题，将本单元划分为三个课时：Period 1 Animals in the zoo，Period 2 Animals in the circus，Periods 3 Monkeys and hats 。以本单元的第二课时 Animals in the circus 为例进行协同课的教学。

协同说明：英语课 Animals 与美术课《剪出来的动物》进行协同教学，美术课先行。学生在美术课上学习如何剪出一些体态鲜明的小动物，并在美术课中剪出一些小动物的剪纸。在随后的英语课上，学生学习相关描述动物外形习性的词汇如 monkey/clever，panda/clumsy，tiger/fierce，lion/sharp teeth，参考句型如下：They are _____（name）. They are _____（colour）. They are _____（feature）. They have _____. They like _____（food）. 然后在教学活动中，拿出学生们之前在美术课上的剪纸作品，用英语对动物外形进行描述。

"前置学习"教学策略的课堂实践

"前置学习"的教学策略是指教师在课文内容新授前，让学生根据自己的知识水平和生活经验所进行的尝试性学习。

在第一课时中，我们学习了核心词汇 tiger、lion、panda、monkey，并能用 They are _____（name）. They are _____（colour）. They are _____（feature）. They have _____. They like _____（food）. 等句型对动物进行整体性描述。在本课时的开篇，我们通过看视频和图片，用所学过的语段描述动物 tiger、lion、panda、monkey、elephant，dog，前四个动物是复习上一课时的核心词汇与句型，对后两个动物的描述是为了便于教师了解学生对于 elephant 和 dog 两个动物特点的掌握程度，同时为后文马戏团动物的比较做好铺垫。此外，作为与美术的协同课，课堂上这些对动物的描述，便于学生用所学的英语词汇和句型描绘剪纸动物的特征。所以在这个环节的实施中，又让学生拿出美术课上的小动物剪纸，在四人协同小组内进行成果展示和英语交流。

"任务导向"教学策略的课堂实践

（一）课堂单课话题导入

在"任务导向"的教学策略指导下，我们就听力的材料分别给学生提出问题 1. What animals can Kitty and Ben see in the circus？ 2. Do they like these animals？Why？ 学生在听的过程中带着问题去听材料，目的性更强。在随后的问答中，可以根据学生的回答，检验学生是否听懂了指定材料，随后自然地引出三种不同动物的主题学习"animals in the circus：elephant，monkey，dog"。

（二）知识巩固复习

在"任务导向"策略的教学设计中，我们在已有的四人协同小组合作学习中，设计让学生以口头询问、表格调查的形式，完成向伙伴介绍自己最喜欢的马戏团动物的任务，让学生们在趣味活动中习得语言，内化语言，提升语用能力。

三、感悟反思

三年级的学生活泼好动，爱模仿，可塑性强，有着极强的求知欲和表现欲，并表现出积极向上的学习态度。经过了两年的英语学习，有了一定的词汇积累和口语表达能力。前置学习的策略极大地激发学生的学习兴趣，学生的兴趣是个体内心积极努力向上，追求进步与发展的内部动力。

同时，三年级的学生也存在着有意注意时间短和自控力弱的学习特点，教师综合考虑多方面的因素，要设计符合他们身心发展规律的活动，并通过有效的教学策略，鼓励他们积极参与，大胆实践，体验成功的喜悦，使他们保持高涨的学习热情。"任务导向"的教学策略以"任务"为驱动，极大地调动了学生的学习积极性，学生是带着"任务"的使命感和明确的学习方向进行英语的学习，有效地提高了学习效率，学习的自信心也大大提高。

此外，教师围绕"协同学习"的"努力"目标进行协同课的教学，并不仅仅是强调某一门学科知识的习得，而是强调整体的课程教学价值，使学生身心健康、学习兴趣、学习习惯得到良好培养和发展，最终能够使学生全面发展，这也是师生积极进取态度的体现。

浅谈基于语境设计的小学英语任务型教学的运用

——打造努力向上的"GREEN 协同教学"心态

张佳蕾

一、"积极努力"是我们一贯的协同教学心态

"协同教学"在我校已经开展了十余年，"绿色协同，高效乐学"是每一个四中心人追求的目标。在此，我着重阐述一下我对 GREEN 中的第一个 E—Effort 的理解。"天道酬勤"是不变的真理，"Effort"象征的就是这个"勤"字。作为当代的小学英语教师，我们要努力做到这两个"勤"字。

（一）**"勤协同"**。作为教育工作者，我们要有大课程的协同观，要恰时地与其他学科进行横向或纵向的协同，这样既可以帮助学生复习已经习得的知识，并在其他学科中得到更深入的了解，又能让他们体会到所学课程的整体性和系统性。在教学中开展协同小组活动更是让学生成为课堂学习的主体，老师成为指导者，学生可以在老师的指导下进行小组内部讨论，碰撞出智慧和灵感的火花，进而对所学的学科知识有更深入的了解，并在此基础上内化为自己的默会知识，促进创新能力的发展，这些都是与现代教学理念不谋而合的。

（二）**"勤挖掘"**。英语特级教师朱浦老师说过："语言是有声的，所以语言是听和说的积累；语言是有形的，所以语言是读和写的积累；语言是有情的，所以语言是交流和沟通的情感积累。"《义务教育英语课程标准》也指出："要让学生在真实的情境中体验和学习语言"。可见语言的学习离不开语境，"语境"和"语言"的关系如"鱼水关系"一般密不可分。当今的小学英语教师要善于"挖掘"与教材主题相匹配的生活语境资源来创设教学语境。教师要注意从学生的生活经验出发，善于将学生喜闻乐见的事物、校园生活、家庭生活等情景素材融入教学语境中，引导学生在模拟真实的语境中进行语言的学习、体验和实践。

二、以牛津英语 4B M4 U2-P2 The Double Ninth Festival 为例

英语教学的最终目标是培养学生的语用能力，单靠语境远远不够，所以教学任务活动不可缺席，在任务活动的实施过程中，"语境"则作为强而有力的语言学习"背景"支撑，随着新课程改革的深入推进，基于语境设计的小学英语任务型教学已引起越来越多教师的关注，新理念在课堂中逐渐落实。"任务型教学"是一种能兼顾语言技能和语言意义的先进教学模式，它是指"以具体真实的任务为学习动力和动机"，即学生在教师创设的语境中整体感知语言，发现需要完成的任务；"以完成任务的过程为学习过程"，就是教学过程可以由多个任务串联

而成，不同的任务有不同的功能，学生在语境中进行信息提取、信息梳理和整合内化，试图去解决这些任务；"以展示任务成果的方式来体现教学成就"，则是学生在解决任务过程中获得的表达交流、发展思维、迁移、创新的能力。"基于语境设计的小学英语任务型教学"能让学生在教学活动中参与真实且生活化的情境，获取真实有意义的语言信息。

在新课导入时，我先协同语文学科，由学生们熟悉的一首唐诗《九月九日忆山东兄弟》来引出"重阳节"这个话题。朗读唐诗，不仅可以让学生们重温学过的诗句，还能让他们了解到有关重阳节的知识以及作者的思想情感。

在讲授新课中，我运用前置学习和任务驱动这两个学习策略。前置学习策略主要运用于本课的 Pre-task 环节。我将前置学习分成两个部分，课前预习部分（也就是前测）和热身部分（我们将其放在 warm-up 环节，同时来检测学生的预习成果和情况）。热身部分，我把它分成了三个小环节：首先让学生看图复习上节课的所学节日；其次根据课文给出的核心句型来介绍节日，包括月份、天气、习俗；最后让同桌互相对话，复习所学内容，并相互了解各自喜爱的节日，这个部分能够非常好地检测学生课前的预习情况，了解小组的合作情况和学生的学习起点，有针对性地对相关的知识点加以补充和强调，做到一举多得，提高了上课的效率。

任务驱动策略主要运用在本课的 Post-task 环节。我在语境中设计了两个任务，采用"四人协同小组"的方式开展简单的调查和给祖父母写一封信的活动。先通过简单调查了解祖父母的年龄、爱好，收集基本信息，为写信做准备。伴随着轻柔的音乐，学生们根据之前收集的信息和对祖父母的了解，带着高涨的情绪，情感丰沛、语言真挚地完成了书信。所以，教师在设计任务时要充分考虑到学生已有的认知水平和兴趣，设计出符合他们学情的教学活动，这样才能够做到事半功倍，打造学习型的课堂。

三、实践反思

（一）规范前置学习单。教师在备课时，需要整体考虑该单元每个课时的前置学习内容及形式，可以设计一个课前作业单，尽可能了解学生的现有水平。

（二）语境的创设要对生活素材进行适当加工。正所谓"艺术来源于生活但又高于生活"，教师创设的语境要以学生的生活经验和学科经验为出发点，贴近学生生活，这样才能引起学生的情感共鸣。但由于社会生活都是复杂琐碎的，因此不能照搬"真实场景"，教师要将与"核心教学内容"相关的素材提取出来进行严谨而科学的加工，这些素材要尽量客观且具有正能量，带给学生积极的情感体验。

（三）任务活动的设计要把握层次和功能。任务活动的多样性和层次性能使学生从不同角度和深度来学习新知识，任务活动的功能是多种多样的，具有激发学生学习兴趣、探索新知、解决问题、迁移创新等功能，这就需要设计不同类型的任务与之相匹配。教师要积极设计各式各样的活动，发展学生思维，培养学生用英语来表达、沟通和运用的能力。教师设计任务活动要符合学生的认知规律和心理发展特点，遵循由易到难，由具体到抽象，由简单到复杂的规律，层层递进，形成一条阶梯状的任务链，使各个层次的学生都能积极参与学习活动，哪怕是英语基础薄弱的学生也能体会到成功的喜悦。在本堂课的"四人协同小组"活动中，有些学生表现非常积极，可是一些英语基础薄弱的学生就不太愿意开口，所以教师们需要集思广益，设计出不同层次的有趣真实的活动，提高学生的课堂参与度。

以上就是我对该案例的具体分析和反思，期待与各位老师进行探讨，共同提高课堂效率。

当体育和音乐相遇

朱 霞

体育学科已经成为现代学校教育的主要科目之一，如何提高学生的身体素质和教师的教学水平，使学生对体育课更富有兴趣，是有效开展体育课程需要思考的重要问题。体育课是小学阶段素质教育的重要组成部分，教师需要采用多种多样的手段来组织教学，并且不断创新，使学生能够集中注意力积极参与到课堂学习中来，进一步完成教学任务和教学目标。在课堂上采取适当的音乐辅助教学，不仅可以烘托课堂氛围，使体育课变得丰富多彩，且节奏鲜明、旋律优美的乐曲也有利于小学生身心放松，积极地在体育课中表现和练习。将音乐融入进体育教学中，可以让学生通过聆听乐曲，更有兴趣掌握体育的基本技能和基本知识，提高学生的运动能力，从而达到强身健体的目的。

虽然音乐作为小学体育课堂教学的辅助手段，已经得到国内外专家的普遍认可，但在现实的运用中仍存在许多问题。文章通过浅析音乐手段在小学体育课中的运用，分析音乐手段与小学体育课教学内容的合理结合，为音乐手段更为有效地在小学体育课中运用提供了一定经验的借鉴。

体育与音乐在教学中的联系是什么呢？首先，体育和音乐都具有"活力"。体育追求的是力量上的和谐及肢体的协调性，是用肢体在诠释人的活力。而音乐则是具有穿透力和感染力的情感艺术。通过音乐节奏的韵律与协调的动作进行完美的结合，充分体现体育和音乐的"活力"。体育教学中，采用音乐和体育相结合的教学手段，增加了学生在体育课堂上的自主性和自觉性，从而使体育动作更具有韵律性和力量性。音乐内在的审美特征弥补了体育的无内在审美，体育的身体活动与音乐的心理活动相结合，两者相辅相成。

将音乐和体育结合运用作为广泛的体育项目，较适合的是操化类项目、冰舞类项目等。譬如：啦啦操、健美操、艺术体操、爵士舞、花样滑冰、养生功等等。在艺术体操中，各类伴奏音乐与成套优美动作结合在一起，使表达的节奏、风格与所配动作的节奏、风格等融为一体。在艺术体操中，每个动作都是刚柔并济，具有美的造型，它的动作缓中有急、急中含缓，优美的肢体动作配合不同风格的音乐，呈现了不同的视觉盛宴。在进行五十米或者百米跑步热身时，可以通过播放优美中快类型的音乐，例如黄征的《奔跑》、范玮琪的《最初的梦想》、张韶涵的《隐形的翅膀》、张雨生的《我的未来不是梦》等乐曲，可以让学生边听音乐边充分拉伸身体，促进肌肉、韧带的拉伸；在进行武术课授课时，武术动作配上振奋人心的乐曲，比如屠洪刚的《精忠报国》、成龙的《真心英雄》、刘德华的《中国人》等歌曲，都使人振奋，更容易让学生把武术"精、气、神"的精髓展现出来。最后在课程结束部分应该让学生身心放松，选择缓慢音乐或者轻音乐，有利于学生平稳心跳和脉搏，比如林峰的《明天以后》、光良的《童话》等等。

需要注意的是，要根据教学内容确定音乐，同时要根据授课的内容与形式来确定音乐的使用，根据实际情况来选择安排合适的音乐，并进行一定的调整。小学体育课在采用音乐手段之前需要教师对音乐进行合理的选择、分析和编辑。

（1）选择：网络资源、学生推荐和日常积累；（2）分析：分析音乐节拍及内容情感，确定是否适用教学内容；（3）编辑：根据练习活动的时间、节奏、氛围等将所选音乐进行编辑加工。需要注意的是：并不是所有体育项目都适合配合音乐进行施教，并不是每堂课都需要音乐来进行辅助，要合理地选择音乐才能对体育课的教学产生事半功倍的效应，使学生在舒适愉悦的氛围下，调节心境，促进身心的健康发展。在小学体育课运用音乐教学手段应该遵循的原则主要有：健康成长原则、审美培养原则、简单多样原则、服务教学原则、配合情景原则。音乐作为教学辅助手段，应该以服务教学为主，结合小学体育课教学内容的分类，依据各类运动规律和活动特点，选择具有明显节奏特点的走步类、跑步类、跳跃类内容，以及具有情景性、艺术性和表现性的操化类、游戏类内容进行音乐手段的配合与探索。

音乐配合教学在小学体育课的操作过程中，应该做到：（1）课前整理音乐、准备播放设备和相关器械；（2）上课过程中使音乐手段与课堂组织衔接到位，把握音乐播放时机，注意播放音量的控制，教师通过踏步、击掌等方式帮助学生体会节奏的强弱与速度；（3）在课后将所用音乐收集并归类保存，留以备用，做好课后反思与总结，积累经验。

合理地选择音乐能提升课堂效率，甜美的音乐能缓解紧张、烦躁的情绪，可以集中学生注意力，增强其记忆力；激情奔放的音乐可产生兴奋作用，使得课堂活跃。因此，体育教师在授课时应根据实际需要来选择音乐，要学习掌握现代化教学设备的使用，能利用各种教学资源收集素材，结合多媒体进行教学，使体育与健康课取得实效。

让教学焕发出生命的活力

余 兰

因为孩子们的思维天马行空充满着好奇心和创造力，因为课堂上需要灵魂的碰撞与心灵的共鸣，因为教育是对每一个拥有自由思想的独立个体的启迪与传授，所以课堂上需要生机和活力。教师要努力建构课堂师生学习共同体，使课堂充满生命活力，使学生全身心投入到学习中，使课堂教学效率不断提高，体现教学的艺术魅力和感染力。

在上学期的语文课文中有不少和动物有关，我根据相应的内容设计了有针对性的教案和课间操，取得了显著的成效。例如《比尾巴》一课中利用各种小动物尾巴作用的小动画短片，先吸引了学生们的注意力，再通过生动有趣的小游戏增加他们对尾巴的感受，最后由师生一问一答"动动更快乐"的课间操收尾。这样的教学不仅使大部分学生理解了小动物尾巴的含义和特点，而且使课堂活跃起来，更多孩子踊跃思考课堂上的问题，去感受不同动物尾巴的不同作用，去体验快乐课堂上在快乐中学习、在学习中习得的魅力。

由此可见，活力课堂在协同教学中必不可少而且有其特定的方式与特点，需要教师不断去努力实践反思再实践，在尝试的过程中巩固它的作用，营造一个有良好氛围的教学环境。每篇课文都有它的特点与内涵，所以处理不同的内容要采取不同的策略与方式，这就需要教师反复思考、灵活变通，是一个实践反思、再实践再反思的循环往复的过程。

一、《四季》和美术教学结合的活力协同教学

在《四季》这篇课文中，我以融合学科教学的方式，协同美术学科布置了一样课堂小作业：让你当当小诗人，老师给你张白纸，你可以在上面来为四个季节作作画写写诗，在上面肆意挥洒你的想象。基于课堂目标和学习内容完成的前提，我利用学生喜欢绘画和创造这个特点，尝试协同课上的突破。新课程标准提出："以融合学科教学的方式改革我们的课堂教学，突破教学重难点。"这就要求协同教学中的语文课堂设计不再是单纯的语文课，而需要在教学中协同其他科目综合学科知识。在语文课中传授学生对四个季节不同景物的知识和经验，协同美术课，强调在生动有趣富有实践性的绘画活动中培养学生发现美、欣赏美和创造美的能力，并且起到了巩固《四季》中不同景物描写知识的作用。学生可以根据自己的已有经验，结合课堂中习得的内容加以丰富拓展，在有限的时间和空间里诱发学生的发散想象，使文字、色彩、景物有机地结合在一起，形成一个和谐的整体课堂环节。孩子们有着丰富的想象力和创造力，只要你给他们一个散发思维的机会，他们就能给予你许多惊喜。例如有的孩子写道："红红的太阳对绿绿的苗苗说：'它是春天。'"，在文字的旁边配上了一幅火红的大太阳张着

嘴对绿色的小苗苗说话的绘画。有的孩子说："枯黄的落叶对苹果说：'我是秋天。'"配上一幅秋日落叶图。还有的学生这样写："梅花美美，它对雪花说：'我就是冬天。'"一颗颗小雪花在旁边点缀着，一朵朵梅花围绕着它们，就像孩子们一颗颗纯洁的心灵中藏着许许多多会发光的点子，小小的身体里装的是大大的能量。这些都充满了活力课堂的元素，既告诉孩子们完成作业的要求和范围，又提供了无尽的思考。

协同教学需要心与心的碰撞，带着学生跟随你的脚步，然后让他们能够找到自己前进的道路。教师不仅要教会学生学习的内容，更要提高学生学习的积极性、主动性和创造性，并且要教给他们学习的方法，让他们自己去寻找。在他们迷路时牵着他们的手，帮助他们找到正确的方向；在他们努力开拓并且不断成长的时候鼓励支持，做他们背后的支持者；在他们迷茫时不厌其烦一遍遍地去教授、去引导、去陪伴，耐心等待花儿的绽放。

二、教学反思

以《四季》为范例，我认为用绘画作诗的方式架起美术作品和语文理解的桥梁，能够增添课堂活力，牢牢抓住学生的注意，还能鼓励学生体验性、探究性和反思性学习，既提高了学生对季节景物变化特点的认识水平，激发了学生的学习兴趣，满足了学生渴望自己亲身实践思考的需要，又能提高他们的审美观念，陶冶了他们高尚的情操。这个案例启示我要不断努力提高自己的教学水平，在协同教学中适当加入其他学科中有特色的内容，抓住学生心理，体现各个学科特点的同时巧妙渗透语文知识，紧扣教学内容，培养学生积极探索、勇于创新的能力，让学生在轻松愉悦的氛围中进行多元化学习，因材施教充分发挥学生的创作才能。

这个案例的成功之处在于培养了低年级学生的学习兴趣和想象能力，考虑到了学情和学生年龄特点，在此基础上设计充满活力的课堂教学环节，沟通语文与美术学科的内在联系，将教与学的内容相互渗透，使其协调、同步、互补，提高了语文课堂的教学效率，提升了低年级学生学习的主动性、积极性和创造性。不足之处也很明显，每个学生对景物特点的理解程度不同，课堂中存在个别学生写不来画不好的问题，这就要求教师利用其他时间对他们进行个别辅导、慢慢讲解，因材施教地启发引导，使他们在学习中逐渐掌握通往成功之门的钥匙，从点滴学起，形成从量变到质变的飞跃。

对于像我这样的新教师来说，用充满动力的心去创造充满活力的协同课堂，让教学焕发出勃勃生机和生命的活力，是工作以来的目标，也是贯彻落实"GREEN 协同教学"中活力含义的行动，就像登山者说，because it is there，因为山在那儿，就要去攀爬。

协同教学激发课堂活力

袁思嘉

一、对活力协同教学的理解认识

"活力课堂"并不是指看起来热热闹闹的课堂，而是学生参与度高、充满思维碰撞的有效课堂。协同教学的研究与开展，改变了教师以往的教学方法，融合了多种学科资源，让课堂教学更有效率。课堂中运用协同教学任务导向策略，能给学生更多自主思考和探索的空间，培养了学生善于思考、勇于探索的创新精神和善于解决问题的实践能力。任务导向策略的自主活动，是教师引导学生阅读、质疑、研讨和自主获取知识的过程，同时也是学生人格完善，形成良好品格的过程。学生认同了目标，就能激发起学习的欲望，也就能自主地质疑，主动地参与探索和讨论。当全班学生的学习在重点、难点问题上发生阻塞时，教师再进行适当点拨，就能起到事半功倍的效果，从而使学生产生再探索的欲望，形成健康良性循环的心理效果。课堂学习的主动权交给学生，通过学习任务让大家积极思考，互相讨论，激发了学生的学习热情；通过一起完成学习任务，展示学习成果，学生在学习过程中获得成就感；课堂上的互动交流开阔了学生视野，使理论知识不再那么深奥，学习不再是一件枯燥的事情，学生在课堂中参与度更高，获得感更强，整个学习过程充满活力。

二、创设活力课堂，协同教学案例分析

（一）设计学习任务单，开展协同小组第一次学习

本次教学是二年级第一学期的《植物妈妈有办法》这篇课文，目前二年级学生学习能力还有限，在小组学习时仍然需要有很明确的学习目标，不然在学习过程中很容易遗忘自己的学习任务。由此我采用了基于协同学习的任务导向策略，结合实际的教学内容，为学生设计了一份任务单。有了任务单的指引，学生清楚自己的任务是什么，学习目的更加明确。

任务单一

1. 读第三至第五小节，圈出植物名称。

2. 自学生字。

3. 用直线画出植物是怎么传播种子的语句。

4. 借助填空，说一说植物的传播方法。

第三节：（　　　）妈妈为孩子准备了（　　　　），孩子们（　　　　　　　　）离开了妈妈。

第四节：（　　　）妈妈让孩子们（　　　　　），孩子们就（　　　　　　）。

第五节：（　　　）妈妈让孩子们（　　　　），豆荚炸开，孩子们（　　　　）离开了妈妈。

（二）补充科学知识，开展协同小组第二次学习

课文中虽然介绍了四种植物，但只涉及风传播、动物传播、弹射传播三种不同的传播方式，另一种水传播没有提及。但是学生对科学知识性内容的文章学习起来很有兴趣，根据这一特点，我设计了第二次协同小组学习：以学生熟悉的椰子为例，补充了另一种传播方式。在了解植物特性后，让学生尝试着模仿课文内容写一写诗。

任务单二

1. 读一读资料，了解椰子的传播方法。

椰子：靠水来传播，椰子成熟以后，椰果落到海里便随海水漂到远方。所以椰树一般长在江河海洋的沿岸。

2. 做一做小诗人。

_____有个好办法，

她让宝宝_____。

只要_____，

孩子们_____。

《植物妈妈有办法》是一首充满儿童情趣、富有韵律感的诗歌。全诗语言生动形象，把自然知识蕴含文字当中，语言朗朗上口，内容浅显易懂。全诗共有六小节，第一节激发学生思考，提出了问题：植物用什么方法传播种子；第二、三、四、五节运用拟人的手法，分别讲述了蒲公英、苍耳、石榴、豌豆传播种子的方法；第六节鼓励学生仔细观察发现新知识。课文还运用了拟人的手法，生动有趣，学生们很容易被吸引。诗歌的第二至五小节都先介绍植物名称，再通过拟人的手法介绍传播方式，各小节结构相似。因此，在教学本课时，采取先带领学生学习一种植物的传播方式，再在学生掌握学习方法的情况下，让学生利用协同学习小组来合作学习其他植物的传播方式，最后让学生自主学习。这种协同小组任务单的学习方式要优于传统学习方式。

三、活力协同教学的实践反思

（一）合作学习，促进学生个性发展

协同小组学习让水平较低的学生提高了课堂教学活动的参与度。采用传统学习方式的课堂中，学生对于一些简单的学习任务总是能积极举手响应，如拼读生字、朗读词句等，但是对于需要动脑思考的学习任务，举手发言的就少许多。个别学习能力较弱的学生有时还没弄清问题，学习能力较强的已经将答案给出。长此以往，这些学生的学习积极性就减弱了，课堂的参与度也大大降低了。采用协同学习小组的课堂中，由于任务难易程度进行了分层，一个学习小组中的学生学习能力也各有不同，组员在小组学习时可以根据自己的实际情况承担不同的学习任务。这样一来，学习能力较弱的学生也不必担心自己没有发言的机会，在学习小组交流时也能从中获得信心，也更愿意参与到课堂学习中来，这部分学生的学习效率将逐

步提高。

（二）运用策略，提升学生实践能力

传统学习方式的课堂中，学生在听到教师的问题后，大都是独立思考，很多学生在脑中有一个基本思路就会举手发言，因此学生的回答往往是不全面的，用词、语序等方面也存在很大的问题。遇到这样的情况就需要教师逐个指导，花费大量的时间。而采取协同学习小组形式进行课堂教学，小组组员在交流前先自己独立思考，再组内讨论。讨论时，学生能取长补短，集合众人的智慧，拓宽自己的思维面，同时通过同伴之间的合作，完善语言表达，在一次次的交流实践中，使得自己的发言质量大大提高，学生锻炼语言表达的机会增多，能力得到发展，课堂教学也变得更加有效。

（三）形式新颖，激发学生课堂活力

协同小组的学习可能不适用于每一堂课，但是针对写作结构类似的文本，在教学时采取任务导向策略，通过一张任务单引导学生学习，既能够提高学生的学习兴趣，避免课堂乏味单一的教学形式，激发学生在课堂中的活力，同时也能够缩短班级学生的学习差距，以强带弱，让学生在小组学习中发挥所长，在学与教中收获自信。相信长此以往，协同学习小组的学习形式能帮助提高课堂教学的有效性。

协同课堂，激活情感，焕发活力

——以《跨越新纪录》教学为例

宋 倩

一、构建活力协同课堂

协同教学是指不同学科的教师在自己任教的教材中找到互相关联的学习内容，并在课堂教学中，采取小组合作等形式进行学习。协同教学的活力体现在教师要在课堂教学中充分发挥学生的学习主动性，结合学生的已有认知，创设情境，激发学生的学习兴趣。

《语文课程标准》指出：学生是语文学习的主人。语文教学应激发学生的学习兴趣，培养学生自主学习的意识和习惯，创设良好的学习情境。构建活力协同课堂就可以结合其他学科的相关知识，充分有效地调动学生的学习积极性，创设良好的学习环境，让学生有话可说。

平时的课堂是以教师讲、学生学居多，学生的自主性不够，思维碰撞的火花也较少。通过协同研究，我发现在课堂教学中运用小组合作的学习方法能鼓励学生主动思考和探究。在学习中运用前置学习策略和任务导向策略，能更好地强化学生的进取意识、创造意识和竞争意识。同伴间的自主学习，使每个学生的主体地位和主体人格受到尊重，再加上教师引导，就能提高教学效率，达到教学相长的目的，使语文课堂真正有了活力。

二、语文和品社协同的活力课堂

《跨越新纪录》是五年级第二学期第八单元中最后一篇课文。篇幅在 900 字左右，内容浅显易懂，通过自读、视频学习的方式，学生虽容易理解，但真正想要激发爱国情感还是有些难度的。因此，要让学生深刻理解文本含义，激发情感，就要在学习内容的拓展与方式上动脑筋。基于以上认识，我决定采取前置学习和任务导向策略，同时我又找到了品德与社会课中相关内容的协同点，确定本课的教学目标为：

1. 课前预习，提出疑难问题并与同学交流、合作解决。
2. 小组合作自学生字词，积累"风卷残云""马失前蹄""痛快淋漓"等词语。
3. 有感情地朗读课文，把阅读和思考紧密结合起来，感受刘翔跨越新纪录那激动人心的一刻，并提高综合概括能力。
4. 理解刘翔跨越新纪录的重大意义，激发学生为祖国而自豪的情感。

教学重点：

通过朗读、感悟，理解刘翔夺冠的原因及意义。

教学难点：

理解刘翔跨越新纪录的重大意义，激发学生为祖国而自豪的情感。

协同点：与品社课第三单元《做一个有尊严的中国人》中介绍刘翔为祖国争得荣誉的内容协同。

运用教学策略：前置学习策略、任务导向策略。

教学片段：

课 件 内 容		教 学 过 程
导入学习	播放刘翔夺冠视频	一、创设情境，导入新课 1. 播放录像：今天，我们先来观看一段录像。板书：刘翔。 2. 揭示课题：这是多么难忘、多么激动人心的一刻，还记得品社课上，我们对于刘翔的了解吗？生交流。今天我们就来学习（板书：跨越新纪录）。
	出示：北京时间 2004 年 8 月 28 日凌晨 2 点 40 分，这是一个值得所有中国人铭记的时刻，在雅典奥林匹克体育场，中国选手刘翔以 12 秒 91 的成绩获得男子 110 米栏比赛的金牌！他创造了中国乃至亚洲的历史，成为第一个获得奥运田径短跑项目世界冠军的黄种人。这个成绩不仅打破了奥运会纪录，还平了英国选手科林·杰克逊 1993 年 8 月 20 日在德国斯图加特创造的 12 秒 91 的世界纪录！	二、研读课文，学习概括课文主要内容 （一）学习第一节 1. 师：当时有许多媒体对刘翔夺冠的事件进行了报道，请同学们来看这则报道。（出示课文第一节） 2. 轻声读这段话，思考"跨越"在文中是什么意思？"新纪录"在文中指什么？"跨越新纪录"呢？ 板书：第一个　　　奥运田径短跑项目冠军　　黄种人 　　　　打破　　　奥运会纪录 　　　　平了　　　世界纪录 3. 学习概括第一节的主要内容。 （1）师：我们已经学习了概括课文主要内容的方法。你觉得要把这件事情说清楚，有哪些要素必须要说？试着小组讨论一下。（事情发生的时间、地点、事情的结果和意义） （2）试着概括这一节的主要内容。 （北京时间 2004 年 8 月 28 日凌晨 2 点 40 分，在雅典奥林匹克体育场，刘翔获得男子 110 米栏冠军。他成为第一个获得奥运田径短跑项目冠军的黄种人，不仅打破了奥运会纪录，还平了世界纪录） （3）指名说，随机指导。 （难点在于概括事件的意义，可引导学生根据板书来概括） （4）同桌互说。 4. 朗读第一节，读出自豪感。 （二）学习课文第二至九节 …… 5. 师：接下来，我们就一起走进刘翔飞奔冲刺、成功夺冠的精彩场面。
	（媒体出示） 刘翔同样按照自己的习惯预热着……拂了拂额前的头发。 顺势而出的刘翔稳稳地走回，脸上不起一丝波澜。 重新回到起点的刘翔……显得十分沉稳。	（1）出示任务单： a. 同桌合作，理解词语：疾如炸雷、快如闪电、倾尽全力、遥遥领先。 b. 轻读句子，读出自己的感受。 c. 用以上词语给刘翔最后冲刺的视频配音。 d. 尝试抓住重点词语来概括这段话的主要内容。

（续表）

课 件 内 容	教 学 过 程
媒体出示： 一声枪响……刘翔已经遥遥领先。 红色的刘翔……撞向胜利之线！ 媒体出示：刘翔倾尽了全力是为了_____，是为了_____，更是为了_____。	板书：快如闪电　倾尽全力 （2）总结：这一部分内容中作者抓住刘翔的动作展现了那个激动人心的场面，使人有种身临其境的感觉。

（一）协同教学，激发兴趣

导入新课时我播放了一段刘翔雅典奥运会夺冠的视频，以及联系品社课《做一个有尊严的中国人》中有关刘翔的内容，让学生进行交流，其目的是激发学生的学习兴趣并引出课题。从学生的表现看，课的导入比较成功。学生专注于精彩的视频，又能联系以往所学知识，他们自豪、激动的表情油然而生，交流也非常积极。课堂气氛一下子调动起来了，为之后的学习做好了铺垫。

（二）碰撞思维，焕发活力

概括课文第一节的内容，我运用了前置学习策略，让学生先回忆概括课文主要内容的方法，然后让学生小组讨论，哪些要素是概括本节必备的要素。在讨论时，课堂气氛非常热烈，绝大部分学生都知道，概括大意要用到时间、地点、人物、起因、经过和结果。但是，对于《跨越新纪录》第一节来说，起因、经过是没有的，而事件产生的意义却是十分重大的，也是概括中不可或缺的一部分。因此，在学生讨论完之后，我让他们先进行交流，说说哪些要素是必须要说到的，哪些是第一节中没有的，无法概括的。再通过让学生读读第一节，了解到什么内容又是非常重要的、不可省略的。通过一步步引导，激活了课堂，学生们在互动讨论中，逐步知道了概括不光要读懂内容，还要学会筛选内容。

（三）创设情境，升华情感

课的最后我设计了一个为视频配音的环节，其主要目的是培养学生口语表达能力，并能更好地理解、运用新学的词语。这一活动，我运用了任务导向策略，首先让学生进行词语理解，再通过朗读进行体会，最后给视频配音。整个教学环节非常成功，在和同桌学习词语的时候，大家能用自己喜欢的方式来学习，比如做做动作等。接着，通过朗读，让学生进一步体会当时的情境。直到最后的为视频配音是课堂气氛的高潮点，学生的学习积极性被充分调动起来，说得一个比一个好，一个学生解说完，其他学生还热烈鼓掌。学生为刘翔获得奥运田径短跑项目冠军，不仅打破了奥运会纪录，还平了世界纪录，感到自豪和骄傲，充分激发了他们爱国情感，整个课堂充满了活力。

三、教学反思

本堂课我采用了前置学习和任务导向策略。前置学习策略，一般基于学生已掌握的知识和已具备的能力，通过策略的运用，使教师了解学生是否已掌握了此项能力，在后续的教学中应如何进行调整以及有针对性地进行指导。概括课文主要内容的方法在前几个单元中已多次进行操练，所以本课中，就可以复习巩固该方法，让学生运用已有知识和能力进行概括。学生根据已有经验，在概括第一节大意时候，会遇到一些障碍，这就需要教师加以引导，让学生学会筛选信息，从而学会概括本节大意的方法。

在学习刘翔飞奔冲刺、成功夺冠的精彩场面时，我运用了前置学习和任务导向策略，课前就让学生用喜欢的方式进行词语理解，课上小组合作交流词语的意思，这样就能激发学生的学习兴趣，达到事半功倍的效果。

任务导向策略一般用于教师已教会了学生用一些方法进行有层次地学习，接下来让学生自己根据此方法进行合作学习或者自学。这项策略的运用需要根据课文内容而定。本课我出示的任务单有三步：第一，用喜欢的方式理解词语。第二，读读句子，体会情感。第三，为视频配音。通过词语理解，读中感悟，悟后运用，层层深入，让学生将文本语言内化为自己的语言，提升了语文素养。

与品德与社会课的协同，使学生更快地走入情境，让学生有话可说。为视频配音，充分调动了学生的学习积极性，让他们爱上了表达，激发了他们的爱国情感，从整堂课的实施情况看，学生非常喜欢，能够积极地参与且表现良好。唯一遗憾的是学生大都采用课文内的词语进行表达，未能运用发散性思维积累和使用更多新词。

师生互动　构建高效活力课堂

李晓娜

一、构建高效活力课堂

良好的教学效果依赖于高效的课堂教学。人们常说，教学有法，教无定法。每个教师都有自己不同的教育和教学方法，往往其中隐藏着一些高效的秘密。以人为本的教学宗旨对于实现学科教学目标，提高课堂教学效果，具有重要的作用。课堂是教学的主阵地，课堂教学效果直接决定着教学质量。课堂也是素质教育的主阵地，充分发挥课堂的主阵地作用，提高课堂教学的含金量，关键在教师，活力在学生，魅力在于师生间的互动。高效课堂应该是师生互动，人人积极参与，追求教学的高效益的课堂。我们都应认识到构建高效课堂的重要性，优化课堂，努力实现高效课堂。学生是学习的主体。现代教育理论强调在"教"与"学"的关系上，以"学"为中心，以学生为主体。教师必须激发学生的学习积极性，唤起学生的学习热情，千方百计地引导学生主动学习，努力发挥学生的主体作用。

二、凸显学生的主体地位

（一）课堂教学案例:《芭蕉花》

教学目标：抓住关键动词，说清兄弟俩"照实"说的内容。

师："欢喜的两兄弟接着是怎么做的呢？自己读读课文第三自然段的第1、2句，圈出表示我动作的词语。"（边交流边板书）

师："这些动词都在这句话中。"

出示句子：我们摘下花，把它藏在衣袖里带回家。我捧着花跑到母亲床前，母亲问我花是哪儿来的。

师："先听老师来读一读句子：我们摘下花，把它放在衣袖里带回家。我拿着花跑到母亲床前，母亲问我花是哪儿来的。（出示：放、拿）。"

生："老师你有字读错了，是藏在衣袖里，而不是放在衣袖里；是捧着花而不是拿着花。"（预设）

师："那你觉得这两者有什么区别吗？"

生："'藏'说明兄弟俩是偷偷地摘的，不能够被别人看见。"

师："是哦，不能让别人看见，所以得藏起来。"（随机学习形声字"袖"，衣字旁的字都和衣服有关。）

生："'捧'说明兄弟俩珍惜花，怕把它弄坏。"

师："对啊，芭蕉花是得来不易的，所以必须保护好。"（"捧"：拼读，注意后鼻音。书空。）

师："看来这些动词运用得非常巧妙，可不能随便调换，让我们再来读读。"

师："从这些动词中（手指板书），我们可以体会到兄弟两人对于母亲的——"

生："爱、孝顺。"

师："没错，当母亲问我花是从哪儿来的时，我便一一照实说了。'照'就是按照，'实'就是'事实'，所以'照实'就是——'按照事实'。那这事实究竟如何呢？"

出示：母亲问我芭蕉花是哪儿来的，我便照实说："我们来到＿＿＿＿＿＿＿＿，看到＿＿＿＿＿＿＿，于是＿＿＿＿＿＿＿＿＿＿＿＿＿＿。"

出示评价要求：能用上板书里的动词★

句子通顺连贯★

声音响亮★

学生交流。教师根据要求评价。

请大家以四人协同小组合作，互相说一说，并给小组成员评评星。

（二）协同学习小组策略的运用

在语文课堂上，学习生字、分角色朗读课文、说话练习等都可以运用协同学习小组这一策略。在小组学习过程中，教师多采用自评、互评等形式让学生对小组的学习情况进行评价。这充分体现了个人与个人、小组与小组间的相互竞争，这种竞争有利于学生树立竞争意识，培养其积极进取的精神，培养他们的集体荣誉感，并为适应将来的社会竞争打下坚实的心理素质基础。在四人小组活动过程中，常出现这种现象：各小组的活动速度快慢不一。究其原因，一是低年级学生自制能力差，二是小组之间水平不一。因此，我认为在划分四人学习小组时应该将全班学生按照学业水平、性格、能力等差异进行划分。每组都应包含学习能力强、一般、较弱的学生。在小组合作学习初期，我指定了组织能力强、表达能力好的学生担任组长，由组长对本组活动进行组织和分工。经过一段时间的训练，学生基本形成了合作的意识，掌握了交往的技能，小组合作学习基本上能够顺利进行了。此时，为了让更多的学生尽可能参与到组织工作中来，使更多的学生获得锻炼的机会，我让学生轮流当组长。这不仅调动了学生的积极性，而且满足了学生表现自我的心理需要，真正做到了人尽其才，才尽其用，起到了良好的作用。

三、乐而愿学，活力教学

运用协同学习小组策略充分提高学生的学习兴趣。从形式上看，小组学习采用几人围在一起的圆桌形态，打破了传统的同向座位形式，拉近了学生之间的距离，利于激发学生的表现欲，增强学生主动参与的意识。从学习过程看，在小组学习中，每一个达到学习目标的学生，都能体验到成功学习的乐趣，进一步唤起了学生参与学习的愿望。同时，协同小组合作学习给学生提供了更多参与教学的机会，有利于提高学生的综合能力，让每位学生都有机会表现自己。小学阶段，正是学生的口语表达迅速发展的阶段。一年级起，从说好一句完整的话开始，提高他们的口语表达能力显得相当重要。培养学生的口语表达能力，有助于培养学生的观察能力、思维能力，有助于学生语文素养的整体提高。语文课上，让每位学生能有口头表达的机会是很重要的。这一环节的设计不仅让学生锻炼自己的口头表达能力，更是让学生学会概括课文的主要内容。然而，一节课的时间总是有限的，教师无法在课堂上让学生一一根据句式练习说话，协同学习小组则能让每位学生都有说话的机会并参与到评价中去，大大提高了学生的课堂参与度。教师运用好协同教学策略不但事半功倍，而且使学生乐而好学，这正是我们一直汲汲追求的活力教学。

运用"协同学习"打造活力课堂

周备峤

一、活力课堂概述

（一）活力课堂的定义

课堂是教师教学的主要阵地，是学生学习的主要场所，所谓活力课堂则是指老师的教学活力、学生的学习活力、教学过程的动态生成这三者相融合的课堂。

（二）活力课堂的意义

1. 训练思维品质

思维品质主要包括独创性思维、批判性思维和发散性思维。充满活力的课堂能激发学生从不同的角度思考，独立思考、分析问题，不重复他人的思想和观点，促进学生敢于对他人的观点进行质疑和否定，坚持正确的主张，发挥想象力，突破原有的固定思维，从新颖的角度思考问题，富有创新性。

2. 培养自主探究能力

以学生为主体的活力课堂，是以塑造学生个性发展为根本。尊重学生的个体差异，摆脱教师的束缚，使学生真正参与课堂活动中，关注不同孩子的学习经历，让学生在尝试——探索——再尝试中获得学习经验，培养自主探究能力。

3. 实现课堂高效

高效的课堂是指能在短时间内达到教学目标，在动态的教学过程中使学习真正的发生。实现高效课堂的前提，是学生有自主学习的意愿，有主动探寻知识的欲望。而这种学习兴趣是在轻松愉悦的课堂环境中产生的，受环境因素的制约，教师需要营造轻松、自由、活跃的学习氛围。学生的心动，即心情愉悦的学习，思维才会敏捷、活跃，学习才会产生活力，教学才能达到高效。

二、运用"协同学习"构建活力课堂

（一）"前置学习"走向生本，奠定课堂"活力"基石

课例解析：语文课听说活动《我》与品社课《认识你　认识我》相结合。

新课标所倡导的是自主探究的学习方式，它改变了传统教学中满堂灌的机械教学模式，让学生在主动学习中探寻知识、技能的过程和方法，形成学习能力。运用协同学习的前置学习策略，进一步推进以生为本的自由课堂，培养学生听与说的技能。设计任务导向单，发挥学生主观能动性，引导学生探究自我介绍的方法，提升学生在课堂教学中的主体地位，为打

造活力课堂奠定良好基础。

前置学习策略：语文课听说活动《我》。

教学目标：

聆听：1. 专心听故事，了解故事的主要内容。

2. 认真听别人说话，听懂说话内容。

说话：1. 练习用普通话正确回答问题、表达自己的想法。

2. 学习用连贯、完整的语句介绍自己。

教学过程：

1. 听《我是谁》的故事。

要求：仔细认真地聆听故事，想一想文章中的"我"是怎么介绍自己的？

2. 提供说话内容的结构支架，学习语言。

（1）我_____。（名字）

（2）我_____岁了。

（3）我喜欢_____。（可以说"我喜欢什么"，如什么东西、什么颜色、什么食物、什么动物、什么植物，也可以说"我喜欢干什么"）

（4）试着添加自己想说的话，这些话能突出你身上的某个特点，可以是对自己外形的描述，也可以是对自己优点或缺点的介绍。如，我很胖／瘦，我很矮／高。我爱看书，我很勤奋，我爱劳动……

3. 模仿说话，尝试自我介绍。

试着填写学习任务单，然后将它们连成完整的一段话。

学习任务单

自我介绍：

我_____。（名字）

我来自_____。

我_____。（年龄）

我喜欢_____。

（二）"任务导向"激活思维，探寻课堂"活力"源头

活力的课堂是解放学生思维的课堂，摒弃统一标准答案、统一教学方法，促进学生跳出固有思维模式的课堂。运用协同学习中的任务导向策略，以新奇的任务激发学生兴趣，营造愉悦、自由的课堂氛围。学生在任务实践中多角度、多方位思考、解决问题，学会自我介绍、与他人沟通的方式方法。

任务导向策略：品社课《认识你 认识我》。

通过前置学习——语文课听说活动《我》，学生基本可以用简单、连贯的句子进行自我介绍，为品社课《认识你　认识我》的学习做好铺垫。学生能够用语文课上学到的方法介绍自己与班级中的老师、其他同学，掌握人说话时的基本礼仪。在品社课中，进一步培养孩子养成静心听他人发言的好习惯，对同学和老师产生亲近感和进一步交往的意愿。

教学目标：

1. 复习语文课中自我介绍的方式。

2. 试着为自己设计一张名片。

教学过程：

1. 为自己画一幅自画像，主要画脸的部分。找一找自己五官中最特别的地方，试着在画中表现。

2. 在五官中最特别的地方用文字标注，如：我有一个大鼻子，我有一双小眼睛，我笑起来时有两颗虎牙……

3. 在卡片的最上面一行填写名字、年龄等基本信息。

4. 选择自己最突出的一个特点，为名片制定一个标题_____的我。

5. 最后，在卡片上配上一句自己想说的话。

6. 按照上面的步骤，试着为他人设计名片。

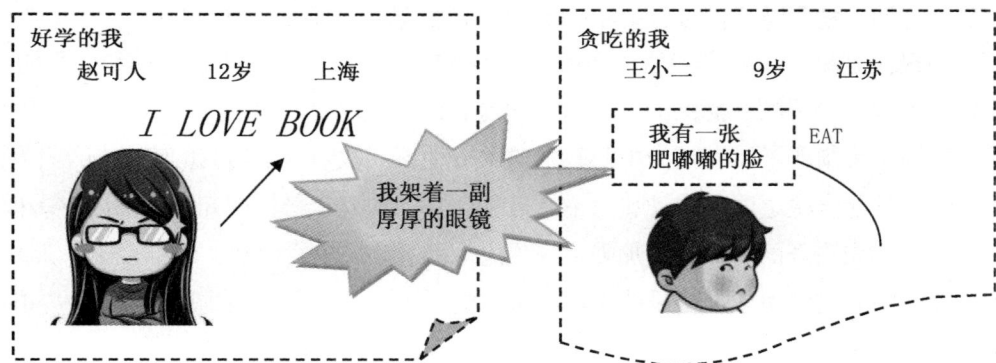

用任务导向策略，设计名片任务单，使枯燥的文字训练转化成富有挑战性及趣味性的任务。引导学生在画中介绍自己与他人，提供学习支架及任务导向，给予学生设计名片的方式方法。如设计名片的方式是文与图结合，方法是上面提供的一系列步骤：画脸——突出五官中最有特色的部分——补充基本信息——根据自身的特质制定标题。在完成共性作业的同时也关注到学生的个性差异，学生可以按自己的喜好设计不同的名片，卡片上可以尽情发挥自己的绘画才能，写出想要说的话，在共性中保留每个人的个性特征。打破"求同"，敢于"求异"，激活每一位孩子的思维是打造活力课堂的关键，也是活力课堂的源泉，只有思维的碰撞源源不断，课堂才会熠熠生辉。

三、实践反思

（一）运用"协同学习"打造活力课堂，提高学生思维品质

心理学家认为思维品质主要包括以下三个特征：独创性、批判性和发散性。独创性就是坚持独立思考，拒绝复制型思维，不依赖现成固有的解决问题的方法及思路，善于开拓性地进行创新；批判性就是不盲从，敢于质疑和否定，对我们自己和他人的思维加以考察和再认识；发散性，就是充分发挥想象力，突破原有的知识圈，多角度、多侧面、多方向地思考问题。协同学习运用于课堂中，能进一步激发课堂活力，让学生的思维变活，教师的教学变活，从而实现课堂高效。

（二）运用"协同学习"打造活力课堂，改善学生沟通能力

良好的沟通能力是学生的必备素养之一。协同学习侧重于生生间及师生间的互动，学生在讨论、交流这些活动中碰撞思维火花。生生间及师生间不同的观点必然会导致成员间的矛盾冲突，但这样的冲突所带来的是潜在的建设性力量。在建设性冲突中，冲突双方互相交换信息、观点，在思辨与沟通中扩充知识，建立新的知识概念，共同进步。正是在这一次一次的冲突、交流、讨论中，课堂活动才变得丰富多彩，教学才变得有生气、有趣味，从而在潜移默化中提高学生的沟通能力。

（三）运用"协同学习"打造活力课堂，激发学生学习的积极性

学习积极性是指学生在学习活动中所表现出来的一种认真、紧张、主动和顽强的状态。学习积极性不仅为学习活动提供动力，影响学习的方向和过程，而且进一步决定学习的效率和效果。协同学习削弱了以教师为中心教学的主导地位。教师以学习者的身份与学生组成共同学习群体，参与学生之间的活动、讨论，与学生共同探究学科核心知识。协同学习模式激发了学生探究知识原理的积极性，加强了师生之间的互动，使得学生主动接受、掌握新的学科知识。发自内心的学习才是快乐的学习，快乐的学习才能创造出活力的课堂，活力的课堂才能实现课堂的高效！

数学活力协同教学的实践
——《分彩色图形片》和美术图形

卢　姗

一、活力协同教学解读

我们都希望数学课堂不是沉闷、缺乏生气的课堂，希望每个数学老师都能够给学生一堂充满活力的数学课堂。有活力的数学课，一定是能够以各种形式调动起学生的求知热情，激发他们不断探索和创新的欲望，提高他们的学习积极性。那么，怎样才能够呈现一堂有活力的数学课呢？我希望由"沟通"这个词入手。我对"沟通"有两个方面的理解：一是师生间的沟通，像课前做个小游戏、讲个小故事，这样的趣味引入看似渺小，实则作用并不小，尤其针对低年级的孩子们，一些小小的设计都是可以引起他们的注意，激发他们对课堂的兴趣。还有我们的一些课堂用语，比如鼓励的、赞许的，即便朴实，也会给孩子们带来肯定和勇气，从而使他们集中注意力。二是生生间的沟通，培养学生协同学习小组共同学习的意识，在我看来，也是激发学生的学习兴趣，使我们的课堂更有活力的重要途径。因为孩子们总是乐意与自己的伙伴在一起，那么与他们一起讨论、探索和创新也会显得更有意思。当然，除了语言沟通以外，想要呈现一堂充满活力的数学课，有趣且形式丰富的教学活动设计一定是必不可少的。尽可能地避免千篇一律，要有创新，并且把学生置于教学的出发点和核心地位，确保每个学生都参与到课堂活动，应学生而动，应情境而变，这样的课堂才能焕发勃勃生机，才能显现真正的活力。

二、数学活力协同教学的实践

《分彩色图形片》是数学一年级第一学期第五单元整理与提高中的教学内容。通过这一课的教学，要求学生能按形状、颜色、大小、状态等将熟悉的物体进行分类并计数。能够通过分一分、看一看，从颜色、形状、大小等来认识与描述 24 片彩色图形片的特征。初步体会到依据不同的分类标准可以有不同的分类，从而体验分类标准的多样性。依据教学目标，本节协同课我运用各种教学策略设计了这样几个环节：

环节一：从实物出发，引入分类思想。

1. 老师：同学们，你们看，卢老师今天带来了许多奖品（笔、橡皮、本子）准备奖励给表现出色的小朋友。可是，堆在一起，乱七八糟的，谁能来帮我理一理呢？

（生演示）

2. 老师：想一想，他是怎么理的？（先分类）

3. 小结：在帮卢老师整理奖品的过程中，我们知道了怎么样将物品进行分类，也就是要把具有相同特征的东西汇聚在一起。

解析：该环节利用任务导向策略初步引导学生思考了"分类"这一思想。以带来的奖品进行实物分类，来吸引低年级学生的注意力，激发了他们的学习兴趣，从课堂初始，就力图呈现"活力"。并引导学生在此过程中初步体会分类，也就是要把具有相同特征的东西汇集在一起。

环节二：协同美术，认知图形。

老师：卢老师今天还带来了几个小伙伴（出示：红色的三角形）

老师：在美术课中你们认识过这个小伙伴吗？谁来介绍一下？（生：这个是红色的三角形。依次出示：黄色的圆形，蓝色的正方形。）

解析：以协同在日常美术课中学生已经认知的一些基本图形为途径，激发孩子们的热情，使课堂更加充满活力。要求在介绍时加入数学思想，要求每个图形都说清楚它的颜色及形状。为之后有方法、有规律地进行分类铺垫基础。

环节三：任务导向，初分彩色图形片。

老师：在你们的学习袋里，卢老师还准备了许多这样的彩色图形片，请把它们倒在桌子上。如果要把这些彩色图形片分类，你们准备怎么分呢？

活动要求：独立操作，完成后可以轻声与同桌交流。

解析：通过多样的活动形式丰富课堂的趣味性与活力度。在此环节，我只运用任务导向要求学生独立操作，初次体会如何按不同的标准将 24 个彩色图形片进行分类，分类的标准不同，分得的结果也不同。

环节四：协同学习小组，再分彩色图形片。

老师：你们真棒，那有没有更细心的小朋友观察到在同一类的图形片中有什么不同点？可不可以再分？（举例说明）

活动要求：

（1）协同小组合作探究，说说同一类图形片中的不同点。

（2）将第一次分好的同类图形中的彩色图形片再次分类。

（3）反馈交流，评价。

（4）总结：刚才我们又一次合作操作，通过操作我们明白了同一类物体还可以根据不同的特征再一次进行分类。不过，在分类的时候，一定要记住是按什么标准进行的，必须要有目的地分，才不容易分错。

解析：协同学习小组是生生间的沟通，是课堂活力的体现。在这一环节中，利用协同学习小组第二次体会同一类物体还可以根据不同的特征再一次进行分类。其实部分同学对第二次分类的目的是不明确的，希望通过协同学习小组的策略优势，让更多的同学达到教学目标。

环节五：协同学习小组，分享生活中的分类。

老师：正确的分类不仅在生活中随处可见，也为我们生活带来了很多好处，提供了不少便捷（如超市，垃圾），请与你协同小组成员说说，你看到的生活中的分类。

解析：此环节利用协同学习小组策略，让学生在小组内交流分享，并能够联系生活，明白分类是有用的，感受数学知识是用于生活、服务于生活的，也使课堂活动更加丰富、充满活力。

环节六：协同美术课程，制作创意拼贴画。

老师：今天我们认识了这 24 个各不相同的小伙伴，希望在下一节的美术课中，你们能够用这些形形色色的彩色图形片拼贴成一幅有趣的想象画，比一比谁的创意更独特？

解析：这一环节与美术课程进行协同，希望让学生在运用今天所学知识的同时，也能在快乐中体会数学的活力与美感。

三、协同教学的不足与思考

考虑到学生的年龄较低，因此整节课我非常注重调动学生的学习兴趣，力图给学生一堂充满活力的数学课。不难发现，我在教学环节的设计中尽可能地给学生呈现多样的形式与丰富的活动，以此使这堂课活跃起来，展示小学数学课堂的勃勃生机。在日常美术知识的学习中，学生会发现这些形形色色的彩色图形片有各种不同的大小、形状、颜色，从而进一步引发他们思考：是否可以根据这些不同的特征将这么多的图形片进行分类？分类的方式是否只有一种？不同的分类方式产生的结果是否也会各不相同？在通过一节课的探究与学习后，希望学生在后一节美术课中将 24 个彩色图形片拼贴成一幅想象画。本节课与美术课程的协同，力求让学生运用今天所学知识的同时，也能体验不同色彩、不同图形的美感以及数学学习的乐趣。

本节协同课程开展的过程中，有一些活动环节的教学策略没能达到预期的效果，思考后或许可以进行一些调整。在第二次对 24 张彩色图形片进行分类时，我虽然采用了协同学习小组的教学策略，但其实部分小朋友依然不是很明确目的。这一环节的设计，是为了让学生理解，在同一类物体中，也可以按不同的标准进行再分类，但不是所有学生都达到了预期的教学目标。因此，我觉得可以在课前加入前置学习的教学策略。组织学生在前置学习中就进行第一次的分类，有所掌握后，就可以缩短第一次分类的时间，而在第二次分类时，教师能有更多的教学时间来做辅导和教授。

前置学习策略点燃数学课堂的生命力

张莉华

一、活力课堂新定义

每当谈论到数学学习时，人们脑海中常常浮现的是索然无味的机械运算以及那些冷冰冰的公式，进而联想到"枯燥、乏味"等评价，很多学生也不例外。不可否认的是，数学的确是一门抽象性、逻辑性较强的学科，这让很多学生在学习过程中感到学习数学的刻板和单调。对于小学生而言，他们的特点就是活泼好动，充满求知欲，注意力分散。对于教师而言，我们需要做的就是将他们积极主动的特点发挥出来，使其成为数学学习上的助力。那么如何才能实现这一创新性的构想呢？我想，第一步教师要在课堂教学中，努力地营造宽松和谐的课堂氛围，点燃学生学习数学的热情；然后尝试通过多种途径，例如创设生活化的问题情境来激发学生主动探究的欲望；再或者是善用激励性评价，让学生焕发活力，促进学生主动参与，由"要我学"变成了"我要学"，给足学生探究的空间让学生真正成为学习的主体。这样，我们的数学课堂才会变得春光灿烂、精彩纷呈，才会充满魅力、灵性，充满生命的活力。

这学期重点研究"教学策略"在课堂中的运用，我也经常会思考运用怎样的教学策略、如何运用，才能让我们的课堂更高效呢？我以一年级第二学期中《24 时计时法》一课为例，尝试运用前置学习策略，结合学校的协同教学方法，期望达到高效乐学的课堂。

二、教学案例

（一）案例背景

《24 时计时法》在"时间"这单元内容中是一个教学难点，尤其是它与普通计时法之间的相互转化，学生在理解、表述的过程中容易产生混淆，怎样让学生学得轻松，知识点掌握得又好呢？为了较好地达到教学目标，有效地突出重点，突破难点，我采用了前置学习策略。通过创设情境、媒体演示、指导观察、组织交流等方法，使教师定位于学生学习数学的组织者、帮助者和参与者的角色；在学法上重点教会学生观察、比较、体验、合作、交流等方法，力求实现师生间动态的对话，形成真正的学习共同体。

（二）案例描述

1. 课前导入。

出示媒体：飞机时刻表、电视节目表、火车票等。

小结并揭示课题：今天，我们就一起来学习这种计时方法。（24 时计时法）

2. 探究新知。

（1）学习 24 时计时法。

……

媒体介绍 24 时计时法：在一天里，钟表上的时针正好走两圈，共 24 小时。所以，经常采用从 0 时到 24 时的计时方法，叫 24 时计时法。

（2）解决难点。

① 比较：12 时计时法和 24 时计时法，在表示时刻的时候有什么相同和不同点？

② 跟进练习。

③ 自评（练习纸）下面是小巧作息时间表的一部分，你能在两种计时法之间相互转换吗？

（3）教学经过时间。（拓展）

……

3. 巩固练习。

（1）我问你答。

① 17 时是下午几时？ 23 时是晚上几时？（17 时是下午 5 时，23 时是晚上 11 时）

② 小华每天早上 7 时半到校，中午 11 时 50 分放学。他上午在校多长时间？（他上午在校 4 小时 20 分）

③ 北京开往某地的火车，早上 5 时 54 分开车，19 时 55 分到达。路上用了多少时间？（路上共用了 14 小时 1 分）

（2）判断题。

① 一节课的时间是 40 分。早晨 8 时 10 分上课，上一节课后应该在 8 时 50 分下课。（　　）

② 15 时就是下午 5 时。（　　）

（3）做做小医生。（把学生先前制作的作息时间表中错误的 2 张，拿出来改错）

师：交通、广播、邮电等部门在工作中需要很强的时间观念，为了计算简便、不容易出错，都采用从 0 时到 24 时的计时方法，避免歧义，不容易搞错。

（4）请你在钟面上拨出下列时刻。（学生拨钟）

4. 总结。

虽然这一教学内容是非常贴近学生生活的，但其实学生在理解并掌握 24 时计时法与普通计时法的关系上是存在困难的，因此即便有父母的帮助，制作出来的时间表还是会有很多错误。（见下页图）

为此，我在巩固练习部分的第三个层次安排了一个改错题，请小朋友用今天学习的知识来做做小医生，看看这两份作息时间表有什么毛病？因为题目来源于学生，所以他们兴趣盎然。接着强调 24 时计时法的好处。

课堂上前面探究得淋漓尽致，课中一定要留出时间很好地归纳、小结和巩固，千万不能蜻蜓点水，匆匆而过。否则的话，探究只能是停留在表面，很难有实质性的效果。为了达到良好的教学效果，教师在课前应浏览学生的前置作业单，了解一下大致的情况以及出现的比较集中的错误，并对照教师的课堂教学预设，对预设做出相应的调整，做好课堂教学准备。如果每一个学生都带着自己独特的感悟和发现进入课堂，课堂中就没有了观众，这缩小了学生彼此间的差距，同学们互相补充，就能达到最好的教学效果。

三、思考

（一）前置性学习内容要指向明确

"前置学习策略"，就是教师在进行课堂教学之前，让学生根据自身已有的知识及生活经验进行尝试性学习，是对新知识的初步认知过程。由于我们的教学对象是一年级的孩子，要求我们布置的前置探究学习应该任务简单、贴近生活，指向明确。学生在生活中或多或少都有接触过 24 时计时法，所以在课前我布置了一个作业："制作一份双休日的作息时间表"。而之所以要学生进行前置学习，是因为要让每个孩子带着有准备的头脑进入课堂、进行学习。为了给予学生更多自主学习的空间，课外的充分研究就有了一定的必要性，它可以让课内的学习更深入。优质的前置性作业为学生的课堂学习打下一定的基础，从而也培养了学生的自主学习能力，它给我们的课堂、给学生的学习带来了很大的帮助，也让学生们更自信，最大限度地发挥了学生自主学习的能动性。

（二）前置性学习形式要有趣味

小学生的认知形式和习惯还比较简单，主要以自己的兴趣为主，如果有兴趣，则积极性会很高，课堂就会充满生机和活力，相反也会表现出精力不集中等现象。因此，前置性学习的形式就非常关键，只有抓住学生的兴趣，才能事半功倍。教师应该尽量把学习形式设计得富有情趣，并能让孩子们从中获得快乐，这样才具有足够的吸引力，才能将学生从生活中的"花花世界"吸引过来，使其可以主动积极地完成任务。

　　我建议学生可以在纸上适当地美化，用喜欢的图画、缤纷的色彩来取代文字描述，为了让不同能力的学生都能参与，也可以求助父母，以求让学生从心理层面"接受并喜欢"。只有让学生们喜欢，才能达到学习效果。

（三）前置性学习需要及时评价

　　运用"前置"教学时，我们一般会借用学生的课余时间进行，在小学数学教学中实施前置性学习，可以适当利用课外时间进行，但更多的必须安排在课内完成。课堂上，教师要安排一定时间，引导学生围绕前置性导学单进行尝试学习，并通过自学教材理清思路、习得知识。教师既然布置了作业就要尊重学生的劳动，在课堂上应尽可能提供机会让学生展示作业成果，让他们的劳动有所做也要有所用，这样的话，学生完成前置性作业的兴致才能得以保持，学生才乐于去做，才能在学习中取得更大的学习自信心。

数学阅读激发兴趣

张彦鹏

一、协同教学的兴趣导向

协同教学是我校的特色，其根本的目的是开展有效的课程结合更好地服务于课堂，让学生在学习的过程中进行有效地贯通，学科知识之间相互借鉴，相互依存。

数学这门学科，我们可以认为是一门工具学科，实用性很强，然而在协同中看似又不能很好与其他学科进行有效地整合，究其原因，或许是学科过于理性，所以我校在数学教学中加入了数学阅读。二期课改对学生的数学阅读能力提出了相当高的要求，也强调了要注重培养学生的数学阅读能力。而实际情况却是教师对于数学阅读的重要性认识不足，或虽有此意识却缺乏阅读方法的指导，学生的数学阅读能力长期得不到提升。很多教师开展数学阅读也比较困难，因为数学并不像语文、英语阅读一样富有吸引力，不能使学生自发产生强烈的阅读冲动。如果仅仅依靠物质环境，缺乏主动的心理需求，学生的阅读效果就会大打折扣，所以要激发学生的阅读兴趣，心理情境的创设尤为重要。在教学中要会发现问题，就学生感兴趣的问题进行阅读，因为每个人都会对自己不了解的事物感到好奇，基于这点我们只要巧妙利用好学生的兴趣点，开展有趣的数学阅读并不是难事。

二、案例呈现

（一）学情分析

对于四年级的学生来说，角的相关知识并不陌生，在二年级的时就已经掌握了角的定义，角的大小和它的比较，知道角度的大小与两条边线的距离的大小有关，而本节课的知识是要更加完善角的相关知识，例如角的度量单位、特殊的角等等。通过数学阅读来了解角与圆的关系，通过体验绕着射线的一端旋转而产生角，在旋转的过程中了解特殊角和区域角。

（二）协同的部分

1. 问题提出：为什么说把圆平均分成360份，每一份就是1度的角？

2. 引出：为什么说圆是360度？读数学。

3. 协同科学：解释圆是360度。

通过层层地教学，学生了解到一周就是360度，所以把圆平均分成360份，每份就是1度，看似这个过程很容易，其实有很多问题，为什么说圆就是360度呢？学生根本无法很好地解释，这也为数学阅读的引入创造了有利条件，在上课前我查询了相关资料并且打印分发给学生。

（三）数学阅读

为什么圆是 360 度

圆为什么是 360 度？为什么不是 300 度呢？大约在 6000 年前，美索不达米亚人发明了车轮。

他们很喜欢 60 这个数学，因为 60 很有用，又有很多的因素，用来进行基本运算或做生意都很方便。布拉克斯玛（Mary Blocksma）的《阅读数字》中提到，美索不达米亚人的这套 60 进位数字系统传到了古埃及，而古埃及则用这套系统把圆分成 360 度。360 度的圆对古埃及人来说非常好用。他们很喜欢正三角（等边三角形），而一个圆刚好可以容纳 6 个正三角形。由于圆刚好由 6 个内角都为 60 度的三角形组成，所以圆内角为 360 度相当合理。埃及人也发明了角度的符号，他们发明了一年 360 天的历制，和现代的历制只相差了 5.25 天。之后，使用 360 度的圆更通过了时间的考验，进而影响了时间的刻度。人们首次在圆面上记录时间时，就很自然地把每小时分成 60 分，每分钟分成 60 秒。

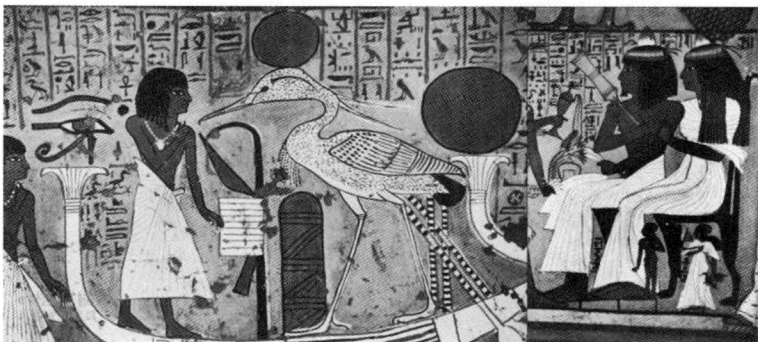

在这个教学过程中，学生的参与度极高，因为此时此刻的兴趣成为他们学习的原动力，每位学生参与其中，便于更好地开展有效教学。课间，我请学生进行朗读，其他同学带着问题去听，并且很快地找出了相应的答案，知道了古文明对数学的影响，在阅读的最后配有 PPT 的演示，利用天地的运转进行了讲解和说明，让学生更直观地知道了为什么圆就是 360 度，并与以前所学的知识进行了协同（一个圆可以容纳 6 个正三角形）。

课后年级组里的老师也采用了相同的方式方法进行教学，对圆进行了解读并且在课后练习中加入了在圆中画 6 个正三角形的步骤，充实了学习内容。

三、思考

数学阅读的核心在于理解，特别是面对教材中给出的抽象的结论、定义，如果仅仅依靠简单的读一读、背一背，则数学阅读只能停滞在文字的表面意义，无法深入展开，学生的数学思维便得不到提升，数学阅读的体验也无法拓展。所以，数学阅读时必须集中注意力，主动积极地思考，读后多想几个为什么？如《三角形》一课，读完"三条边都相等的三角形叫等边三角形，也叫正三角形"一句，我追问："同学们读懂了什么？等边三角形为什么又叫正三角形？'正'在这里表示什么含义？"学生由追问生思考，由思考发感悟。

当然在开展的过程中也有很多不足的地方，例如大多数学生并不会很自觉地去阅读，他们习惯了齐读和个别朗读，根据这一实际情况，在开展数学阅读时，应该注重学生的阅读心理变化，由读到想读这个过程是一个漫长的过程。其次就是阅读的点一定要抓好，在开展这种类型的教学时应该设计一个问卷，根据学生的需求和阅读点进行教学。

在平时的教学中，我常挑选出适合学生阅读能力的学习内容，把学生推向主动，在课堂中给他们充分的时间进行阅读，将原本的"先讲解后练习"改为"先阅读后讨论"，特别是当学生的自主阅读发生理解与操作上的困难时，注重以启发点拨为主，引导他们借由讨论交流解决问题。这样丰富了学生的学习方式，促进了学生在教师指导下主动地、富有个性地学习，真正实现把课堂还给学生，教师成为数学学习的组织者、引导者和合作者。

协同的目的并不为了某一门学科服务，而是为学生服务，实现各科知识的有机结合。对于数学来说，阅读是一个不错的选择，不仅使枯燥的数字变成了有趣的故事，激发了学生学习的兴趣，更好地服务于教学内容，而且对今后的数学学习也有很大的帮助。

协同教学，活力课堂

——以《三角形的分类（1）》的教学实践为例

夏倩韵

一、"活力协同教学"的特点

有活力的协同课堂能够全方位激发活力，全过程优化教学，全面提高课堂教学效益，最大程度实现师生的共同价值取向。简言之，就是让课堂"活"起来，让学生"动"起来。

二、具有活力的协同教学应具有的特点

1. 教学目标明确、多元，知识和能力、过程和方法、情感态度和价值观三维目标有机融合，教学方法科学高效。在课堂教学中不仅要关注学生基本知识与能力的掌握，同时还要注重教学方法，思考怎样让学生更好地掌握，学生从这节课中能够真正收获什么，对他今后的能力发展有什么帮助。

2. 加强生生合作，重视利用协同学习小组方式进行知识探究。从学生能力角度看，"授之以鱼不如授之以渔"，把整合好的知识直接告诉学生让他们记住，不如让他们通过自己的探索获取，这样不仅能将知识记忆得更深刻，还锻炼了探索与发现的能力、小组成员间合作的能力，一举三得。从课堂气氛角度看，教师的"满堂灌"看似"高效"，在短时间内灌输了很多知识，然而这样的课堂气氛沉闷，多数学生也无法集中精力，其实反而"低效"。反观利用协同学习小组方式进行知识探究的课堂气氛活跃，在讨论和实践中学生获取的知识记得更牢，看似"浪费"时间，实则获益良多。

3. 加强师生合作与分享，课堂民主、自由、开放，气氛活跃。教师在教学中应重视与学生的互动，多提问，多设置活动，彼此分享知识。学生们有着丰富的课外知识，在师生问答中常能碰擦出智慧的火花，在讲解题目时，有时学生提出一个新方法，确实打开了一种新思路，教师也从中学习到不少，真正做到了教学相长。在师生不断的互动中，活跃了课堂气氛，使课堂更加充满活力。

4. 有效开发、整合课程资源。各个学科中有许多分散的知识点，教师可以整合其中相关的知识点，调整教学顺序，打破学科之间的界限，把知识点化零为整，为学生打造协同课堂。

三、以《三角形的分类（1）》为例的活力课堂

《三角形的分类（1）》是二年级数学第二学期第六章几何小实践的内容，本节课中主要

运用了任务导向教学策略和协同学习小组策略。

新授部分，教师设置第一个任务——小组操作，测量 7 个三角形的三个角分别是什么角，为后面三角形的分类与命名做铺垫。通过协同小组分工合作，测量与记录 7 个三角形分别有几个锐角、直角、钝角，由组长记录在小组学习单上并汇报核对，由组长进行评价。

教师设置第二个任务——小组讨论，根据表格数据将这些三角形分类，协同小组讨论，通过在桌上摆一摆，黑板上贴一贴进行核对。

教师设置第三个任务——自学任务，通过学生自己看书学习，给三类三角形命名为锐角三角形、直角三角形和钝角三角形，通过进一步检验，巩固三类三角形的定义：有一个角是直角的三角形是直角三角形，有一个角是钝角的三角形是钝角三角形，三个角都是锐角的三角形是锐角三角形。

跟进练习快速判断三角形后，教师设置第四个任务——小组讨论，协同小组讨论有什么快速判断三角形的好方法。通过学生交流得出：三角形中最大的角是什么角就是什么三角形。通过观察发现，一个三角形中至少有两个锐角。

教师提出问题：是否存在有两个或两个以上的直角或钝角的三角形？并设置第五个任务——画一画，学生在个人学习单上试着画，通过操作发现：一个三角形中最多只有一个钝角或直角。

四、活力课堂的优点与不足

在本节课中，任务导向策略贯穿于整节课，通过一个个任务促使学生不断探究。首先，让学生通过小组合作将三角形分类，因此在课前设计了小组学习单。因为考虑到学生年龄较小，如果让他们直接分类，可能产生多种不同可能性，而每个人都单独操作，所花费时间较长，与本课重点相悖，因此采取协同小组合作的方式，利用三角尺的直角测量出 7 个三角形分别有几个锐角、直角、钝角。全班核对后由组长进行评价，全部填写正确得😊；错 1—3 个得😐；错 4 个或以上得☹。通过组内的自评调动学生的学习积极性。教师继续设置任务，小组继续合作，根据表格数据将三角形分成 3 类：①三个锐角 ②一个直角，两个锐角 ③一个钝角，两个锐角。在接下来的三角形命名阶段，教师设置任务，让学生看书自学，然后再考考学生，加快了节奏。

接下来的快速判断是跟进练习，掌握了概念，判断对学生来说基本没有问题，但要他们说出判断的好方法时，担心他们不一定能说得出，因此设置了协同小组讨论环节，最后由教师总结并加以验证。结合表格数据，学生总结出：一个三角形中至少有两个锐角。教师引导学生说：一个三角形中最多只有一个直角或钝角，那么会不会存在这样一种三角形有两个或两个以上的直角或钝角呢？教师设置任务，通过在个人学习单上画一画，学生发现是不存在的，进一步验证：一个三角形中最多只有一个直角或钝角。因此三角形按角可分为三类：锐角三角形、直角三角形和钝角三角形。

　　本课也存在一些不足之处，需要在后续的教学中加以改进和完善：没有提前预估好学生可能出现的错误。在书上练习分一分这个环节，个别学生有错，讲解错题时应该提前设计好，点一下这个三角形就会出现 PPT 动画三角尺，让学生看起来更清晰。一节课的教学，重在引导学生动手操作，通过小组合作，将三角形进行分类；通过学习单，让学生带着问题去动手操作、观察、推理、验证、归纳；引导学生自主探索、合作交流，在交流中发现问题。

　　在数学学科中，我认为几何部分的教学特别适合运用任务导向策略和协同小组策略相结合的方式，例如二年级下学习的角、三角形与四边形等。而计算部分的教学则更适用前置学习策略与协同小组学习策略相结合的方式，如二年级下学期的相差多少、位值图上的游戏、时分秒等。在今后的协同教学中，我认为不仅是在公开课的教学，在平时的课中也可以通过设置小组学习单和个人学习单的方式结合评价，提高学生们的学习积极性。

协同教学让数学插上艺术的翅膀

曹卿卿

一、协同教学的含义

所谓协同教学，是由不同专长的教师组成教学小组，协同指导学生的一种教学方式。《小学数学课程标准》指出："数学应更加广泛地应用于社会生产和日常生活的各个方面。"因此，协同教学在数学课堂中的应用是基于课标，也是时代发展的必然趋势。

学校第八期规划中提出了"GREEN协同教学"的目标，"GREEN"即满意、和谐、努力、活力和规范。小学数学活力课堂的构建主要体现在诱发学生的求知活力、启导学生的构建活力、开掘学生的思维活力、强化学生的乐学活力这四个方面。活力课堂，是注重过程与方法设计的智慧课堂，不仅注重知识与技能目标的落实，更注重学生素质与能力发展中活力的诱发。

二、活力课堂是教书育人的高效课堂

（一）策略选择：前置学习

《轴对称图形》是三年级第一学期"图形与几何"的一个内容，是学生新接触的一个知识点，而它又广泛蕴含在大自然中，为学生的认知奠定了感性基础。让学生学习有价值的数学，让学生带着问题、带着自己的思想进入数学课堂，对于学生的数学学习有着重要的作用。而前置学习的目的，就是让每个学生带着有准备的头脑进入课堂。因此我在课前布置了前置学习内容：请学生利用课余时间找一找身边的轴对称图形，可以把它拍下来、画下来。任务一布置下去，学生那里就展开了激烈的讨论，他们有的利用已有经验和知识，有的咨询父母长辈，有的利用网络了解"轴对称"的概念。可想而知在教学反馈时可谓是"活力无限"，学生纷纷展示自己带来的作品、照片，争先恐后地交流自己对轴对称图形的认识，利用已有的观察能力和动手操作能力，有效地完成动手实践活动。

（二）调整教学设计

本着"简单、根本、开放"原则，设计能让每个学生都感觉到好学即"简单"；设计能切入学习的核心即"根本"；设计能让不同层次的学生得到不同发展即"开放"，使课堂学习更具有针对性、实效性，从而提高课堂学习效率。而在以往的数学课堂中，教师往往会根据教学内容、大纲要求制定教学目标，忽视了学生的学情现状，把宝贵的课堂时间花在了学生已经掌握的知识上面。有了前置学习策略，就能让教师充分了解学生，提升课堂效率，对于课堂教学起到了事半功倍的作用。

根据前置学习反馈，学生能通过多种途径认识轴对称及其特征，所以在课堂中应及时调整教学设计。①数学概念："轴对称""对称轴""两边重合"要落实到位；②从生活中的图形过渡到几何图形，找它们的对称轴，这也符合学生的认知规律；③解决有些"轴对称图形"不只一条对称轴的现象，为后续的协同美术打下基础。

1. 引入

出示视频：轴对称"蝴蝶"的制作方法。

2. 新授

（1）出示蝴蝶，大家看看它有什么特点？

（左右两边完全一样）

（2）揭题。

像这样对折以后两边可以完全重合的图形叫作"轴对称图形"。那么刚才那条折痕呢？就是对称轴。

（板书：轴对称图形对称轴）

（3）操作、辨别图形。

① 折一折，辨别下列图形是不是轴对称图形？

M Z

② 说一说：为什么？

当我们沿着一条直线对折后，两部分能完全重合，所以它就是轴对称图形，折痕所在的直线就是它的对称轴；无论怎样折，都不能做到完全重合，所以它不是轴对称图形，也没有对称轴。

③ 如何画对称轴。

④ 跟进练习。

（4）判断下列图形是不是轴对称图形。

（5）画出下列图形的对称轴。

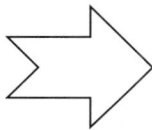

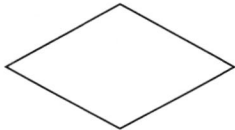

3. 联系生活

（1）你还知道哪些轴对称图形或者在生活中你看见过哪些轴对称图形。

（2）欣赏。

（三）活力课堂在协同教学中得到升华

至此，数学课暂告段落，将课堂教给美术老师。在美术课中，学生根据在数学课中学到的"轴对称"的知识，发现了艺术图案中的规律。它们的美源于"有规则"，是一种规则的美。经过美术老师的精心点拨，学生们制作出了具有"轴对称"元素的精美图案。原本的几何图形知识比较枯燥、乏味，但当它插上艺术的翅膀后，却是那样的绚烂夺目。

三、反思与改进

《轴对称图形》这一课从课前的前置学习，到课堂中的探究新知，再到美术课的艺术创造，无不渗透了"活力"二字。在课前的准备阶段，对于学情分析要准确到位，根据学情适时调整教学设计。在课堂上，适当的多媒体技术可以为学生创设丰富多彩的教学情境，充分调动学生的学习积极性，使他们主动参与教学过程，实现活力课堂，从而提高学习效率。

当然，对于由两位或两位以上不同专业的教师共同参与的协同课，在课前集体备课显得尤为重要和必要，教师们可以通过课前的备课充分了解共同的教学内容，根据自己的学科选择切入点，多角度展示知识的多面性，拓宽学生的视野，打开学生的思维空间，提高学习能力。集体备课不仅能促进教师的交流与沟通，而且可以让彼此间的课联系得更加紧密，避免教授的内容有重叠，提高课堂效率。对于教师而言，集体备课不仅是教学的过程，同时也是自我学习、自我提高的过程，通过与其他学科的融合，加深对原有知识点的理解，真正体现了教学相长。

领略协同教学带来的魅力课堂

姚健秀

一、认识协同教学

"基于小学生协同学习的教师教学策略研究"是我校协同教学研究的第三期主题。在这一主题下，我们围绕学生的协同学习，建立了教师协同学习小组，针对性地学习了前置学习、任务导向等教学策略。在探究过程中，我更加深入地了解到协同教学的内容。协同，不能简单地定义为以四人一组的形式进行小组讨论，其核心是每一位组员都应该在小组中担任一定的角色，发挥自己的长处，通过分工合作共同达成目标，真正地让协同教学发挥作用，帮助学生提高学习积极性，更多地融入课堂，成为学习的主体。教师通过运用高效的协同教学，创造活力课堂。

所谓活力课堂，是教师通过目标明确、多元的教学，让所有学生参与课堂活动，激励学生自主参与、探究，从而进一步提高学习效率的课堂。此外，教师通过异质分组教学，充分发挥学生特长，帮助他们取长补短、共同进步、提升学习能力，培养学生的数学素养。活力教学也是能力教学，教师不仅仅是传授基本的公式与解题技巧，满足学生日常计数、推理的需要，还要锻炼学生的思维水平，形成严谨、缜密的逻辑思维能力。

二、创造活力课堂

（一）教学背景

《通过网格来估测》是沪教版小学数学四年级第一学期第六单元《整理与提高》中的一个内容。对数量较大的计数对象来说，计数是一件费时又费事的工作，但生活中却经常会碰到类似的事情。对于这种常见的数学生活问题，我们希望学生能够用已知的数学知识来解决。从思维水平和现实意义来看，网格化是我们现在管理上很流行的一种管理思想，它通过空间上的划分与整合，有效地提高了管理效率。同时，估测这一数学能力也是我们小学数学核心素养之一，我们希望学生能够通过本课的学习，学会运用网格这一工具来进行数据估测，提高估测能力，并且使其在活动中既感受到数学是有趣且有用的，也能深切体会到网格化管理的思维特点。

（二）教学基础

学生已在二、三年级分别学习了《条形统计图》，接触了统计思想，能初步感知数据统计的结果可以为生活提供更好的保障；在三年级第二学期《树叶的面积》中知道能用数方格的方法，通过"大于等于半格的算一格，小于半格的可以不算"的思想去估测出不规则平面图形的面积。因此，学生对于网格并不陌生，对于估测的方法是有知识基础的。从学生的学习心理出发，四年级学生的思维形式由抽象思维过渡到可以进行复杂的分析。我们可以运用该知识的学习，发展学生的概括、对比和分类等抽象思维能力。

因此，基于上述考虑，本节课的落脚点主要放在让学生体验网格的方法来达到估测的目的，继而了解网格估测统计数据的方法在生活中的意义。

（三）教学策略

教师通过马拉松比赛的情境引出可以"通过网格来估测"的思想，并请学生同桌讨论来列举出估测方法，分别是"分一分，数一数，算一算"。在关键的体验环节，我运用了任务导向策略，分发给每个协同学习小组"小组学习单"，请他们选择一个认为最合适的方案，再通过数一数、算一算来解决问题。

（四）教学过程

1. 创设情境，引发兴趣

（1）数据对比，初步感知。

通过上海马拉松参赛选手人数统计、上海景区实时人数统计，初步感知生活中数据统计的作用。

（2）生活情境，揭示课题。

当我们无法得到精确数据时，就要用另外的方法来快速估测大致数据，这也就是我们今天要学习的《通过网格来估测》。

2. 动手操作，探索新知

探究一：思维碰撞，初步探索估测方法。

（1）思考：你打算用什么方法快速估测大约有多少人？

（2）归纳方法：分一分、数一数、算一算。

探究二：方案筛选，深入研究估测方法。

（1）小组合作，选择合适的方案进行估测。

（2）小组汇报，完善估测方法。

分一分：划分成同样大小的格子。

数一数：一格有多少人。

算一算：乘上格数。

探究三：恰当选择，细化使用估测方法。

（1）思考讨论。

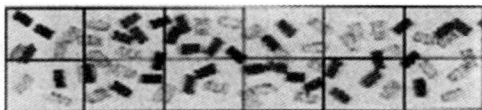

应该选择怎样的格子进行估测？说说你的理由。

（2）针对练习。

书 P97/2 你肯定不会选哪格？

（3）归纳小结。

3. 生活应用，感悟提升

（1）书 P98/3 显微镜下的红血球，先通过左上格来估测，再通过右下格来估测。

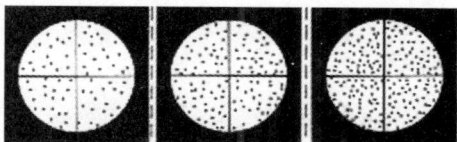

（2）书 P98/5 下图是十月长假某高速公路上某段的交通状况。

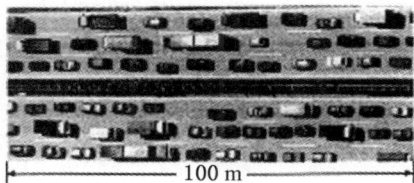

100 m

① 通过给出的图片，估一估 10 千米内共有多少辆车。

② 假设平均一辆车中有 4 人，大约有多少人在车上？

4. 梳理总结，分享快乐

网格估测法在生活中也是广泛应用的，数据采集统计能为我们的生活提供更好的保障。

三、反思协同教学的价值意义

为了呈现协同教学最好的效果，创造出真正充满活力的课堂，我进行了多次试教，不断地发现问题、分析问题，最终解决问题。这是一个漫长曲折的过程，需要教师深入进行探究。最初的问题是教学过于形式化，以至于学生配合度低、积极性差，各个小组的进度差异过大。结果各部分之和的效果并没有大于整体，反而出现零散、混乱的状况。我深刻反思了所出现的各种问题，领悟到创造活力协同课堂首先要从合理分工、明确职责开始：首先要选出具有领导作用的组长，赋予一定的权力，再根据组员不同的性格能力分配相应的任务，完成任务后，组内进行信息的整合，最后由组长上台汇报；其次是要明确"任务导向"，确保每位学生对于教师所讲问题理解准确，准确掌握所需要的信息后，才能更加有针对性地进行实践。这次试教的教学效果十分显著，课堂秩序井然，气氛活跃，同学参与度高，高效地完成了任务。

通过这节课的教学，我发现了协同学习小组以及协同学习中的任务导向策略的魅力。协同教学不仅发挥了学生们各自的优势，同时促进了同学间的友谊，可谓一举两得。学生们通过自己动手解决问题的经历，掌握了高效的学习方法，提升了解决问题的能力。接下来，我会尝试选择更加多元化的协同教学策略，进一步打造富有特色的活力课堂。

协同教学，让数学课堂焕发活力

郑　敏

一、新课程呼唤活力课堂

"以学生发展为本"是新课程的基本理念，它倡导学生主动参与、乐于研究、勤于动手的学习方式。这就要求教师在教学过程中要"以学生为主体，以学生为中心"，让学生在课堂上成为学习的主人，形成一个有"活力"的课堂，使学生在课堂中开心专注地学习。学校这几年来一直在研究协同教学，提出了多种协同教学的策略，其目的就是要打造具有活力的课堂教学。

那怎样的教学才是具有活力的呢？我认为，具有活力的教学首先是教师的教与学生的学的统一，强调师生间、学生间动态的信息交流，通过信息交流实现师生互动，相互沟通、相互影响、相互补充，彼此形成一个"学习共同体"。其次，具有活力的课堂教学是突出学生的自主地位，强调学生是一个个具有主观能动性的人，课堂上学生能带着自己的知识、经验、思考、灵感、兴趣参与学习活动，使学习过程更多地成为学生发现问题、提出问题、分析问题、解决问题的过程。第三，在具有活力的教学中学生的思维活跃度高，能够举一反三，不断深入钻研问题；思路开阔，将课堂所学的知识与社会生活相联系，赋予教学内容生动的内涵，具有创新性思维，打破固有的思维模式，从新的角度出发得出结论。

二、协同教学打造活力课堂

有"活力"的课堂是学生真正需要的，也是教师真正想要的课堂。那在教学中，如何使教学更具有活力呢？下面我通过一则教学实例来具体呈现活力教学的效果。

（一）策略选择——任务驱动

《长方体和正方体的复习》这一教学内容是五年级第二学期《总复习》单元中《图形与几何》中的一部分。教材通过对长方体和正方体知识的整理复习，让学生熟练掌握其中体积、表面积等的计算。对于这样一堂复习课，我希望能让学生通过复习既在知识上得到完备和丰富，达到"温故而知新"的目的；又在思维品质、解决问题能力和创新能力上得到发展。由此，我想到了运用协同学习的任务驱动策略来进行教学，"任务驱动"就是一种建立在建构主义理论基础上的教学策略。数学教学中的任务驱动，是指学生在学习过程中，以解决一个个数学任务为目的指向，通过思考、探索完成任务的一种学习方式。教学中我通过情境的创设，将所学的知识与问题的解决结合在一起，让学生在解决问题的过程中，自主地对所学的知识点进行整理复习，从而建立起各知识点之间的联系。

（二）教学过程设计

1．教学背景

最近，学校四年级学生正在开展"爱心、奉献、创新——学开公司，学做 CEO"的系列活动，在今天的数学课上，我们也来设计一个我们的产品——环保文具盒。（出示）

纸片	20×5	8×5	20×8	8×6	5×5
张数					

2．布置任务

教师准备好相应的材料，以同桌两人合作的形式，从这些材料中自主选择所需的材料来制作一个长方体或正方体的文具盒。要求在表格中记录下所需材料的张数，然后画出简图，并计算一下文具盒的大小以及不计接头和损耗所需的材料大小。

（1）分组合作，完成任务。

（2）汇报交流。

组①：

纸片	20×5	8×5	20×8	8×6	5×5
张数	2	2	2		

问：你们为什么选择这三种尺寸的纸片？（复习长方体棱的特征）

　　为什么每种纸片要选两张？（复习长方体面的特征）

　　你们制作的文具盒大小是多少？需要多大的纸？

组②：

纸片	20×5	8×5	20×8	8×6	5×5
张数	4				2
		4			2

问：说说你们的想法？（复习有两个面是正方形的长方体特征）

组③：

纸片	20×5	8×5	20×8	6×5	5×5
张数					6

3. 汇报交流

在整个设计文具盒的活动过程中，小组成员分工合作，积极投入，完成度高。学生通过动手实践，可以直观地体验到长方体和正方体面、棱的特点，结合教学知识点，运用正确的计算公式得出长方体和正方体的体积、表面积。

4. 归纳整理核心知识点

特征	长方体	正方体
相同点	有 8 个顶点、12 条棱、6 个面	
不同点	12 条棱分三组，每组 4 条棱长度相等，相对的两个面完全相同	12 条棱长度相等，6 个面完全相同
体积（容积）	$V=abh$	$V=a^3$
表面积	$S=2（ab+ah+bh）$	$S=6a^2$
棱长之和	$4×（a+b+h）$	$12a$

三、活力教学的深入思考

（一）确立主体地位是打造活力数学课堂的基础

复习课是小学数学教学中的基本课型之一。传统的数学复习课往往是旧知识的简单再现和机械重复，以教师的讲解和学生的记忆作为教学的主要方式，结果是学生乏味、教师疲惫。数学课程标准指出，教师在教学过程中要通过教学情境的创设，以任务驱动学习，激活学生的已有经验，指导学生体验和感悟学习内容。所以在本节课中，我改变了传统的复习课模式，在学生已有知识的基础上，以"情境问题"为载体来搭建复习平台，让学生在解决问题的过程中"不由自主"地对各个知识点进行梳理和构建。任务的布置，把数学课堂变"教"为"导"，使学生有了思考的"本源"，学生在动手"做"数学的过程中，思维得到了发展，能力得到了提升。

（二）唤醒主体意识是打造活力数学课堂的保证

日常教学中教师们常存在着这样一个困惑：课堂提问局限于学生的参与程度，随着学段的升高，学生的参与积极性逐渐下降，课堂教学由于学生参与程度不足而效率低下。学校的协同教学则有效地解决了这个问题，任务驱动型教学促使每个学生积极参与，自由表达自己的观念和想法，与同伴进行交流和讨论，这样就最大限度地降低了学生课堂学习的"思维惰性"，使学生积极参与到学习中，自主地去体验、探究学习的过程，提高了课堂的实际效果。

活力，在绿色协同中绽放

周　琦

一、让活力点燃课堂

我校的协同教学研究活动开展至今，已经取得较为显著的成果，研究目标从跨学科主题式的协同的单一维度逐步过渡到学生间小组学习的协同的多个维度。这一过程，深刻地体现了我们的课堂坚持"以学生发展为中心"的课程理念：从注重教师的教，向聚焦学生的学这一高效地转变，充分尊重学生的主体地位，强调学生的主动性与积极性。教师的角色也发生了较为明显的转变，教师从主导者转变为学生课程学习的帮助者、指导者与协调者。教师在课堂上不仅传授知识，更重要的是传授给学生学习知识正确的方法和途径，引导学生自发主动地去学习和探究。

我校致力于打造的绿色协同课堂，正是给教师和学生提供了这样一个平台，给教与学赋予了丰富的内涵，注入了蓬勃向上的生命力。教师的教不再是一个人的倾情奉献，学生的学也不再是个人的孤军奋战，教与学通过协同课堂紧密地连接在一起，融为一体。老师带领着学生攻破学业上的难关，学生们团队合作，携手打造一个充满活力、充满激情的课堂。教与学在这样的课堂中碰撞出耀眼的火花，活力在课堂中得以绚烂绽放，并为教学活动助力添彩。

二、教学案例

（一）以牛津英语五年级下册的一节随堂课为例

1. 教师在课前的 Pre-task 环节和课后的 Post-task 环节都设计了协同小组学习的教学环节。

2. 课前准备：适当调整座位，将班级所有学生分成 9 个学习小组，每个小组安排固定的记录员和汇报员，小组其他成员进行协调与补充。

3. 教学目标：学习蝴蝶的生长过程。

4. 教学活动：在本课的 Post-task 环节，每个小组设计一张蝴蝶或其他小昆虫生长过程的小海报。

5. 教学任务：学生可以在海报上画出小昆虫的几种不同的生长阶段，写出关键词，结合书上所学的句型，对其进行完整地描述。

6. 学习形式：学生们以协同小组为单位展开学习，教师在教室中巡视并进行适时的指导。

7. 教学过程：小组成员通力协作、各司其职、分工明确。小组各成员分别进行绘画、写关键词、复述课文以及补充说明。最后汇报员进行统一的整理。

8. 教学效果：学生们热情高涨，积极踊跃地参与课堂，课堂气氛十分活跃。

9. 汇报交流：选择部分小组进行代表展示。

（二）总结

1. 教师充分的备课是实施绿色协同教学的前提保障

在设计以绿色协同为特色的活力课堂教学时，教师的第一步就是要进行充分细致的备课，在备课过程中，教师要依据科学理论，运用合理高效的协同学习策略来设计教学环节。在教学环节的设计上，教师要考虑到可能出现的问题，准备好应对的方法，运用教学策略让协同小组高效地运作并能充分发挥学生各自的作用。教师的精心思考与准备，将会引导学生以最好的精神状态投入课堂学习中，营造活跃的课堂氛围。

2. 科学合理的学情分析是促成协同课堂绿色高效的重要因素

在协同课堂上，教师需要根据班级中学生的学习水平和能力制定相关的教学目标，设计相应的教学流程，并且要对协同学习小组进行分配和设置。要让协同学习小组真正地发挥作用，科学合理的分组是必不可少的。教师可以基于平时对学生的观察与了解，根据每个学生不同的个性特征，合理地安排学生的职务。比如，性格开朗、思维清晰的学生可以担任汇报员；踏实认真、做事谨慎的学生可以成为记录员。除此之外，同一个协同学习小组中，教师还要充分考虑将不同的学习基础和学习能力的学生进行搭配，这样可以在某一个教学任务的实施过程中，学生们相互帮助、取长补短，特别是让在学习方面有困难的学生通过同伴之间的帮助和指导，也能积极参与课堂中简单的学习任务，积累到一定的学习经验，并且获得学习的成就感。我认为，科学合理的协同小组分配，不仅能够使教师设计的教学任务顺利完成，而且能让学生们相互合作，充分调动学生的学习积极性，让整个课堂高效地运作，让教师和学生都能在绿色课堂中真正"活"起来。

三、让活力常伴师生

通过绿色协同课程之活力课堂的开展，教师和学生们亲身感受到这种学习方式所带来的"魔力"，在课堂中真正地实现了自身的价值。教师发挥了引导者的作用，指引学生合作学习；学生们积极主动地展示学习成果，课堂氛围轻松活跃。教师深刻领会到学生呈现出这种对课堂、对英语的热情和投入，远远比他们在交流和分享时可能有的些许错误要重要。作为教师，在看到学生们能够扎实地掌握知识的同时，其实更加希望看到他们对知识的学习充满渴望与热情。看到学生们对于课堂学习的主动投入，我心里亦是无比欣慰与喜悦。

绿色协同教学转变了教师的教育理念，注重学生个性发展，尊重学生主体地位，促进教师专业技能和研究能力的发展，教师深入钻研教学方法的科学性和合理性，更重要的是带给学生充满活力、充满乐趣的课堂。由于教师的充分备课和科学合理的学情分析，我们做到了让活力在绿色协同课堂中绽放。绿色协同教学同时也教会学生们运用小组的智慧来分析问题、解决问题，明白了合作的重要性，在以后的学习成长过程中，绿色协同课程将是他们学到的最宝贵的财富。我相信，只要我们坚持不懈地走在绿色协同的路上，就一定能给学生一份难忘的、受益终身的教育。

低年级民族音乐"活力协同教学"的实践研究

任　李

"活力"是一个非常年轻的概念。由于国内外都没有过专项研究，这导致人们对活力的认识也不同：既有把活力看作情感的，也有把活力当作积极情绪和心境状态的。《现代汉语词典》将"活力"解释为：旺盛的生命力。活力用英语表示为"vigor"，意为身体或精神上的力量或能量。目前约定俗成的活力涵盖了以上两种解释，包括：个体感到他们拥有的体力、情绪能量和认知灵活性三方面内容。活力由三个维度的能量组成，即体力、情绪能量、认知灵活性。就低年级音乐学科而言，在音乐课堂中注入"活力"，也就是教师运用各种多元化的教育教学方式，注入丰富的教学资源，调动与养成学生之间与师生之间良好的表达情感的能力，在音乐学习的过程中提高学生的音乐审美能力以及在音乐活动中创新创编活动的灵活性。

一、背景研究

在学校大课题的引领之下，我们音乐学科课堂教学已注入民族音乐这块丰富的资源。《李岚清教育访谈录》一书中说道："中国民族音乐是我国传统文化的一个重要组成部分，是中华民族文化宝库中珍贵的财富。"我们国家的民族音乐文化源远流长，她凝聚着中华文明的伟大精神和艺术精华，体现着中华民族的意志、力量和追求。在小学的音乐教育中，它被赋予了更加重要的意义，即让学生从音乐课堂开始了解我们国家 56 个民族的风土人情、人文情怀、歌舞特点、音乐韵味，让我们的音乐课堂更加具有新鲜的生命力与灵动性。

民族音乐进入低年级教学实践，将丰富与创新我们的课堂教学。那些对于音乐学科核心素养具有积极作用的教学方法，将得到更为广泛的运用。秉承音乐学科核心素养的要求，注入民族音乐这块丰富的瑰宝，使得音乐课堂充满生命活力，才能让学生以更高的兴趣和热情投入音乐学习，使学生真正在音乐课中获得更多的知识。

二、民族音乐融入音乐课堂的实践研究

以下是以沪教版《唱游》二年级上册中蒙古族《走进蒙古舞蹈》的拓展课堂为例，谈谈课堂教学中的实践与感受。

（一）新颖的课堂导入，激发音乐课堂的生命力

在第一课时的教学中，学生已经学唱了歌曲《草原就是我的家》，这第二课是我们在课题研究中对资源的拓展，主要是向学生展现蒙古舞蹈的各种魅力，从舞蹈的导入中让学生初步感受蒙古舞蹈的基本特点。在一二年级的学生中，总有一些是学习了民族舞蹈的，那么在教师的引导之下，导入则是以歌曲《草原就是我的家》作为音乐背景，让有舞蹈特长的学生展

示自己的舞蹈语汇。学生一边唱歌一边舞蹈，大家在歌舞声中进入这一课堂。

（二）多媒体的利用，让音乐课堂焕发生命力

让学生了解蒙古舞蹈的基本动作含义，还是离不开诸多图片与视频的加入。在课堂第二环节中，我们要去了解蒙古舞蹈动作的含义。比如：胸立腰，上身略后倾，后背略后靠，仰头，颈部稍后枕。目光远视、气息下沉、稳重端庄是蒙古族女子舞蹈的审美特征。手型：四指伸直、并拢，拇指稍翘自然旁开，五个手指在一个平面内，形成"板手"。脚型：既不勾脚也不绷脚，既不外开也不向里收。

（三）视听歌舞联动，让音乐课堂充满生命力

教师用文字说明的同时，结合图片让学生更加直观地了解每种舞蹈的特点。

1. 盅碗舞

盅碗舞一般为女性独舞，具有古典舞蹈的风格。舞者头顶瓷碗，手持双盅，利用富有蒙古舞风格特点的"软手""抖肩""碎步"等舞蹈语汇，表现盅碗舞典雅、含蓄的风格。

2. 筷子舞

筷子舞以肩的动作见长，一般由男性表演。舞者右手握筷，不时击打手、腿、肩、脚等部位，有时还击打地面（或台面）。在表演形式上由单手执筷子发展为双手执筷子，肩部、腰部、腿部的舞蹈语汇也更加丰富。因此该舞蹈显得欢快、明朗、新颖，淋漓尽致地表现了蒙古族热情、开朗、剽悍、豪迈的民族个性。

3. 安代舞

舞蹈动作有甩巾踏步、绕巾踏步、摆巾踏步、拍手叉腰、向前冲跑、翻转跳跃、凌空踢腿、腾空蜷身、左右旋转、甩绸蹲踩、双臂抡绸等。这些优美潇洒的动作，融稳、准、敏、轻、柔、健、美、韵、情为一体，形成了盛大的狂欢场面，把美和对美的追求推向了极致。

通过对舞蹈视频的欣赏，学生更加清楚地了解到蒙古舞蹈的分类以及每个舞蹈种类的意义。

三、民族音乐融入音乐课堂的策略研究

这一环节是学生通过欣赏与认识蒙古舞蹈之后，经过辨别，又一个自我合作与创新的过程，也是整节课的难点。教师作为示范与引领，给孩子们示范几个规范的舞蹈动作，在大家共同学习舞蹈的基础上，给学生一个指令，完成八小节旋律的舞蹈动作的组合与连贯性。由此也就涉及充分利用小组合作，攻破舞蹈学习难点的协同教学策略。

音乐课堂教学应当兼顾教学的个体性与集体性特征，应当把个别化与人际互动有机地结合在一起。因此，在开展小组合作学习时，教师应把握时机，激励更"多"的学生参与到合作学习中来，同时为学生创造更"多"的进行探究、合作的时机。

把握好合作时机是提高音乐课堂小组合作学习效果的良好途径。合作理论认为：合作的价值就在于通过合作，实现学生间的优势互补。因此，教师要合理选择合作的时机。合作要适时，一般可放在以下几个环节开展：

1. 遇到困难时开展小组合作学习

合作能提升人的能力，能形成集体的智慧，但应留给学生一定的独立思考时间，等学生有了自己的想法后再开展讨论。这样，才能培养学生独立思考的好习惯，才能达到合作学习的最佳效果。

2. 根据队形编排需要开展小组合作学习

当问题有多种答案或多种表现方式时，可引导学生进行小组合作。例如：在学习舞蹈动作之后，让学生用动作、表情等自由的方式创编表演，这时的合作表演能让每个学生相互交流、相互学习、相互促进。

3. 发挥小组讨论评价的积极性

首先，对合作学习的评价，要以激励为主，强化学生有效的合作学习行为，促进学生今后更加有效地合作学习。其次，对合作学习的评价，要以小组评价为主，评价合作学习小组的学习质量和数量、合作过程和效果，并对有效合作、成功合作的小组进行表扬和奖励，把个人之间的竞争变成小组之间的竞争，从而让学生认识到相互合作、共同进步的意义。但教师应适当关注小组成员，对于小组中的闪光点应及时给予表扬，对一些平时不主动参与的学生偶尔的好表现进行及时的表扬，激励他们将偶尔变成经常。

4. 采用不同的合作方式达到更好的效果

改变以往的小组合作方式，在请学生以小组讨论的形式谈谈对乐曲的感受时，让学生采用"任务分割，结果整合"的方式做到人人参与。有的可以从情绪上谈，有的可以从速度、力度上谈，有的可以从节奏、旋律上谈，指派一名学生记录大家的发言，然后代表小组在全班进行交流。这种方法可以使学生遇到困难时互相帮助、协同作战、共同成功。小组合作学习是新课程理念下学生的一种重要的学习方式。作为一线音乐教师，在新的课程环境下，我们应当时刻把握以学生发展为本这根主线，充分利用小组合作学习的力量，使我们的音乐课

堂教学焕发出生命的活力。

四、课题引领下的体会与感受

蒙古族舞蹈久负盛名，蒙古人有了高兴事就要跳舞。蒙古族舞蹈最鲜明的特点，就是节奏明快，在一挥手、一扬鞭、一跳跃之间洋溢着蒙古人的淳朴、热情、勇敢、粗犷和剽悍，表现了他们开朗豁达的性格和豪放英武的气质，具有强烈的民族特色。说蒙古族是以歌舞为伴的民族一点都不为过。

由于许多小学舞蹈教师误认为舞蹈教育只是一种技能教学，教师只要传授表演技巧，而学生则只要模仿舞蹈表演动作就可以了。殊不知，舞蹈艺术不是机械的技巧表现，而是情感的载体，艺术修养的不足只会导致表演实践难以找准方向。事实上也是如此，学生的舞蹈修养在一定程度上会影响到他们对于舞蹈的感悟和理解，影响到他们的艺术表现力。因此，即便是小学阶段，舞蹈教师也必须努力去提高小学生的舞蹈艺术修养，帮助他们深入理解舞蹈，进而提高舞蹈表现力。这就需要在教学实践中，一方面要重视提高小学生的综合文化素养，增强舞蹈作品的文化表现；另一方面要重视提高小学生的舞蹈理论知识。每一门舞蹈艺术都有其特定的文化内涵，每一个舞蹈动作都蕴含着一定的意义，这就需要对舞蹈知识有一定的了解。因此，在舞蹈教学过程中，教师应该利用不同的方式帮助学生认识和理解相关的舞蹈理论知识，帮助他们在舞蹈表现时可以更好地诠释其艺术内涵，进而提高自身的舞蹈表现力。让民族舞蹈与孩子们更加亲密接触，让我们的课堂展现出更加五彩的活力与灵动。

构建活力协同课堂，唱响小组协作韵律

陈　萍

《全日制义务教育音乐课程标准（实验稿）》指出，要改变过去音乐教师单向灌输知识，学生被动接受的教学模式。由此，我们更应提倡快乐体验、亲身模仿、大胆探索、充满活力的合作及综合的、充满活力的教学过程和方法，强调学生在教学活动中的主体地位，创设便于师生愉悦交流的教学环境，建立平等互动的师生关系，启发学生在不断地亲身体验或模仿的过程中，怀着探究的兴趣，变被动学习为主动学习。

由此看出新课程标准要求我们培养学生的审美能力，那么怎样才能够有效地做到这一点呢？除了教师要研究新的教学方法和手段，注重三维目标的培养外，我认为通过丰富多彩、充满活力的小组协同学习也是很直观有效的一种学习方法。如果能够根据教学内容配合课堂环节，有效地加入具有活力的协同小组学习，通过不同课程间的协同教学以及学生之间的相互协作学习交流，可以更好地提高课堂效果，培养学生热爱音乐的兴趣，对其人文精神的培养和情感体验的丰富也有很好的作用。

一、音乐与其他学科的巧妙合作

学生由于其心理年龄的特点，对直观事物的感受和印象比较深刻，特别是对低年级的学生来说，要让他们喜爱音乐课，感受到音乐的美，并且能够理解音乐所表达的内容和情绪，光靠教师的讲解以及对媒介的聆听是远远不够的。那么就更要不断地、积极地创设情境，让学生在课堂中亲身感受音乐所带来的情感体验，从而更积极地投身到各种音乐活动中，在丰富的活动中提升音乐知识技能，从而达到审美育人的目标。

我在教学中逐步摸索出一套"协同小组合作教学"的快乐课堂教学模式。"小组合作教学"，即是把一个教学班的学生按照异质、均衡编组的原则分为若干个学习小组，并根据学习课型的要求把学生编成正方形、圆圈形、马蹄形、小型合唱队等队形，同时有计划地向这些小组提出一定的学习要求，指导小组成员在各种独立学习研究的基础上，通过互相帮助、共同探讨解决问题，掌握音乐知识和音乐技能，提高审美能力的一种方法。

那么，这种模式究竟如何操作呢？下面我以二年级音乐下册中的傣族歌曲《金孔雀轻轻跳》一课与语文中《美丽的西双版纳》一课进行协同教学，来谈谈自己的具体做法。

（一）复习引新

这一阶段应当做一些与本课相关内容的铺垫性复习，要求简洁、针对性强。在前一课，已经学习了傣族乐曲《孔雀舞》，并且欣赏了傣族最具特色的舞蹈，通过在小组内的互助复习，学生已经能够较为准确地感知旋律和律动了。正好本课可与语文课《美丽的西双版纳》一课进行教学协同。为了让学生更深入地感知这片美丽的地域，我还引用了课文第二自然段，对西双版纳和傣族进行了介绍。在常规性练习后，我让学生模仿歌曲旋律，听教师范唱或者听范唱录音，采用默唱的方式来听并试着唱一唱歌曲。

（二）分组学唱

对于分组学习应当有具体的目标，学生在组内必须人人都有演唱，并且要进行自我评价。然后，我把学生分成四人正方形小组进行合作学习。这时，学生通过复习旋律、初听录音，自己能够试着学习了。学生自我表现的欲望被调动了起来，争相一展歌喉。而那些学习有困难的学生，在同伴的帮助下也尽力去完成学习任务。他们能够互相纠正歌曲演唱中存在的问题，如：节奏不够准确，"金、轻、雪"三字演唱时应一字两音，等等。而此时教师可以利用这段时间加强巡回辅导。

（三）汇报交流

学生演唱得如何，教师须通过学生的汇报演唱来加以了解。学生可以采取小组式或者个别式来演唱。教师在学生汇报中去发现问题并及时调整，通过对全体学生的评价，使学生在评价中获得正确的信息，从而提高演唱的准确性。

（四）深化创新

在有感情地演唱后，我把学生编成八人的马蹄形小组，随后提出了两个要求：首先，采用什么伴奏乐器能够更好地表现这首歌曲的意境呢？其次，小组内自编一段与歌曲内容相符合的舞蹈。学生在小组内激烈有序地讨论了各自的角色，选择了一些合适的小乐器，如铃鼓、三角铁等；然后在小组长、协调员的带领下实践练习，做得有声有色；最后，全班采用了组与组竞赛的方式，把乐曲欢乐、热闹的场面表现得淋漓尽致。

二、构建活力协同课堂的教学建议

（一）充分了解学生

教师首先要拿出充足的精力备好课，考虑好如何才能将教材目标、内容、重难点传授给学生，让学生学会、会学、乐学、好学。其次还要根据学生的不同程度钻研教材，准备好难易适中的问题，以备引导学生积极投入到小组活动中去。这就需要教师既能引发学生学习的兴趣和动机，又要促使每个学生最大限度地获得发展。

（二）合理利用合作

在合作教学过程中，当教师提出问题后，须给学生一些独立思考的时间，让学生围绕教学目标和教学要求进行思考或操作，为小组活动提供充分的活动基础。同时，教师须及时调控教学进程，这样既能保证课堂教学目标和任务的完成，又能培养学生的合作意识、集体观念。

（三）改善评价方式

评价方式强调采用合作性小组奖励，主要体现在奖励结构由竞争性向合作性、个体性的转变。学生能否得到奖励不仅取决于个体成员的成绩，而且取决于他或她所在小组的总成绩。当然，个体成绩更需鼓励、表扬和奖励。这种奖励结构有助于形成共同的集体目标和规范，强化学生间互相合作、互相帮助的行为。

三、活力协同课堂的有效反思

"音乐课程的综合，是以音乐为本、以音乐为主线的音乐教学"，我运用"学科综合"的协同现代教学理念，由教师个人和集体两个阶梯式层次的协作，进行音乐与其他学科的综合教学。在这一课，我所设计的每一个教学环节都注重培养学生在亲身体验模仿的过程中，怀着探究的兴趣主动学习，注重培养学生的实践能力和创新能力，突出了"学生主体，教师主导"的理念，建立平等的师生关系，营造宽松愉快的教学氛围，以形象生动有趣的方法解决教学难点，让学生在快乐、轻松中学习音乐、感受音乐、体会音乐、表现音乐。

在小学音乐小组合作教学中，要面向全体学生，积极创设一种平等、和谐、竞争、展示个性的良好情境。课堂中，把握好每一次的体验活动，充分调动学生参与的积极性、主动性、能动性，从小培养学生团结协作的精神，形成良好的心态，促进其全面发展和音乐素质的提高。

迸发活力的体育协同教学

——以"向左转，向右转"的教学实践为例

龚 艺

一、"活力"解读

活力，我觉得在教学中代表活动。而在体育课中基本以活动为主，"活力"我觉得可以通过我们小学体育兴趣化来体现。在体育课程中，我们不但要教给学生必要的运动知识、技能，还要注意培养学生良好的意志品质和兴趣。那么如何培养学生的学习兴趣呢？

上课的开始准备阶段好比一场戏剧的序幕，要一开始就引人入胜，激发学生的好奇心，使学生产生求知欲，诱发出最佳的心理状态。要做到这一点，就需要教师创设最佳的教学情境。在一节课的开始阶段，无论从场地的布置、学生活动的队形、活动的内容以及组织手段的形式等方面，教师都要根据不同的课时内容因地制宜地为学生创设一种新颖的外界条件。场地采用的是多方位，或半圆形的、梯队形的、五角形的等不同常规的场景设计，给学生一种好奇新颖的感觉。热身活动时，采取自由运动。通过教师的引导，师生一会儿自由练习，一会儿小组结伴练习；有时安排在音乐的伴奏下师生一起自编自舞，有时进行模仿各种跳动的随乐活动和无拘无束的唱游等。这种组织方式既给学生创造了良好的学习氛围，诱发了学生的练习激情，达到了热身的效果，也缩短了师生间的距离，为正课能顺利进入运动状态创造了良好的学习条件。

二、"向左转，向右转"与数学"左与右"协同教学案例

（一）教学目标

1. 通过学生参与多种形式的数学活动，使学生经历建立"左、右"方位感的过程。

2. 能正确辨别"左、右"的位置关系，体验其相对性。

3. 使学生体会到生活中处处有数学。

（二）教学重点、难点

正确辨别左、右的位置关系，体验其相对性。

（三）教学过程

1. 创设情境，感知自身的左右

（1）创设问题情境。

师：小朋友，今天××小朋友在课间能够主动帮助同学做事，让我们用热烈的掌声，对

他的表现给予表扬。

师：同学们，我们刚才是用什么拍掌的？

（2）体验左右。

① 请伸出你的右手，再伸出你的左手。

② 看一看。

师：请同学们看一看自己灵巧的双手。

③ 说一说。

师：谁来告诉大家，在生活中，你常用右手做什么？左手做什么？

教师小结：左手和右手是一对好朋友，配合起来力量可大了，可做许许多多的事情。同学们看一看自己的身体，还有这样分左和右的好朋友吗？

学生边指边说。

师：我们身上像左手、右手这样的好朋友可真不少呀！这节课我们就来认识左右。（板书课题：左、右）

（3）小游戏。

师：下面我们来做个机器人的游戏。我做遥控器，同学们做机器人，我发布指令，比一比哪个机器人做得又快又对，机器人可要准备好呀！

① 伸出左手摆一摆，伸出右手摆一摆；

② 左脚跺跺 1、2、3，右脚跺跺 1、2、3；

③ 拍拍你的左肩，拍拍你的右肩；

④ 抬抬你的左腿，抬抬你的右腿；

⑤ 摸摸左耳朵，摸摸右耳朵；左手摸左耳，右手摸右耳。

评析：爱因斯坦说过："教育应该使它提供的东西，让学生作为一种宝贵的礼物来享受，而不是作为一种艰苦的任务来负担。"在教学中，巧妙的课堂导入是激发学生求知欲、吸引学生乐学的内在动力。上课前，正好有个小朋友做了好事，教室里响起了热烈的掌声，活跃了课堂气氛，使学生在玩中学、在乐中悟，体会到生活中处处有数学。紧接着通过游戏，让学生充分感知自身的左和右，同时又激发了学生学习数学的兴趣，调动了学生学习的主动性。

2. 全体合作，感知群体中的左边、右边，建立方位感

（1）指一指，说一说。

① 第二横排中，坐在最左边的是谁？最右边的是谁？

② 第一横排中，从左往右数，第三个同学是谁？从右往左数，第三个同学是谁？

师：同一个人，从不同方向数，顺序就不同。

（2）找邻居。

① 同桌先互相说一说，再汇报。

你的左边、右边都有哪些同学？

② 请你介绍一下周围的邻居好吗?

你的前面是（　　　），后面是（　　　），左边是（　　　），右边是（　　　）。

从前往后数，你是第（　　　）人，从后往前数，你是第（　　　）人。

师：每位同学都找到了自己的邻居，恭喜大家。请你们以后团结友爱、互相帮助。

（3）游戏：小猫钓鱼。

游戏规则：在四人小组中进行，随意将猫和小鱼放在格子中，组员先说出它们的位置，然后再说说猫怎样才能钓上小鱼。

我对在体育课中与数学协同让学生分清左右制定了以下教学目标：通过本次课的学习，使学生进一步熟练掌握原地四面转法的队列方法；培养学生身体的良好姿态以及行动迅速和听从指挥的能力；培养学生干部对工作认真负责的精神，发展良好的身体姿态。在课的内容上，我安排了队列中的向左转、向右转和向后转的复习以及游戏"过障碍跑"。

在本堂课的教学过程中，我以兴趣教学为着眼点来提高学生的练习积极性。如在向左（右）转的教学中，我先让学生打开记忆之门，回顾以前学过的队列练习，然后采用"看谁反应快"的小游戏和简单易记的绕口令进行教学，收到了良好的效果。"看谁反应快"的游戏是通过教师的语言、手势、信号等手段让学生通过抬腿、跺脚、跳位置的形式快速掌握方向、位置。由于动作简单易行并且是复习，所以学生很快就能熟练地进行练习。我将向左（右）转的动作过程通过儿歌"左（右）脚脚跟着地，右（左）脚脚尖着地，向左（右）——转"的形式传授给学生，让学生自己念、自己练，并通过语言"看谁掌握快"使学生在自锻中主动积极地练习，并进行分组竞赛和反口令练习。通过教学实践，学生的正确掌握率达到九成以上，而且克服了枯燥乏味的心理情绪，提高了学习兴趣和积极性。

通过将数学课的前置教学配合体育课来上，学生向左转、向右转的准确率远远高于单独地上数学课或者体育课。总结这次协同，我觉得如果两节课连在一起上效果会更佳。

三、高效协同教学的实践反思

协同教学首先要了解两节协同课的内容：两课的重难点，两课的侧重点，两课的教学方法，两课协同的目的，尤其是了解两课的协同目标，即我需要为另一节课提供什么，我需要另一节课为我提供什么。只有了解了上述内容，才能上好协同课。

虽然两节课有共同点，但在上课时一定要有明显的区别。本课通过让学生在数学课上学习左与右的前置教学，让学生通过眼看、脑记、游戏的方法初步掌握左、右的概念。而在体育课上，主要是通过学生的身体动作和体育游戏，让学生用身体记住左与右，而非只是理论上或者手上能分辨左、右。

因此，体育课在数学课的基础上有一个层次上的递进。对我来讲，我在课前就必须了解数学课的重点在哪里，学生的掌握情况如何，并根据学情来制定本课的难度。

对于本课的兴趣化，我尝试采用前置学习策略。作为教师，要认真钻研教材，精心备课，发挥团队精神，积极研讨，力求每一节课优质高效；教学中要充分发挥学校多媒体教学的优势，课堂教学注重新课改理念的渗透。

至于本课的不足，主要体现在对课不够熟悉，游戏中（趣味、挑战性、队伍的整齐性）难以协调。很难做到一个游戏让内容和课表完美的匹配。对于其他课程不够了解，与其他老师关于各自课程的交流了解还不够到位。

让活力放飞在数学课堂之中

——以数学"左与右"协同教学为例

华晓洁

一、"活力"课堂的魅力

课堂教学是学生获得知识的主渠道，要让学生源源不断地获得知识，给课堂注入活力是提高课堂效率的有效方法。我认为的活力课堂，是可以让学生学会合作分享、让学生放飞想象，同时可以让学生获得知识的课堂。在传统教学中，学生被当作学习的机器，教师是传授知识的教书者，重知识的灌输，忽视教学过程中对学生学习能力的培养。新课程所倡导的自主探究式学习，就是要真正把课堂还给学生。

课堂不仅应该让学生张扬个性，同时也要培养学生合作学习的能力。在课堂上，教师可以组织学生开展小组讨论，让学生在讨论中"取长补短"。只有当学生喜欢学、要求学，有迫切的学习愿望时，他们才能自觉积极地投入到学习活动中去。而教师所要做的，就是创设和谐氛围，增强学生的参与意识，让学生在课堂中活起来。

设计有趣味的课堂活动可以吸引学生的学习注意力，使他们更好地参与数学学习。单一、呆板的教学方法与手段，只能让课堂变得枯燥乏味。在课堂上，可以抓住学生注意力集中的短暂时刻，用游戏、抢答、竞赛等方式，让学生在紧张而又活泼生动的教学活动中获得知识。这样，学生的学习积极性会提高，对学习的知识记忆也会特别牢固，教学效果也比预期的更好。

二、"体育向左转向右转"与"数学左与右"的活力协同教学案例

我以数学教学中的"左与右"这一课为例，在教学过程中与体育课上"向左转向右转"的教学相结合，进行协同教学。

（一）教学目标

1. 认知目标

能说出自身躯干上的左右位置关系及他人身体上的左右位置；能说出以自我为参照中心的左右位置；能说出空间中物体的左右位置。

2. 能力目标

培养学生的观察能力、判断能力；发展学生的空间智能、语言智能、身体运动智能等。

3. 情感目标

对学生进行安全教育。

教学重点：学会判断空间事物的左与右。

教学难点：体会"面对面"的物体方向是相反的。

（二）教学过程

1. 游戏引入

① 规则：听口令，做动作

举一举：伸出右手指指右边；伸出左手指指左边；

摸一摸：伸出你的右手，摸摸你的右眼；

拉一拉：伸出你的左手，拉拉你的左耳；

拍一拍：伸出你的右手，拍拍你的左肩。

② 刚才我们做了什么游戏

师：左和右是表示位置的词，今天我们就来学习和位置有关的知识。

（揭题：位置——左与右）

2. 共同探讨，获取新知

① 观察实物，区分左和右

手套：老师有一副手套，它是分左右手的。现在老师拿了其中的一只，请你来猜猜它是左手套还是右手套，并说说你是怎么判断的。

脚：看看你的左脚和右脚，你有什么好办法来区分脚的左、右吗？一双鞋，这是其中的一只鞋，它是哪只脚穿的呢？为什么？（看外侧、内侧）

② 看图片区分左和右

师：摄影师叔叔把许多小朋友的身体部位都拍了下来，我们来仔细地看看这些照片。看一看图上拍了小朋友的哪一部分？想一想是左还是右？填一填。

小结：确定左右的位置要看你的方向，方向不同的时候，所指的左右也不同。

③ 同桌合作

首先请你用眼睛看一看自己的左和右，说说左边是谁，右边是谁；其次两人同一方向站立，同时举左手，同时举右手；最后两人面对面站立，同时举左手，同时举右手。

小结：物体间有上下、左右等相互位置关系，它们都是相对的。

④ 认识空间中的左与右

同学们已经认识了左与右，现在我们到大街上去瞧一瞧！

首先出示第 47 页的题 3：大街上来来往往的车辆和行人真多，真热闹啊！我们在过马路时要注意什么？

出示一：小丁丁想过马路，他先看看左，再看看右。他向左看到了什么？向右看到了什么？独立完成后核对。

出示二：这时，小巧也准备过马路。那么，她向左看到了什么？向右看到了什么？请个别同学回答。

小组合作，尝试探究：碰巧小胖也在过马路，那么小胖向左、向右又会看到什么呢？那么小亚呢？

小结：小胖与小丁丁所看到的正好相反，小亚与小巧所看到的正好相反，因为他们是面对面的。

⑤ 总结

今天我们一起学习了"左与右"，知道在我们的生活中会经常碰到左与右。

三、"活力"协同教学的优点以及带来的反思

对教师而言，协同教学有助于教学质量和效益的提高，通过相互协作不仅能争取更多的备课时间，减轻教师"单打独斗"的工作负担，而且教师之间能够针对教育教学的实际提出相应的改善措施，从而提高教学质量；对学生而言，协同教学有利于促进学生全面和谐的个性化发展。比如在数学的"左与右"与体育的协同课中，当学生面对不同的问题时，其解决问题的能力会得到不同程度的锻炼。

协同教学的教师是以团队形式组成的教学团，他们有着共同的教学目标。在教学过程中，团队中的教师发挥协同的力量，教师之间彼此分担工作，教自己擅长的课程，教学方式方法多样。协同团队中的教师通过备课、磨课，相互学习，提升自身的专业知识技能；而单一学科教师指导形式则主要让教师各自负责各班的教学。教师单独进行教学，缺少同组教师之间互动和学习的机会，其专业技能的提升也相对较难。

跨学科领域的协同教学最大的特点不仅在于团队在协同整合课程内容的基础上，要考虑到学生身心的差异，更着重于学科间的整合。不同领域的教师通过讨论研究以及对各科内容的分析，找出相互关联的学习内容，把零星的、片段的概念或知识通过教学团成员的设计加以系统组织，使学生进行整合性的学习。

趣味游戏，合作分享，活力课堂

王 逸

一、健身育人的活力课堂

我认为活力协同教学活动指的是在快乐教学中，教师要根据教学内容来开展体育活动，使课堂始终在快乐、积极的氛围中进行，使课堂教学效率有效提高。

构建趣味活力课堂，为学生营造轻松、愉快的乐学氛围，小学体育教学也不例外。小学生天性活泼、好动，喜欢新鲜有趣的东西，玩更是他们的天性，许多发明创造都是在玩乐中产生的。体育锻炼也如此，应该让学生在玩乐中得到锻炼和提升，激发他们参与体育运动的积极性和欲望，使学生对体育运动形成积极的情感，感受到体育给身心带来的愉悦，促进身心的健康发展。

本课以"健身育人"的新课程理念为指导，课程设计着力于提高课堂的有效性和趣味性，为学生营造一个自主体验、愉快合作的学习环境，激发学生对体育健身的兴趣，培养学生合作学习与自主创编的能力；通过一系列的任务，以情境导入为主线，以生动形象的游戏为主要手段，提高学生参与体育学习的兴趣和积极性，培养学生自主学习的能力和团队合作的意识，从而促进学生在生理、心理和社会适应的全面和谐发展，打造活力课堂。

二、体育与英语协同的个性双语教学

本课与英语协同，用双语教学的模式，边听边说边练习。通过教师的积极引导，学生的丰富想象、合作创新，根据教师给出的任务单，在课堂中让学生充分展开想象，利用呼啦圈完成各种有趣的游戏，体验无穷的快乐。通过探究、交流、合作，生成了以下一些圈的游戏方法：

任务 1：比比谁玩的花样最多？（学生戏圈）

任务 2：用呼啦圈搭出心中的"dream house"，学生充分发挥想象进行拼图，用英语描述，并进行各种跳跃式练习，如单脚跳圈、双脚跳圈、单跳双落、左右交换跳等。

任务 3：在跳圈的基础上我们能用圈进行各种跑的游戏吗？在教师的引导下，学生分组进行跑跳游戏综合活动，在活动中有的小组设计的是"飞跃太平洋"，用圈做太平洋；有的小组设计的是"穿越小树林"，用圈做标志进行"S"练习；还有的小组进行跑跳障碍接力，等等。

在学生综合活动的基础上，师生共同设计了跨越小河—穿越森林—钻过山洞的游戏。在这些情境的激发下，学生的积极思维得到了激发，他们能及时调整好圈，开展各项基本活动的锻炼。

在课中我选择了任务导向策略，充分给予学生自主选择、自主学练、自主创新的机会，结合英语学科"dream house"一课，开启学生的想象，实现充分活动、充分体验。例如：学生想象创造出了不同的房子进行跳跃练习，这都是由学生自己生成、创设的学习内容，教师充分利用学生的基本活动能力，开展了个体表演、同学游戏、小组合作、团队活动，促成了学生思维的绽放、情感的迸发。学生在自主、合作、探究的活动中合作体验，动态生成自己的思想、创新自己的动作、提高自身的技能。

任务导向策略注重学生的实践与体验，给出任务单，充分给学生自主选择、自我学练、自主创新的机会，激发学生主动学习的欲望，变"要我学"为"我要学"，同时加强合作交流、研究性的探究活动，让学生在个体、小组、团队活动中，实现充分感悟、充分体验、充分锻炼。

案例积极引导学生开展玩一玩、走一走、跑一跑、跳一跳、转一转、搭一搭等活动，以乐增趣，以情激趣，体验玩圈的乐趣；引导学生分组学练、合作探究，创新设计跨越小河、穿越森林、穿过山洞、"S"形跑等各种小游戏，在游戏中唤起学生的情趣，丰富学生的感知，吸引学生的注意，使学生时时产生新鲜感，充分体现了自主、合作、探究的学习方式，真正让学生在玩中练、玩中乐、玩中育。小学低年级体育教学的真正价值在于培养学生良好的参与意识与兴趣，培养学生良好的体育锻炼的习惯，使学生会学习、会锻炼，从而为终身体育打好基础。

本课采用一物多用、一物多练等方式，由教师自己开发生活中常见的、学生熟悉的器材，与体育器具结合，合理搭配，让课堂教学更生动、更有效、更受学生欢迎，达到事半功倍的效果。

本案例充分开发了"呼啦圈"的功能，实现一物多用，也充分利用和发挥了圈的多种健身功能，师生利用圈创编了一个个富有情趣的体育活动小游戏，如开始的戏圈—跳圈的游戏—跑的游戏—综合游戏等一系列的活动，不仅解决了教学内容的单一所带来的枯燥、乏味感，同时也克服了学校器材设施匮乏的困难，丰富了体育课学习的内容，满足了学生体育活动的需求，激发了学生学习体育的兴趣。

三、体育与英语协同教学的反思

体育课中，任务导向策略是比较常见的一种教学策略。在体育教学中，为了有效提高学生的学习兴趣，丰富课堂教学内容，使学生在"玩中学""学中玩"，始终保持在较高的热情下学习，游戏被越来越多的教师所采用。在设置任务单的时候，合理地采用一些游戏，既可以激发学生的学习兴趣，又能活跃课堂气氛，提高学生的学习积极性，从而使体育课堂变得生动、活泼。此外，在持轻物掷远、花样跳绳、各种姿势的起跑中都可以运用此教学策略。

韵　动

——音乐在体育课教学中的协同与运用

刘　骅

一、让活力"韵动"在体育教学中

体育是一门综合性很强的学科，从婴儿的蹒跚学步开始，体育锻炼伴随着人的一生。体育不仅是对肢体的训练，同时也是对视觉、听觉、触觉的锻炼。随着教育理念的发展，体育教学与各科的协同也越来越频繁，教学方式也越来越丰富。音乐、美术、语文、数学、科学等学科的特点越来越多地糅合在小学生的体育课教学及大量进行的感官游戏、触摸游戏、区域游戏中。

如果说体育更多强调的是人的一种技能表现，那音乐就是人的一种本能体现。体育和音乐就像一对孪生兄弟不可分割。体育讲究律动，音乐讲究韵律，展现的都是一种动态的美。灵巧优雅的动作赋予优美的旋律，能给人增添美的感受。体育课中运用最多的协同也是音乐，音乐对环境的烘托、氛围的渲染都起到十分重要的作用，利用好音乐，可以让学生更生动地接受课程内容。

体育并不是人们所说的头脑简单、四肢发达的运动，当体育与音乐巧妙结合之后，就会给人的视觉带来一种美的享受。从古至今，已经有许许多多体育运动和音乐相结合的例子，比如冰上芭蕾、艺术体操等，都能给人们精神和肉体上带来不一样的变化和新的感受。可以说，体育与音乐是不可分离的亲密伙伴。

二、让音乐"活动"在体育教学中

体育，是小学阶段非常值得引起重视的一门学科，是一门非独立的学科。它的教学与音乐的教学存在密不可分的关联。下面就音乐在体育教学中的作用和使用谈谈自己的一些体会。

（一）音乐在体育教学中的作用

音乐在体育课教学中的作用显而易见，把音乐有机地设计在体育教学中，可以更全面地提升学生对体育课的兴趣。在体育课中合理运用韵律活动，可以更好地调动学生主动参与体育锻炼的积极性，同时让学生对音乐的感知有一个全新的角度。在体育课中合理运用韵律活动，选用一些反映了时代气息的音乐作品，选用一些具有教育性和民族性的音乐作品，对培养学生的想象力、表现力有很大帮助。强调体育课教学和音乐的协同有利于德育、美育的开展。

在体育课的设计中，特别是在一些游戏的设计中加入音乐素材，效果明显不同。利用儿童天生对音乐感兴趣的特点，在游戏中注入音乐元素，把单调的游戏演化成活泼的童话剧，更容易让学生接受，而没有音乐协同的游戏就比较枯燥乏味，在操作时学生容易产生疲劳感。音乐可以有效地缓解学生的紧张情绪，平抑学生大脑皮层的兴奋度，帮助学生掌握节奏感，培养学生的想象力。将富有朝气、韵律十足的优美旋律运用到体育教学中，可以有效调动学生对课程的积极参与度，帮助我们更快地进入教学状态。

（二）体育教学中背景音乐的选用和使用

体育和音乐表现的都是动态美，视觉和感官的有机结合是体育和音乐协同的较高层面。因此，体育教学中的背景音乐要根据课程内容需要有针对性地选择使用。

1. 音乐的选用。音乐具有多重性，体育课使用的音乐，首先要适合本课次教学内容，适合课程节奏的要求；其次要符合小学生的接受能力，适合小学生的欣赏习惯。我们在教学中，一般都选用一些欢快的、富有童趣的音乐，如果选一些比较热门的儿童电视剧里的音乐，选一些学生耳熟能详的音乐，更能引起小学生的认同感。针对不同的年龄段选择不同的音乐素材，可对我们教学计划的有效实施起到很好的推动作用。

2. 音乐的使用。在体育教学中，学生大都不喜欢准备活动中的队列跑步练习，针对这种情况，教师让学生跟着事先准备好的音乐进行跑步练习，可减少他们对跑步的抵触情绪。

例如：在体育课上，按照以往的惯例让学生排着队进行准备活动中的跑步练习，没跑一两圈，有的学生就开始用快走来代替跑步，有的学生索性借鞋带散掉为由离开队伍趁机休息。于是，教师改变教学手段，在课上放事先准备好的、节奏感较强的音乐，让学生跟着音乐节奏进行跑步练习。果不其然，没有一个学生出现走路或系鞋带现象，且跑下来后都说一点也不累，甚至有些学生提出还想再跑的要求。由此可见，因为有音乐的烘托，可以有效地消除学生抵触情绪和疲惫的身心状态，对本课其他内容的开展起到良好的铺垫作用。

在音乐的选用和使用上，它的多重性让不同的人在不同的场合对同一旋律可能会产生多种联想。我们在选配有关背景音乐时也要对音乐的特性加以清晰的分析，并要充分考虑学生的年龄段因素、性别因素以及教学内容诸方面等因素。

三、在体育和音乐协同教学中的思考

（一）自身修养的陶冶

体育课与音乐的协同对授课教师提出了更高的要求。我们在教学中除了备好自身的课程外，对教学内容所需而选配的音乐也要有深入的了解。使用合适的音乐素材，选配得当的背景音乐，对学生的学习目标达成度会起到事半功倍的作用，也是一堂体育教学课成功与否的关键；反之，只会在课上给学生带来伤害。

就拿刚才的例子来说，学生跑步时，音乐节奏的轻重缓急很重要，若所选音乐是比较抒情的，节奏较缓慢的，可想而知，学生不但跑起来别扭，而且还会对身体和脚踝造成一定程度的伤害，这时的音乐在这里反而起到了画蛇添足的作用，对达成教学目标则起了反作用。

（二）范围的限制

音乐协同教学在体育课的教学中有一个范围限制，它可以在一定的范围里取得不错的效果。但随着范围的扩大，控制能力也随之减弱。试想，在操场上如何使 40 余名学生都能有效地听到音乐的节奏，如何能使散在操场四周的学生用音乐进行串联，为自身锻炼服务，这些都有待我们在今后的课中进行实践并加以研究探索。

（三）设备的限制

范围的限制主要牵涉到设备的限制。在一定范围使用音乐背景，设备如何安置，音量的高低，传递的方式，怎样的设备既能使音乐节奏有效地传递到每位学生，又不影响其他班级的上课，都需要我们在具体操作中加以认真考虑。

（四）新鲜度的保有

体育课教学有一定的教学模式要求，音乐背景的使用也极有可能成为一种模式，模式时间越长，形式的新鲜度越差，学生认同感也越差。音乐的协同极有可能变成另一种形式的"哨音"。

总之，音乐可以给体育课教学增添想象的翅膀，体育课与音乐的协同是大势所趋。音乐和体育教学的有机结合，把枯燥的运动化为美妙的韵动，让学生在美的旋律中感受体育带来的快乐；在快乐节奏的带动下，达到体育教学中对学生进行协调、灵敏、柔韧等方面的素质培养的目的。要做好体育课教学和音乐的协同，方方面面的工作还很多。只要我们每位教师都能做有心人，不断地探究，体育课教学与音乐的协同必将出现新的局面。

在体育学习中创建学生主动学习的时空

俞　震

一、引言

周恩来总理在《关于和平谈判问题的报告》中写道:"一切新生事物之可贵,就因为在这新生的幼苗中,有无限的活力在成长。"学生在我眼里就是这新生的幼苗,在体育课上,如何让学生在学习环境中拥有和创造一个充满活力的空间,是我思考的问题。在教学过程中构建以学生主体活动、分小组学习为主要形式,实现尊重个体差异、因材施教,激励学生主动参与、积极合作、互相帮助、共同进步,最好利用有限的条件,让学生结合学习知识,使身体和思维都动起来。在学校的项目中,协同是一个好方法,多名授课者通过课堂传授知识,其信息量必然要大于一位授课者。不管是跨学科教学中的交叉知识融合,还是协同教学中从理论到实践的过程,都向学生传达了更加丰富的知识,为培养人奠定了坚实基础。此外,多名授课者的成功合作也为学生树立了良好的行为典范,可以在潜移默化中强化学生的团队合作意识。交叉学科知识整合与合作技能的学习将有效提高学生的创新能力。在合作过程中,老师之间、学生之间以及老师学生之间的关系得到了进一步拉近,也为课堂教学添加了活力。所以我在整个教学过程中,和其他教师积极沟通,了解学生学到的学科知识,为创造富有生机和活力的教学空间做好准备。

二、案例分析

传统的授课方法使教师很难照顾到全班每一个学生,更谈不上按照每个学生的不同特点和个体差异因材施教,只能按照一般的学生水平进行讲课。协同教学方式弥补了许多不足之处,它能够根据不同学生的运动能力设定不同的学习目标,容易使学生进入自觉学习、主动学习的状态,学习的潜力被充分发挥出来,有利于他们在学习过程中获得成功的体验,提高学习兴趣,能较好地解决课堂统一施教与学生水平参差不齐的矛盾。协同教学过程更符合学生的认知规律、心理与生理发展规律以及运动技能形成规律。学期初的协同教研中,我和数学老师发现低年级学生对于"空间中物体的相互位置关系"这一点有些懵懂,而且个体差异比较大。而体育课可以在更广阔的立体空间里,让学生更直观地理解。通过不同的器材划分区域,创设学生与学生、学生与老师、学生与器材之间的相互位置关系,便于学生在活动中理解知识,更有活力地自主学习,于是我们展开讨论与实践。

数学课上,孩子们在媒体中的平面了解了好朋友在家的哪个位置,转而对同桌与同桌之间的小空间位置关系进行初步了解。我在协同课之前的室内课先做铺垫,引导学生从数学课上学到的平面知识，转化为在操场中分为"上中下左中右"几个不同方位的、不同难度的立定跳远的区域，让学生积极发言，大胆选择站位，清晰地表述自己所选择的区域方位。随后我也加入不断变向的游戏中，鼓励学生挑战教师，使课堂情绪更为高涨。

在室外课前，我又准备不同的器材安置于不同区域。从排队人与人之间的位置关系，结合数学课上的"上中下左中右"的方位，用口令帮助学生回顾同学之间的位置关系。集合后，要求学生听清教师的要求，仔细看教师及同学的示范，学习"立定跳远"的动作。和伙伴讨论后，根据自己的能力范围进行自主练习，培养空间感和勇气。在综合练习部分，我又指导学生按照自己的意愿选择方位，利用各区域内现有的器材，小组讨论分工后搭建各组的"建筑"，推选各组代表展示设计方案，并加以表彰。孩子们互相交流、互相学习、互相合作，学会互助、学会尊重、学会理解，缓解了学习时的紧张情绪，体验了合作努力后获得成功的快乐，在自己创造的环境中，找到了释放自己活力的空间。

三、反思总结

本节课我依据立定跳远的要求，设置了难度由低到高、由近至远的目标。课上我精简讲授过程，引导学生变被动接受为主动参与，让学生自己讨论分组，按照教学要求挑战自我，以此来培养学生的发散思维和跳跃思维。每位同学根据自己的能力挑战不同的难度，直到找到自己的极限进行练习。在学生练习过程中，我采用不同的评价，也鼓励其他同学共同参与点评，发言声此起彼伏，深入到每个区域的小组中，帮助学生找到自己的位置。我表扬勇于挑战自己极限的同学，还与学生们一起练习。在教师亲身示范以及热情的评价中，学生的学习兴趣更高，并在三维空间中迅速找到自己在数学中学习到的平面方位，体育与数学课上的知识在整个充满活力的环境中得到进一步映证。

在整个教学过程中，学生对于易于掌握的学习内容，自主地按照其他课程已学的学科内容进行分组讲授或练习同样的内容，这样可以增加学生练习的时间和密度，也便于教师辅导练习。

从上述教学案例中可以看出，在协同教学中，根据教学内容及学生的学习情况开展教学活动，能够提高学生学习的兴趣，使学生主动参与学习过程，充分发挥学生的主体能动性，在实际教学中有较强的可行性。在体育教学内容的选择上，教师更应关注内容的实效性、科学性和趣味性，一切有利于提高学生健康水平和激发学生运动兴趣的内容，都应该成为体育课的教学内容，把学习内容的选择权交给学生，让他们按照自己的爱好来确定自己的学习内容和学习方式。营造良好的学习氛围，设计并优化学习情境，让学生更好地主动学习、活力学习、深度学习，是我在协同教学中不断追求的目标。

在开放式教学中打造活力的 IPA 课程

徐芙蓉

一、活力课程的定义

（一）活力的 IPA 课程是目标明确、多元的课程

IPA 课程实施的第一步就是要明确教学目标，这是教学最基本的要求。只有教学目标明确了，才能有效设计教学过程，并在教学过程中严格按照目标去落实和实施，运用恰当的评价手段来检测学生的学习情况。但从另一方面来说，目标明确并不等于一刀切，还要注意目标的多元化。也就是要针对不同层次的学生设计不同层次的目标，让所有学生在课堂上都感受到快乐，各方面的能力得到锻炼，让课堂真正富有活力。

（二）活力的 IPA 课程是科学、高效的人本课程

IPA 课程的有效性是教学的生命，有效的课堂教学也是学校的生命。我们今天提出活力课堂，就是在追求课堂有效性的基础上，由有效→高效→优效→活力课堂。所以说，教学的有效性，是我们追求课堂教学的基本要求，是每个教师都应该达到的目标，这也是我们一直倡导的"有效教学"的要求。

（三）活力的 IPA 课程是合理、多方面的资源整合课程

课程资源也称教学资源，就是课程与教学信息的来源，或者指一切对课程和教学有用的物质和人力，指有利于实现课程和教学目标的各种因素，也可以仅指形成课程与教学的直接因素来源。富有智慧的教师善于整合各种课程资源，这会大大提高课堂教学的效果。教师应学会和发挥自身整合课程资源的能力，整合的同时也在开发课程资源。整合社会资源，即充分利用家庭、社区开展教育教学活动。

二、教学案例一：IPA 课程之"安全'童'行"主题课

（一）背景

通过主题的学习，学生能提高安全意识，培养良好的文明习惯，学会最基本的安全知识，懂得自我保护，做一个新世纪讲文明懂安全的好孩子。在组织形式上主要采取班级授课、独立学习和小组活动相结合的形式。成果展示以学生自己制作的学习小报、知识竞赛和设计稿为主。

（二）策略

本主题运用了前置学习策略，给学生布置了回家观察和收集生活中可以看到的安全标志，用手绘或照片做成视频的任务，使学生们认识到在我们身边有许多不安全的现象，要意识到

并避免这种事情的发生，就要学会认识一些常见的安全标志，防患于未然。同时，要求学生能从色彩、形状、图案三方面中进行分析，找出安全标志设计的要素。

（三）过程

我带领学生在校园里实地考察，用任务驱动策略把自己看到的安全标志记在脑子里，并且用眼睛去发现还有哪些地方需要安全标志，运用学过的知识，设计绘制校园安全标志。最后还要把学生自己制作的安全标志挂到校园里，让学生意识到我们设计的安全标志的实际用途。

（四）本节主题课思维导图

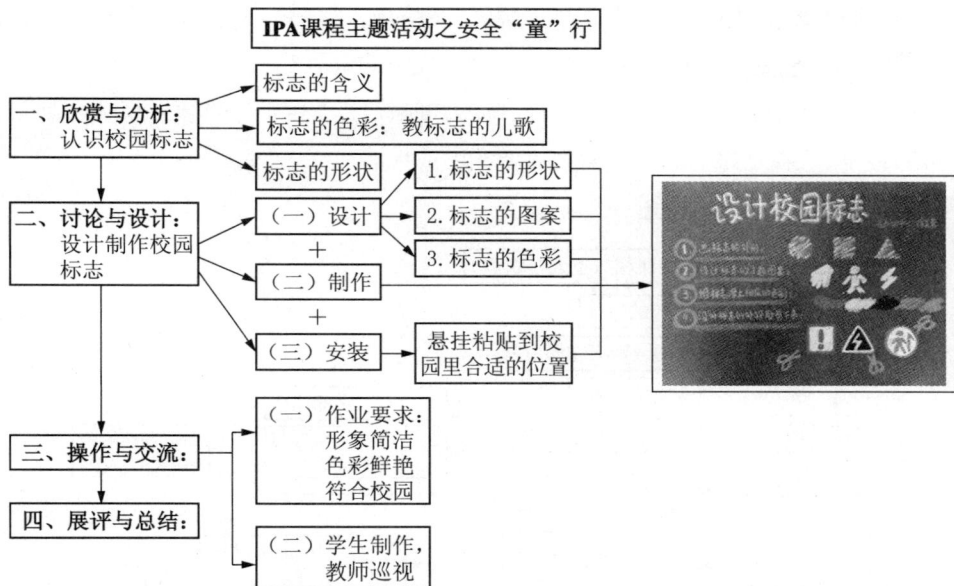

我收集到了一首安全标志的儿歌，请学生对照自己收集的安全标志以及在学校、社区、马路上和其他公共场合看到的安全标志，背一背、唱一唱、演一演。学生很容易就掌握了识别安全标志安全级别的方法。如下：

小标志，大学问，一定要认清。

红色标，是禁止，看到要喊停。

蓝绿色，提醒你，千万要注意。

黄黑色，是警告，万事要小心。

三、教学案例二：《春天在哪里》主题课

（一）背景

通过本主题的学习，感受春天的温暖和户外活动的快乐，表现对大自然的亲近。通过实验活动，探究一些和春天有关的自然现象，养成爱观察、好提问的好习惯，表现出探究大自然的兴趣。

（二）重难点

一是感受春天的温暖和户外活动的快乐，表现对大自然的亲近。通过实验活动，探究一些和春天有关的自然现象。二是养成爱观察、好提问的好习惯，表现探究大自然的兴趣。在组织形式上也采取了班级授课、独立学习和小组活动相结合的方式进行学习。

（三）策略

春天本来就是生机勃勃的季节，如此富有活力的课程内容，我在课前用前置教学策略，在课前引导学生观察春天的气候特征、春天的植物；在课上通过观看一些平时生活中的图片，使学生们认识到春天的脚步近了；通过朗读朱自清的《春》散文，感受春天的美。然后运用任务驱动策略通过"关于春天"智力竞赛、飞花令，收集有关春天的成语和古诗；学生唱《春天在哪里》，感受学生们眼中的春天；把寻找到的春天用艺术的形式画一画、剪一剪、贴一贴。在成果展示上，以学生协同小组合作形式制作的"春天"的学习小报、歌唱和围绕"春"对折剪春字、"春姑娘"的设计稿为主要学习成果。

（四）本节主题课思维导图

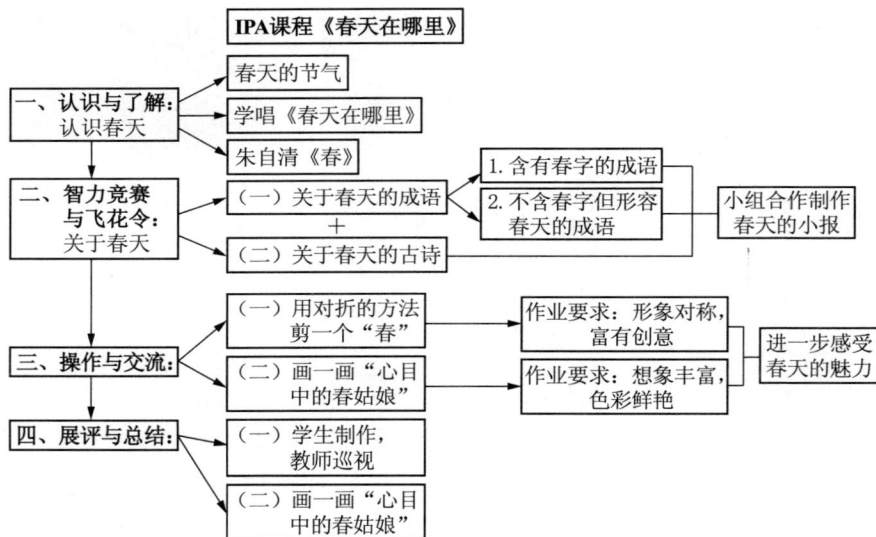

四、实践反思

活力课堂应该是开放的课堂，课堂本应是舒展心灵、放飞想象的场所，而统一的要求、统一的方法、统一的标准答案，往往束缚了学生的思维，遏制了他们的天性。所以，新课程中特别强调要尊重学生的天性，将课堂还给学生，于是，也就有了热热闹闹的课堂，有了满堂问答的课堂。虽说有的教师也努力将课堂向外拓展、延伸，但始终还是教师牵着学生的鼻子走。表面上动起来了，骨子里还是封闭的思维、封闭的模式。

我们的 IPA 教师在课堂上摒弃了传统教学中那种封闭的灌输式的教学形式，摒弃了一切围绕着教科书和教参转的局面，从时间上说是现在向过去、将来辐射，从空间上说是课内向校内外、家庭、社会辐射，从内容上说是从书本向生活辐射，打破"求同"，敢于"求异"；不受定式的影响，不受传统的束缚；思考、解决问题要多角度、多因果、多方位。教师通过选择各种开放的内容，提出开放式的问题，采取开放的教学方式，使得课堂有效地链接了生活、链接了社会，真正做到了由封闭走向开放，这样的课堂才能不断地生成智慧，也才具有了生命的活力。

IPA 课程中的协同让课堂更加高效，更加充满活力，各学科之间的知识点无缝连接，但对教师综合素质的要求也更加高，上一个主题前的横向和纵向的构思非常重要，必要时还需要相关学科教师提供学科上的支持。人之所以为人，是因为人有特有的人性，还有特有的灵性，更有人性与灵性交融而升华成的精神境界。人性的开发与培育，主要靠人文教育；灵性的开发与培育，既要靠科学教育，也要靠人文教育。科学精神与人文精神相融并立的课堂才是真正意义上的活力课堂。

序列结构，顺理成章

董慧霞

一、引言

皮亚杰说："兴趣，实际上就是需要的延伸，教学要以多种形式激发学生的学习兴趣。"小学处于儿童发展的第三阶段，也就是具体运算阶段。在具体运算阶段，应该根据儿童初步形成的逻辑思维特点，采取各种有效措施，通过教学活动形成儿童各种科学的基本逻辑概念和逻辑分类能力，掌握各种逻辑关系。要使学生作为课堂的主体，尽情享受探索、思考、讨论的乐趣，这是创建和谐课堂的关键。语文学习也需要缜密的逻辑关系，教师要通过精心备课、设计，为学生搭建一个能够产生思想撞击的舞台。

新课堂新理念，我们要把学习目标和任务放在学生的最近发展区，让学生在教师构建的框架下产生认知疑问，形成认知冲突，这样学生就会慢慢产生心理转化机制，产生内部动机和需求，从而见之于课堂行动。由于内部需要与动机的性质与强度直接决定着外部行为的性质与强度，从积极方面说，教师构建的课堂框架产生的认知冲突越强烈，学生的内部学习动机就越强烈。学生讨论与回答的次数与质量决定了教师是否需要衍生新的冲突或者调整出新的教学内容，而就是在这样的课堂环境下，学生学习的兴趣与能力能够得到最大的发展，特别是在这个阶段，学生需要掌握的各种逻辑关系，在此时也能更好地满足教师教学的最大需要，这就是规范课堂的主体。

二、案例分析——《别人的妈妈》

以任务为导向的课堂教学是以问题为中心，以知识和能力为两条主线展开教学过程。以任务为导向的课堂教学是在教师指导下让学生尝试着解决一个又一个新问题的探究学习，以"巧妙解决问题的过程是不断提出新问题的过程"为依据，总结出"通过不断提出问题解决问题"（Key in Question，简称 KIQ）方法模式，构建了过程完整化教学模式，提出结构化问题概念。教学实践表明，以任务为导向的过程完整化教学模式可以有效地落实课程标准，是一种具有极强操作性的有效教学模式。

我选择了三年级语文第 17 课的课文《别人的妈妈》，对其采取以任务为导向的教学策略。选择这一课的理由是三年级的学生在阅读记叙文时，大致能读懂主要内容，但往往容易忽视事件的起因、过程等与中心有关的信息。当他们在进行记叙文的写作时，也存在忽略交代与中心有关联的要素和不能有序组织语言的现象。针对这一现象，本课分别在三个教学环节中，指导学生从记叙文的"六要素"出发，到完整提取重要信息，再展开合理想象，最终有序组织语言完成写作。

因此，我设定了以下教学目标：

1. 能静心阅读诗歌，提取与改写内容密切相关的重要信息。

2. 以第一人称（男青年的口吻）把诗歌中叙述的事情改写成记叙文。

3. 重点练习把事情的经过写具体。

首先，我在教学活动开始时就明确本课要完成的任务：

1. 把诗歌改写成一篇记叙文。

2. 以第一人称"我"（男青年的口吻）展开叙述。

3. 抓住"看、听、想、做、说"把事情的经过部分写清楚。

其次，要完成上述三项任务，必须先阅读诗歌，提取与本次写作有关的重要信息。

1. 反馈预习，了解课文主要内容。

（1）用一句话简单地说说诗歌讲了一件什么事。

（2）明确主要人物。（板书：人物、老妇人、男青年）

（3）出示本节课的学习任务。

2. 阅读诗歌，引导关注重要信息。

（1）了解事情的"起因、经过、结果"。

（2）补充事件的"时间、地点"。

在这个过程，学生能够体会一件事情的逻辑特点，抓住关键词语了解老妇人不敢过马路的原因，在交代事情发生的时间和地点时，不能漏掉这些重要的信息。

（3）引导关注诗中对人物描写的词语。

同桌交流对"老妇人"的补充。（板书：头发灰白、背脊弯曲、迈不开步）

再次，要指导学生根据写作要求选择材料。

1. 以第一人称（男青年的口吻）选择写作材料。

（1）小组讨论：事情的经过部分可以写什么内容？

（2）选择一个内容，同桌之间互相说一说。

（3）集体交流，指导学生抓住诗中的内容，练习结合生活经验展开合理想象，练习把有关的内容说清楚、说具体。

小组讨论中存在的各种说法，可以锻炼学生二次提取信息的能力，通过听取别人对事情经过的叙述来修改自己的内容。

2. 独立练习把经过部分有序写下来：

思考：有这么多可以写的内容，应该先写什么，再写什么？

3. 出示写作要求：抓住"看、听、想、做"，把事情的经过写清楚。

小结：确定了写作内容后，还要能根据事情的发展顺序来组织这些内容。其中，看到的、想到的和所做的是必须要写的。

最后，学生独立写作，交流评价。

通过学习，学生知道了根据所给材料改写文章时，首先要仔细阅读材料，关注材料中与事件发生有关的重要信息，也可以根据这些信息展开合理想象，使文章的内容更具体。

教学过程是非线性的，现在大多数的教学过程：复习旧知、引导新知、讲授新知、理解新知、巩固新知，看似很完整，其实学生的学习过程和思维过程是不连续的、碎片式的，不是真正意义上的完整。

以任务为导向，通过不断提出问题和解决问题充分体现出学生的多元智能倾向，是真正的个性化教学、启发式教学，像这样的富有逻辑思维的语文课堂才是和谐的课堂。

三、反思

在这堂课中，以任务为中心，引导学生提取与中心有关联的要素，按照逻辑帮助学生有序组织语言。在引导中，学生由原本对文章段落不知从何下手，到慢慢明白文章的框架——起因、经过、结果，掌握从文章中提取信息的方法并且利用本课目标内容按照事情发展的先后顺序理清文章脉络。根据自己搭好的框架，接下来的内容就顺理成章了。学生通过看、听、想、做、说这样的提示展开讨论，为写作做好铺垫，通过二次提取信息对自己已有的内容进行增添和删减。

这样带有目的的学习不仅让学生有兴趣地进行思考，而且还带有逻辑地进行交流，这是创建和谐课堂的开始。本单元的目标是继续练习复述课文，主要是复述课文的重点部分，可以按提示、提纲或提供的词语、写作线索等进行复述，尽量用上课文中的词语。在课堂教学中把单元目标贯彻始终，让学生把握文中关键信息，还对文中内容进行再组织、再利用，能确保在一节课中，学生的逻辑思维得到充分的展开，学生能够进行充分交流和写作。

当然，这一节课还有许多不足之处值得再推敲和思考。比如在人数众多的课堂中，小组讨论的成果如何得到充分地交流；如何有效评价整堂课的学习效果；如何在引导过程中把握指导度……还有许多课堂细节值得探索、值得深思。

规范教学更添课堂魅力

席　敏

一、规范教学，提高教学有效性

新课程标准的实施，新教材的全面铺开，使课堂教学的探讨日渐深入。我校倡导的"协同"教学，正符合了现在教学的改革思路，为教师组织教学方式、提升学生学习效率提供了一个崭新的思路。协同教学，要求教师在教学过程中，使教师、学生、课本等诸要素之间以及教学过程与教学环境之间始终处于一种协调、平衡状态，从而减轻学生负担，提高教学效率，使学生得到全面和谐的发展。

为了将协同教学落实到具体学科中，我校组织成立了协同教学小组，通过规范的教研活动，设计科学合理的教学模式，将不同学科间的相似的教学内容进行深层次的加工、合并、融合，这样一方面，在学习综合知识的过程中，拓宽了学生思维的深度和广度，增加了其对于学习内容的高度理解；另一方面，教师运用高效的教学策略，如前置学习和任务导向策略等，引起学生的学习兴趣，激发其参与课堂活动的主动性，积极地开展师生互动交流，将整个课堂置于浓厚的学习氛围中，达到高效活跃的教学效果。

对于语文学科来说，规范的协同教学目的，在于把语文教学的内涵延伸，将教与学融会贯通、互相渗透，从而提高学生语文学习的品质。善于运用协同教学中任务导向策略，不仅能使学生直接表达自己的意见，而且还能沟通师与生、生与生之间的心理，使课堂成为师生间互动沟通的天地。

二、协同教学，激发学习自主性

（一）案例：《一曲胡笳救孤城》

1. 教学背景：《一曲胡笳救孤城》是沪教版五年级（下）第七单元的一篇讲读课文。课文主要描写了西晋末年，名将刘琨驻守北部边城晋阳城，抵御北方匈奴的侵扰。然而因兵力悬殊，粮草逐渐枯竭，晋阳城成了一座孤城，即将沦陷。作为总指挥官的刘琨，一时没有主意，心烦意乱。一天夜晚他独上城楼，禁不住长啸一声，这"长啸"惊动了不远处的匈奴兵。刘琨效仿"四面楚歌"，取来胡笳和众将士一起吹奏起来，胡笳曲勾起了匈奴兵的思乡情感，使其无心恋战，连夜撤兵。

2. 教学过程：

（1）我让学生围绕课题提出自己的问题，学生分别提了：

① 一曲胡笳怎么能够救孤城呢?

② 这是一首怎样的曲子？

③ 它是怎样救孤城的？

（2）从学生后来的回答中，我发现他们能够快速地捕捉到相应的答案。于是我适时提出问题：课文题目《一曲胡笳救孤城》能否改为《一曲胡笳救晋阳城》？为什么？（意在让学生体会题目的简练、概括性）

学生积极动脑思考，有的已经举手等待教师的提问。

生1：不能换。因为这样就不能突出这座城所处情况的危险了。

生2：我觉得不能换。因为当时整个晋阳城被围得水泄不通，处境非常危险，而"孤城"正好能够说明其处境的危险。

生3：我觉得不能换。因为"孤城"能够看出当时形势非常危急，匈奴兵马有五万，而当时的晋阳城内兵力不到两千，援军又尚未来到，这真是一座孤立、无助的城市。另外这也能衬托出刘琨的足智多谋，因为情况如此危险，而他却以一曲胡笳化解了危难。

（3）想一想，刘琨失去了哪些援助？（联系第二小节学习）

教师概括文章主要内容，进行板书：

援军未到、兵力减弱、粮食减少。

（4）本文一段描写冷月、荒漠等叫什么描写？有什么作用？这对我们写作文有什么启示呢？

（5）刘琨吹的曲子既悦耳动听，又哀伤凄婉，像……又像……是不是比喻句？这样描写有什么好处？

这些问题的提出，有效地引导了学生积极动脑思考，同时又和他们日常的写作、观察生活联系在了一起。如有学生谈到，在自己心情愉悦的时候，所看到的景色是完全不同于心情糟糕的时候所看到的景色的，这时候就进一步引导学生理解环境描写的重要性。

（6）环境描写对于理解文章主人公的心情是非常有帮助的。这番景色其实就是刘琨的心情写照。思考一下，面对这一切，刘琨会想些什么呢？

学生充分发挥想象：

刘琨凝视远方，面对边塞的冷月、荒漠、山丘、孤城，他想：（　　　　　　　　　　），禁不住发出一声长啸。

（7）刚才你们说的这些内容其实就是刘琨当时的想法，也是句子中省略号省略掉的部分。让我们把刘琨的着急、忧愁、孤独融入句子中来读一读吧。

（二）总结

之所以可以在本课教学中运用前置学习策略和任务导向策略，是因为在之前的学习中，学生已经掌握了一些概括课文主要内容的方法，因此对于教学目标：概括课文内容的落实，只须运用前置学习策略，请学生在找到最能表达课题意思的一句话基础上，加上故事发生的时间、地点、人物这三个要素，就能概括课文的主要内容。

然而，在研读课文中感悟孤城凄凉的意境和胡笳曲的魅力，知道"四面楚歌"的故事，感受名将刘琨的勇敢和智慧，是教学中的难点，我决定采用任务导向策略。

前置学习策略能帮助了解课文大意，扫清学习基础障碍，有效节省时间用于重难点的学习。

语文教学，是在学生习得知识的同时，还要提高他们的语文素养。以任务导向作为驱动，能引发学生带着问题探究，更具针对性。由于有了明确的学习任务，学生会在教师的提醒下，有意识地去阅读，寻求答案，通过联系上下文的方法，把相关内容进行联系、组织、表达，使学生对文本的解读与朗读练习、说话练习有机地结合起来。

可见，在教学中，教学目标和教学策略的确定尤其重要，它是一堂课的目标，即要追求的方向，要去实现的目标，同时它也是检验一堂课成功与否的重要尺度。

三、不断反思，创建规范有效的课堂

协同教学带来的，是更加丰富的教学形式和手段。那么其目的是什么呢？绝不是追求表面的热闹。好的"协同"教学，不仅能激发学生的学习兴趣，更重要的是，它应该有效地帮助教师开展教学服务，进一步巩固学生所学的知识。其实，学科与学科之间既相互联系又有区别，把学科之间都贯通能使我们学生的知识更加系统化。

协同教学充分体现了课程资源之间的整合以及这种整合给学生的学习带来的革新。对于学生学到的知识，由于在后续学习中进行了巩固，学生在一次又一次的强化下，原本以文字形式出现的知识，逐渐内化为自身所具备的知识体系的一部分。另外，这样的知识和各种课程的学习紧密联系、相辅相成，不但能强化记忆，更是让课堂学习显现出一种多样性、系统性，从而把各科的学习有机地组合成一个整体，真正做到了学以致用。

有人说：学校的主体学生和教师的主要时间、主要空间在课堂；学生和教师的幸福感和充实感主要在课堂上获得；课堂教育的质量决定着办学的质量，也决定着师生的生命质量。是的，我们将孜孜以求于课堂的改进，与学生共建规范快乐课堂，让课堂因规范而快乐和精彩！

在协同教学中让学生感受民族乐器的魅力之声

杨　蕾

"规范"是协同教学倡导的一个重要理念，指学生能规范地进行学习和掌握规范的知识。规范的知识包括我国传统文化中的一些古典文化知识，《中国民族乐器——吹管乐器》正是基于"规范"的理念设计的一堂教学课。

一、认识民族乐器的必要性

中国民族乐器发展历史悠久，博大精深，种类繁多，如果要详细了解中国民族乐器的发展史和种类，那只言片语是无法详尽描述的，若要追溯有文字记载的乐器记录如《吕氏春秋·侈乐》中所载："夏桀、殷纣作为侈乐，大鼓、钟、磬、管、箫之音，以钜为美，以众为观；俶诡殊瑰，耳所未尝闻，目所未尝见，务以相过，不思度量。"出土的国宝级文物"编钟"保存最完整，起于西周，而更趋于平民化的"埙"发展更早。"埙"的发展来源于生活，当先民们用这样的石头投击猎物时，石上空腔由于气流的作用而产生哨音。这种哨音启发了古代先民制作乐器的灵感，于是早期的埙就产生了。制作"埙"的材料也有其发展规律，从早期的石头、骨头，逐步向瓷、竹、玉、陶土发展，从中可以看到人类文明的发展历程。中国民族乐器是门大学问，而作为基础教学的小学，如何让学生认识种类繁多又具有各种文化底蕴的民族乐器呢？在教材中，将各种民族乐器分为弹拨类、拉弦类、吹管类、打击乐器类等几大类型，将各个类型的代表性乐器分门别类地介绍给学生是个不错的选择，可此类型课程占课比并不高，多数以补充课程出现。从小学阶段整体对乐器的认知上来说，西洋乐器与中国民乐器穿插于教材之中，低幼年级（一二年级）所认知的乐器比较有限，以具有民族特色的独立认知的乐器为主，如象脚鼓等，西洋乐器以大众化乐器认知为主。到中高年级，对于乐器的认识就有一定的系统性。由于中西音乐的交融，现代音乐媒体时代播放西洋音乐作品，学生在家额外学习的一技之长大多以西洋乐器为主，反倒中国民族乐器的学习比较小众化，而作为华夏子民、炎黄子孙，能基本认知中国民族乐器是必须的。所以，让学生能通过课程了解熟知中国民族乐器的种类以及辨别其声音尤为重要。

二、案例分析

本课《中国民族乐器——吹管乐器》为教材内补充内容，主要以中国民族吹管类乐器为主要学习目标，了解中国民族吹管类乐器的种类和音色，了解这类乐器的构造和外形以及简单的起源介绍，其中吹管类包括葫芦丝、唢呐、笙、排箫、埙、箫和竹笛。其中葫芦丝，是云南少数民族地区常用乐器。唢呐，音色明亮，是由波斯人传入国内。笙是古老的乐器，是世界上最早使用自由簧的乐器。排箫是由一系列管子构成的管乐器，管子都是按由长到短或由短到长的顺序排列。埙是在古代用陶土烧制的一种吹奏乐器，圆形或椭圆形，有六孔、九孔等。箫的历史悠久，其音色圆润轻柔、幽静典雅。竹笛音色嘹亮、悠扬、激越。以上是本课所有民族吹管乐器的基本介绍，其中有民族特色浓厚的葫芦丝，也有历史悠久的埙。要让学生认识乐器，除了让学生通过视觉记忆乐器的外形外，更重要的是要让学生用耳朵辨其音色，并且能在各种乐器的声音中迅速找到它。

三、学情分析

在之前的欣赏课中，我让学生在欣赏完一个乐队作品后说说这个乐队有哪些乐器，或者认识多少个乐器，结果能说的同学凤毛麟角，甚至于将西洋乐器和中国乐器互相混淆，笑话不断。这引起我的注意，没想到那些经常看到听到的乐器在这些孩子们心中居然是如此的陌生。所以这次针对四年级学生，我首次尝试用一定时间系统性地讲解各类中国民族乐器，这也是我刻意把民族乐器这个补充内容作为此次重点教学的原因。在学习吹管乐器之前，我首先让学生们学习了拉弦类和弹拨类乐器，原本只是简略介绍的课内补充内容，我作为重点专门安排了几节课来提高学生对中国民族乐器的认识。

其次，高低年级对欣赏音乐作品的要求不同。

对于四年级的学生来说，音乐欣赏水准要求更趋于全面性，这与低年级欣赏要求不同，低年级主要以学会聆听乐曲的情绪为主，而四年级作为小学中高年级阶段，除了要学会欣赏不同乐曲的风格特点外，还要对演奏作品的乐器有一定的认识。我注意到本学期的课内补充内容主要就是以认识民族乐器为主，通过了解、认识这些乐器，提高学生的欣赏水平，使其学会区分乐器音色、种类以及演奏风格。

四、协同教学的设计

如何运用协同教学为本次教学服务？在校开学初的协同教学教研时，语文课的《笛声》被用作和音乐课协同的内容。起初只是觉得该课题和音乐课《吹起我的小竹笛》相关，而当我翻阅语文课文《笛声》，了解到这是一篇介绍人民音乐家聂耳小时候的故事，故事情节简单，但是老木匠小小的笛声却触动了聂耳幼小的心灵，让他从小对音乐产生了浓厚的兴趣，聂耳又与老木匠成为莫逆之交，随后老木匠教会了聂耳吹笛子，这也许就是聂耳之后走上音乐道路的基石吧。看完全篇课文，文章中几组表现笛声的词语引起了我的注意："听，笛声又响起来了。当天边被夕阳染成胭脂色的时候，嘹亮、悠扬、激越的笛声，在静静的甬道街荡漾着，慢慢地消失在街道尽头。"这些词语正好可以准确描绘出笛子的音色。学生对笛子的认识并不陌生，可学生能准确描述笛声的词语却很少，因为之前我们用来描述笛子音色的词语大多是"高亢的""明亮的"，而这几组词正好可以帮助学生丰富描写笛声的词汇。而从笛声为切入口，就可以延伸到民族乐器的吹管类，让学生认识到更多的吹管类乐器。所以我决定用这课作为综合课《中国民族乐器——吹管乐器》前置学习的一个协同点。

如此，本课导入部分就以语文课《笛声》为引子。由于课文为后续内容，我主要罗列出描写笛声词汇的段落，让学生从句式中找出描写笛声的词组。为避免音乐课成为严肃的语文课，我在课中加入竹笛的作品"牧笛"让学生听辨笛子的音色特点（前置学习策略）。通过这个环节，学生了解了笛子的音色，之后，再让学生了解民族乐器中的吹管类乐器，笛子只是其中之一。接着开始介绍各类吹管乐器。例如：

（一）导入环节

师：首先请同学欣赏"牧笛"片段。（前置学习）

师：请同学简单描述竹笛的音色。

生：高亢的、明亮的。

（二）出示课文片段

师：出示语文课第 34 课"笛声"片段，请学生找出描写竹笛音色的词语。

"听，笛声又响起来了。当天边被夕阳染成胭脂色的时候，嘹亮、悠扬、激越的笛声，在静静的甬道街荡漾着，慢慢地消失在街道尽头。"

生：嘹亮、悠扬、激越的。

师：非常好，除了用高亢、明亮这样的词语描绘笛声，我们还可以用"嘹亮、悠扬、激越的"这类词语准确描绘笛声。

通过对这几组词汇的复习巩固，加深了学生对笛子声音描述的印象，丰富了学生描述乐器声音的词汇，在此基础上，关于其他乐器的音色的词汇学生会刻意用比较恰当的语言来描述了。

（三）练习环节中协同教学的反馈

请同学听一听吹管乐器的声音并辨别其音色。

学生答：

葫芦丝：云南少数民族地区常用乐器；

唢呐：音色明亮，是由波斯人传入国内；

笙：古老的乐器，世界上最早使用自由簧的乐器；

排箫：由一系列管子构成的管乐器，管子都是按由长到短或由短到长的顺序排列；

埙：古代用陶土烧制的一种吹奏乐器，圆形或椭圆形，可以有六到九孔；

箫：历史悠久，音色圆润轻柔、幽静典雅；

竹笛：嘹亮、悠扬、激越。

在把本课中所有吹管乐器一一介绍过之后，请学生反馈所有乐器的主要特点，这里包括文化背景以及音色特点。在小组讨论后，大多数小组在归纳竹笛的音色特点时运用了本次协同环节，即用语文课本上的词语描述了笛子的音色。显然，这一环节加深了学生的印象。

五、反思

通过对我国古代吹管乐器的学习，使学生了解我国古代传统乐器的基本知识，培育学生对我国古代乐器文化的认同感、归属感、自豪感，形成"规范"的认识。本次协同我主要运用前置学习、协同小组相结合的策略。笛子的音色学生并不陌生，可学生用于描述这类乐器音色的词汇显得匮乏，将之前欣赏过的作品《牧笛》拿来既可以加深学生对作品的印象，又可以通过新学词汇对笛声有一个新的认识。而本课导入部分加入了语文课协同环节，作为语文课的前置学习点，让学生学习到三组表现笛声的词组，丰富了学生描述乐器音色的词汇，加深了学生对笛子声音特点和音色特点的了解。另外，在以后的语文课教学中，学生等于在之前的音乐课上做了预习，更便于学生理解课文，识记重要词汇。

在介绍吹管乐器中，除了让学生看到这些乐器的外观，更主要的是要让学生听到这些乐器的声音，由声音联想到吹奏方式、音色特点和风格。这一环节的不足之处在于形式的单一。对于民族乐器，学生们开始时印象并不深刻，是模糊的，而要让学生充分了解这些乐器，需要收集大量的资料。在这节课中，我也对这些打击乐器做了资料的整理，可内容比较少，有部分内容只能通过教师讲述，我认为效果一般。后续改进中可以适当增加影像资料。

在教学过程中，为检验学生是否学到知识，我采用了竞赛和竞猜的方式。我先是抽取几个乐器，一个一个让学生通过听来猜乐器名称；然后，几个乐器混搭在一起让学生听辨。这种竞赛式的方式平时课上很少用到，学生们兴趣浓厚，开始时竞赛效果一般，可能由于紧张，学生较难准确回答；在反复听辨几次乐器后，学生们加深了对这些乐器的认识。之后三到四个乐器一组一起听，都难不倒他们了。这种竞赛式首次尝试，目的也是为了激发学生的学习兴趣，帮助学生牢记这些抽象的乐器音色。在后续改进中可以再尝试更有效率的方式。

在后续协同小组学习中，我主要在课的后阶段通过小组间协作互动，加深学生对各类乐器的认识，在竞赛游戏中让他们互相合作，发挥团队精神。

本次协同课的不足之处，我认为更多地流于表面的协同，希望能更深入挖掘。少年聂耳受老木匠的笛声影响很大，在后续改进中可以再加入思想上的升华，并且让学生多听几首笛子作品，让学生们感同身受，激发学生们对乐器学习的兴趣。

规范促高效　协同促发展

邵　洁

一、规范的制度，促进协同教学的开展

我校的协同教学经过教师们多年的实践，已经从各个学科之间知识点的整合链接、相辅相成，自然进入到每位教师的教学工作中。"协同"这一概念不仅深深地烙印在每位教师的心中，更是落实到每位教师的实际教学工作中。究其根源，是因为协同教学工作在我校已经形成一种规范。

学校每学期开展三次跨学科的年级协同教研活动，目的是为了让原本驻足于自己学科教学内容的教师了解其他学科的教学内容，找到学科之间的协同点。每学期开学初的年级协同教研活动，每位学科教师把自己所任教学科一学期的教学内容向组内的教师进行介绍，大家从不同的学科中找到相同的知识点。学科教师之间共同探讨落实这一知识点所需的教学策略和所能达到的教学效果，形成"年级协同教学指南"。在学期第二次的年级协同教研活动上，教师根据"年级协同教学指南"交流自己在已经完成的协同课中达成的教学效果、不足、需要调整的方面或需要得到其他学科教师提供的帮助。在教研活动中，教师们再次改进协同教学中的教学策略，以求达到最佳的教学效果。学期末，在第三次的年级协同教研活动上，各学科的教师把自己按照"年级协同教学指南"中落实的协同教学设计的教案、撰写的反思、制作的教学媒体，集中到年级组长手中。这些教师们的教学资料成为大家的协同共享资源。

二、有效的策略，提高协同课堂的效率

落实规范的协同教学活动需要教师深入钻研教材，结合高效的教学策略，将课堂学习的主体聚焦到学生身上，关注每一位学生的发展，激发学生主动学习的热情，使教学效果得到显著提高。

案例一： 五年级品社第二单元《贯通南北的大运河》的单元作业"考察运河边的城市"，要求学生从"风景名胜""相关故事""城市趣闻""我的印象"四个方面调查一个运河边的城市。

策略： 运用协同学习小组的策略，让学生共同完成。将学生分成协同学习小组，由于学习能力的差异性，教师根据任务的难易程度，将不同的任务分配给不同的学生，以期实现小组合作的最佳效果。

过程：

1. 选择协调能力最强、具有领导力的学生担任组长，负责整个学习任务的调配、审核与补充。组长在整个作业完成的过程中对出现的问题及时调整，并帮助有困难的学生。

2. 选择细心认真的学生担任资料员，按照"风景名胜""相关故事""城市趣闻""我的印象"四个主题，通过各种信息渠道获取有效信息。

3. 资料收集完成后，组长进行筛选和整理，选择具有小组风格的相应信息。

4. 选择电脑操作能力比较强的学生担任 PPT 的制作员。

5. 选择表达能力强的学生负责作业的交流汇报工作。

一周后，每个小组都在规定的时间内完成了作业。一份份精彩的作业呈现在大家眼前，报告员交流的时候，组内的每个学生都听得特别认真。作业的得分由这个组的学生共同拥有。学生完成品社作业的积极性被调动了起来。

案例二： 五年级的《各具特色的民族风情》

策略： 运用前置学习策略，充分利用课外时间，了解学习内容，提高学生的课堂学习效率。

过程：

1. 课前任务布置：搜集关于不同民族的服饰、居民、歌舞、饮食特色的资料，并进行适当整理。

2. 运用协同小组的学习模式，推选一名"小导游"，小组其他成员根据组内同学搜集到的资料进行整理、分析。

3. 每个小组协商交流选择一个民族进行探究，按照教师指导的四个角度进行分析。

4. "小导游"先在组内进行试讲，其他成员进行补充、修改，慢慢加深对于所选民族的了解。

5. 汇报展示时，由"小导游"引领大家走进"各具特色"的民族。

这样的教学安排让学生在活动中学习，在交流中学习，既让学生了解了各个民族的民族风情，又让学生懂得了要本着平等尊重的心态与少数民族交往，要尊重他们的民族习惯，这样才能和谐共处，从而升华本课的主题。

"品德与社会"是一门活动型综合课程，从课程目标看，具有人文性和方向性。品德的培养所遵循的是生活的逻辑，而不是纯学科的逻辑，这就决定了品德与生活、品德与社会不同于其他学科的教学过程，课程内容具有开放性、信息量大的特点，大部分的学习作业都可以采用协同学习小组的策略来完成，让学生在愉快的活动中体会到学习的快乐，在合作中体会生活的道理。

三、合理地组队，发挥协同小组的作用

在组建协同学习小组的时候，要充分考虑到各组学生之间的性别、学习成绩、实践能力、性格、脾气等差异。在这样的小组中，学生在学习时可以互补。此外，在这样的一个小组中，每一个学生都会懂得：每一个人都有长处和不足，人的智能、个性、才能是多样的，既要懂得自赏，也要学会欣赏他人，这样才会发挥出更好的成绩。

　　伴随着新课程的实施，学生已成为教与学的主角，课堂上出现了更多的师生互动、平等参与的局面，教学组织形式异彩纷呈。其中协同学习小组合作探究的学习方式成为一个亮点，为师生所瞩目，是课堂教学中被师生最乐于实施的一种方式之一。

　　协同学习小组的学习策略是培养学生合作意识的一种基本途径，在整个学习过程中，学生可以把自己的思路和别人共享，自己在学习中遇到的疑难亦可以在与同学交流中得到启发或解决。在这样的学习中，学生更多地拥有了自由组合、分工协作的机会，拥有了评价和讨论他人观点的机会以及弥补或完善自己思维漏洞的空间和时间。协同学习小组学习充分体现了新课标自主、合作、探究的理念，是提高教学效率的一种有效的教学方法。

GREEN 协同课程

GREEN 协同课程
——令学生满意的协同课
三（3）班　李卓宸

协同课，简单来说，就是一门学科中某一篇课文的内容与另一门学科的知识有着关联，也就是两节课要教给我们的知识有共同点，因此可以把这两门学科协同起来一起上。

首先，我个人是比较喜欢相对开放式的课程，因此，我理想中满意的课堂是这样的：在老师讲课的过程中，当碰到疑问或者不懂的地方，学生们可以操作自己手中的鼠标，把疑问传送到老师那里，老师根据电脑的汇总情况，了解学生的薄弱环节，有针对性地进行回答和拓展，并通过电脑回传给学生，做到自动化、精准化、迅速化，提高学生学习的自主性和效率，让课堂真正成为学生的课堂。

接下来，我给大家介绍的是我们学校开展的信息科技和语文的协同课。

还记得三年级上半学期的语文课，我们学过一篇名叫《网上呼救》的课文，芬兰学生苏珊旧病复发，而且当时只有她一个人，身边没有其他人可以帮助她。幸好，当时她正在上网，于是她在网上发出求救信息，恰巧被美国男孩迈克发现，马上报告给救援中心，而仅仅用了 10 分钟，美国救援中心就和芬兰取得了联系，最终苏珊得救了。想想看，芬兰和美国这两个国家距离很远，但正是借助了互联网，在很短的时间内就成功地挽救了一条生命。网络真的很神奇。

而在信息科技这门学科中，也有一篇关于网络的内容——《奇妙的网络世界》。在这节课中，老师带我们认识了因特网，它像一个大型交流平台，让我们可以和世界各地的人交流。它也像是一个巨大的图书馆，可以帮助我们查找资料。我们还认识了各类浏览器，学习了浏览网页的基本方法。

语文和信息科技虽然是两门不同的学科，但都有着密切的联系。学校先通过信息课，让同学们大致了解了网络世界的概念、结构以及学校机房的网络共享环境等。接着通过一些有趣的例子，让同学们体验了网络，学会了使用交流软件、浏览网页和基本的资料查找等。而在上语文课前，学校也会提前让同学们接触这些信息知识，等到上课时，同学们就能深刻体会到为什么网上呼救可以这么快地帮助到人，这样语文课的效率也就大大提高了。

学校开展这样的信息语文协同课，使原本两门看似不相干的课程，紧密地结合在了一起。而我也学到了很多关于网络方面的知识，体会了网络的便捷，对今后更好地使用网络和计算机非常有帮助。

GREEN 协同课程
——令学生满意的协同课
三（5）班　吴佳一

小伙伴们，如果我把数学课和体育课放在一起，你能想到什么？你也许会觉得奇怪，这两门课会有什么关系呢？如果我接着问：语文课和音乐课呢？英语课和美术课呢？这时你一定会说，这些课可是八竿子都打不到一起的呀！那么，让我带你们来体验一下第四中心小学的协同课堂就知道是怎么回事了。

在三年级下学期第二周的体育课上，老师安排了一场50米短跑比赛，两组同学你追我赶，气氛热烈极了。可是还没等胜利的欢呼声平静下来，老师突然问了个问题："大家都知道怎么来计算快慢吗？""快不就是先到嘛！"有些同学脱口而出。"快就是用的时间少！"大家热烈地讨论起来，答案五花八门，听上去好像都有道理，直到下课也没说出个所以然。没想到，过了一星期，这个问题就在数学课上得到了解答。原来，紧接着这节体育课后的一个星期，我们在数学课上学了距离、时间、速度。这下大家都明白了，我们平时说的快慢，准确地说，应该叫速度。而且，它是可以精确计算的：用距离除以时间，就得到速度啦。比如我跑50米用了10秒左右，速度就是每秒5米，原来每秒5米就是我跑50米的感觉呀。这样一联想，书上这一个个数字好像一下子变得生活化了，不再像原来那样抽象啦。

顾名思义，协同就是互相配合。在我的学校第四中心小学，这样的协同课堂还真不少。语文课和音乐课互相协同，让同学们从文字和音乐一起来感受春天的到来；数学课和美术课互相协同，让数学书中一个个轴对称图形美丽起来。协同课堂，让同学们从不同的方面去学习、去感受同一件事，让同学们的思维更活跃，兴趣更浓厚。这样的课堂，怎么能不让同学满意呢？小伙伴们，你们是不是很羡慕我呢？

GREEN 协同课程
——令学生满意的协同课
五（3）班　胡懿铭

每天，我们在课堂上会学习到许多知识，但有时我们会发现有些学科存在知识点重复的情况。学校和老师们为了让我们学得更生动、更感兴趣，推出了 GREEN 协同课程：G 代表"满意"，R 代表"和谐"，两个 E 分别代表"努力"和"活力"，N 代表"规范"。

我认为令人满意的协同课程，应该是生动的、有趣的，各协同课应由浅至深，并在共同知识点的讲解上没有过多重复。五年级第一学期语文、品社、英语课围绕河流的协同课，给同学们留下了深刻的印象。

首先，我们在语文课上学习了一篇《妈妈，我们要活下去》的课文。文中，洛迪和妈妈面对汹涌的洪水表现得非常勇敢，他们在水中整整坚持了 3 个小时，最终战胜了洪水并获救。许老师声情并茂地朗读课文，语调随文章情节的变化而变化，尤其当朗读到洛迪妈妈——海伦因洪水受伤时，我们从许老师抑扬顿挫的语调中，感受到了洪水的巨大威力以及给人们带来的巨大伤害，令我不寒而栗。

一周后，我们又上了一堂品社课《共谱长江新篇章》。通过许老师的讲课，我们了解到滔滔长江水，曾在给我们带来影响巨大的洪水灾害。因为之前我们在语文课上已经知道洪水巨大的威力，所以这节课，许老师把重点放在中华儿女在洪水带来的深刻灾难面前没有退缩，大家齐心协力、众志成城顽强与之做抗争。"血浓于水"，是最令我感动的一个词语，让我感受到军民携手抗洪的伟大壮举，体会到中华民族强大的凝聚力和战斗力。

最后，我们在英语课上也学习了一篇关于讲述长江的课文 *Water: The Yangtze River*。Miranda 老师采用 PPT 的教学形式，通过对其中插图的详尽讲解，让我们掌握了长江具体的地理位置、流向等知识，对长江一下子有了非常直观的感性认识。同学们在课堂上不仅学到了新的单词、词组和句型，还积累了关于长江的很多新的知识点，通过直观的照片，大家都被长江的壮美折服，更没想到原来我们的黄浦江竟也是长江的支流，我们生活的上海也是长江入海前的最后一个都市。

三堂关于河流的协同课程，课堂上同学们聚精会神地认真听讲，课后兴趣盎然地开展讨论，大家表示知识点既不重复，又相互联系；对知识点的学习不觉得枯燥，对于知识点的掌握也更牢固，真希望多开设些这样喜闻乐见的 GREEN 协同课程。

GREEN 协同课程
——令学生满意的协同课
五（3）班　陆子欣

大家好，我是陆子欣。在校园生活中，我们在课堂上都会学习到新的知识。虽然每一节课所教授的知识不同，但是有些课之间会有密不可分的关系，这就是所谓的"协同课"。那么，什么才是让学生们满意的协同课呢？我的看法是——不乏味、有内涵、图文并茂，更加贴近同学们的生活。我一直希望能上到这样的一节协同课。

终于有一天，我这个小小的愿望实现了。

那是一节周二的探究课，Kevin 老师给我们上了一节有关"风能"的课。Kevin 老师收集了许多有关风能的资料和风车的图片，并结合课本，让我们更好地、更深入地了解风能。在课堂上，同学们知道了荷兰被誉为"风车之国"；几乎在每个国家，人们都会运用风能来发电；还体会到了该怎样合理地利用自然资源。同时，Kevin 老师很好地运用了"图文并茂"这一妙招，让我们全然不觉乏味和枯燥。同学们都听得津津有味，学到了许多环保新知识。

在一周后的数学课上，于老师教我们有关水、电、煤花费的计算。在这节数学课上，于老师结合我们的生活举例子，让我们了解到水电煤是按照分时来计算的内容。例如：安装分时电表后，从每天晚上十时到第二天早上六时的电费，按每千瓦时 0.307 元计算；从早上六时到晚上十时，按每千瓦时 0.617 元计算；水费的计算包括本次用水量乘以单价，再加上污水处理费——用水量乘以污水处理费的征收标准等。于老师还通过让同学们计算家里水电煤的费用情况，让同学们了解水电煤的分时收费情况，从而体会到节约资源的重要性。

每一系列的协同课，总归都有一个协同点，那这一系列协同课的协同点又是什么呢？我在一节科学课上找到了答案。

在那节科学课上，我们学习了生活中的能源，如光能、化学能、热能、声能等。其中，就包括探究课学习的"风能"和数学课学习的水电煤。

这一系列的协同课，内容丰富多彩，教学内容中枯燥的知识点通过图文并茂的方式很好地结合在一起，让我们学起来既容易又风趣。最重要的是，它隐隐向我们展现了自然资源的重要性，让我们明白如何在合理利用资源的基础上尽可能节约资源。所以，我想这就是令学生满意的协同课吧！

GREEN 协同课程
——令学生满意的协同课
五（8）班　陆懿菲

我上过许许多多的协同课，比如说：在数学课上，我们学习了《编码》；在科学课上，我们了解了信息的传递；在音乐课上，老师给我们欣赏了名曲《高山流水》；而在语文课上，我们又进一步了解了《高山流水》的写作背景。然而，最令我印象深刻的是关于长江的协同课。

品德与社会课的第三单元是关于长江的。通过课前预习，我了解到长江发源于青藏高原唐古拉山的主峰各拉丹冬雪山，奔流 6300 千米，最后投入东海的怀抱。在课上，老师给我们展示了长江的水系图，又为我们朗读了《长江之歌》。长江是华夏民族的摇篮，它是无穷的源泉，有着母亲的情怀。课后，老师要求我们做一份关于长江的小报，我认认真真地查阅了资料，这份小报不仅让我增长了知识，又让我见识到了长江为人类社会做出的贡献，我的心中充满着骄傲和自豪。

在一周后的英语课上，我们又通过另外一种语言进一步了解了长江。长江的英文是"Yangtze River"。课上，老师带领我们反复地朗读这个单词，让我们牢牢地记住了这个单词的正确发音。老师在黑板上画了简单易懂的长江水系图，并标注了一些相关的英语词汇，引领我们更全面地学习关于长江的知识。上完这节课后，我体会到了长江的雄伟壮观，汹涌澎湃的长江就像一条巨龙，仰卧在中国大地上。

我和同学们都爱上了这组协同课，它不仅开拓了我们的思维方式，激发了我们的学习兴趣，还用不同的方式丰富了我们的知识，让我们更加乐学。协同课真是让人受益匪浅啊！

"和谐"协同之我见

"和谐"协同之我见
——记一组"月相"协同课
四（5）班　陈怡萱

　　我认为，一组"和谐"的协同课应该是老师与同学、同学与同学、课内知识与课外知识这三点都交融和谐的一组课。接下来，我要向大家介绍一组我认为不仅交融和谐，而且非常有趣的一组协同课。

　　我印象最深的一组协同课是科学课的《月相》和语文课的《律师林肯》。我们先是上了科学课，了解了一年中月相的变化图和它的规律，之后老师又让几位同学画了月相规律图，让我们进一步地了解月相。而后在上语文课的时候，林肯的辩词里也牵涉到了科学课所讲的月相的知识，然而并不是很好理解。但是由于上一周在科学课上我们已经了解了一些有关月相的知识，所以本来并不是很好理解的辩词，变得简单、容易理解一些了。这就是我所感受到的课程之间的"和谐"。尽管老师上课讲得很详细，但有些理解能力比较差的同学还是没能全部理解月相的知识，此时理解能力好的同学就会去帮助他们，耐心地为他们讲解，直到他们听懂为止。这就是我所体会到的同学与同学之间的和谐。总之，这就是一组我认为十分和谐的协同课。

　　通过这组课，我和同学们不仅充分地了解了"月相"的知识，同时还让我们爱上了"GREEN 协同"这样有趣的一组协同课。希望老师们以后能多多组织一些这样有趣的协同课！

吹 泡 泡

吹 泡 泡
三（2）班　范荧樆

上个学期开始，同学们惊喜地发现，课程之间不再独立了，信息课上我们学会了上网，语文课就正好讲《网上呼救》；数学课刚学了轴对称图形，美术课上我们就画了美丽的花挂毯……我们总可以从不同的课程中学习同一主题的知识，这显得有趣又生动。通过这些课程，我们对知识的理解和掌握也更深入了。

给我留下最深刻印象的是吹泡泡这一组协同课。科学课老师教我们用洗洁精、甘油等材料自制泡泡液，然后将吸管简单处理后，就可以吹泡泡啦。我们在教室里，在科学老师的指导下，顺利地完成了泡泡液和吸管的制作，然后跑到操场上，迫不及待地用自己做的工具吹起泡泡来。

我拿起吸管，蘸了泡泡水猛地一吹，没想到水滴了一地，泡泡却一个也没有。老师告诉我，这是因为我做的泡泡水太稀薄了。于是我重新加了点洗洁精和甘油，搅拌好后摇动均匀，又开始尝试。我不轻不重地吹了一下，泡泡吹出来了，我高兴极了，接着又吹出了一串泡泡。同学们的泡泡吹得布满了整个操场，简直就像泡泡的海洋。在阳光的照耀下，泡泡发出了五彩缤纷的光芒！泡泡一点点飞向远处，飞向高处，我们的心也随之飞了起来……没过几天，语文老师给我们出了个作文题目《吹泡泡》。这对刚刚试验过如何制作泡泡液、工具，如何吹泡泡的我们来说，简直易如反掌。写这篇作文的时候，我回想起前两天在操场上吹泡泡的情景，真正体会到了什么叫下笔如有神。难怪老师一直说，作文要写得生动，就要多观察生活呢。

我的作文拿了优秀，老师也夸我写得很生动，我觉得这都是科学课的功劳。我很喜欢这样的课程设置，让我们可以从不同的课程学到不同方面的知识，语文中有科学，科学中有数学……知识就像被串起来一样，又生动又丰富，让我不知不觉收获了很多。我喜欢这样神奇的课堂！

吹 泡 泡
三（6）班　林慧雅

一天，科学课李老师让我们到操场上吹泡泡，康老师正巧从教室里出来，看见我们正在排队往外走，就问我们："你们这是要上什么课啊？"我们异口同声地告诉康老师："我们正要上科学课，等会儿要吹泡泡啦！"康老师听了我们说的话后，就先告诉我们这个学期会写一篇作文，题目就是"吹泡泡"。所以我在吹的时候，明确如何去吹，还仔细观察外形，将它像什么东西写出来，这样，一篇作文大概的结构就出来了。

在我们吹之前，李老师先教我们如何吹出一个大泡泡。首先，用吸管蘸好肥皂水后缓缓地吹气，一个小泡泡从吸管里探出了头，像只害羞的小猫，好奇地打探着这陌生的世界。李老师继续吹气，在阳光的照耀下，泡泡呈现出五彩缤纷的颜色。李老师把大泡泡吹到天空中后跟我们说："你们吹泡泡的时候一定不要面对着同学，不然会吹到别人的眼睛里的。"

上作文课的时候，我想起当时的样子，不禁哈哈大笑，因为我当时太兴奋了，所以就用力一吹，结果没有吹出来。于是我重新开始，首先用吸管蘸肥皂液后缓缓地吹气，泡泡像只彩色的小蝴蝶，颤颤悠悠地从吸管里冒出来。我继续吹气，它越来越大，随着微风飘舞，美极了！

写完这篇作文后，康老师说我的作文写得很好。我开心极了，以后我要多观察生活中的细节，努力提高写作的水平，让我的作文写得更生动。相信自己可以的，加油！

活力协同

活力协同
三（1）班　黄伊诺

在我的学校，学习从不是呆板和一成不变的，我们能在科学课上解答语文课的疑惑，能在美术课上运用数学课学到的知识。学校把这种教学称为"协同教学"。你不信？那就让我来好好说给你听。

三年级第一学期的一节科学课，老师让我们每个人回家准备吹泡泡用的水，接到这个任务，我们一个个都兴奋极了，因为吹泡泡是一件多么让人快乐的事啊。回到家，我就忙开了，找洗衣粉、洗洁精、吸管，加水、调试，一遍又一遍，看着我那股认真劲儿，爸爸妈妈也加入了进来。经过多次失败，我们终于按照书本的指导，用洗洁精、白砂糖、甘油和胶水调制出了最合适的泡泡水，吹出了又大又圆的泡泡。

第二天，我们每个人都带着自己特制的泡泡水来到学校。科学课上，我们在操场上欢快地吹起泡泡来。那天，我们笑着闹着，互相交换着泡泡水吹，每一个人的身影和笑脸都深深地印在我的脑海中。

几天以后的语文课，老师让我们写作文。对于我们三年级的学生而言，作文课从来都是最让人头疼的一门课，可那天，老师布置的这个作文题目却让我们欢呼雀跃，因为作文的题目就是《吹泡泡》。科学课上的一幕幕立刻浮现在我的脑海中，而且科学课上，老师还让我们记录了制作泡泡水的所有步骤，因此，那一次的作文我几乎是一气呵成写完了，而且感觉自己有说不完的话，作文再也没有那么难写了。

通过这次科学课和语文课的互动，我深深地懂得了，作文根本不难，它来源于生活，而我们要在生活中做个有心人。

怎么样，听了我的介绍，你是不是很羡慕我们？是的，我爱我的学校，我爱学校的活力协同课。

GREEN 协同

GREEN 协同
——一堂有活力的协同课
四（6）班　朱睿姿

　　我觉得我们学校里的协同课最有意思，因为它结合了两方面的知识，让我们更加容易深入理解新学到的知识。但是，想让协同课堂变得更有活力，也是很有难度的，这需要两方面的配合：老师引人入胜的内容和同学们的踊跃发言，这两者缺一不可。其中，有一堂协同课我觉得格外精彩。

　　那是四年级第一学期的一组语文和信息科技协同课。在语文课上，老师通过课文生动形象的文字使我们感受到钱塘江大潮的波澜壮阔。在感受到这样气势磅礴的大潮后，我不禁想了解它的科学原理。科学课上，大家因为之前对钱塘江大潮已经有所了解，所以在科学课上积极发言。老师卖了个关子，先让大家猜猜看为什么会发生钱塘江大潮。同学们有的猜测道："难道是因为水流到了钱塘江，河道变窄了，所以水流急、大吗？"还有的同学猜测道："会不会是因为江里的堵塞物多，从而导致了大潮的出现呢？"顿时，课堂里炸开了锅，大家议论纷纷、七嘴八舌地交流着自己的想法。"现在，我要宣布正确的答案了。"老师笑眯眯地开口了。大家不约而同地安静了下来，屏气聆听正确答案，看看自己猜测得是否正确。"答案是——因为月球和太阳的引潮力作用，使江水表面发生了周期性涨落的潮汐现象。"听到这后，同学们有的兴高采烈，连声大喊自己答对了；有的很不服气，说再来一题也肯定能答对。我也被这种欢乐的气氛感染了，和同学们一起讨论了起来。在不知不觉中，下课铃声响了起来，我们意犹未尽，还在回味刚刚那堂课。

　　通过这组协同课，我熟悉了潮汐现象，为大自然的鬼斧神工所惊叹，我也领略了大自然的无限风光，为写作文提供了优秀的素材。两方面的结合，还使我理解了科学现象，同时也了解了祖国的大好河山，可谓"一箭双雕"。充满了活力的课堂也调动了我积极的学习兴趣，使我牢牢地掌握了重要的知识，原本难懂的重点知识，通过协同课堂我一遍就记住了。

　　"学习不仅要刻苦努力，重要的是用好的学习方法去学习，这样往往会事半功倍，学习效率也因此提高了许多。"通过协同课的学习，我也懂得了这个重要的道理。

　　协同课对我们帮助真大呀！

GREEN 协同
——让兵马俑"活"起来
四（8）班　王卓仪

"GREEN 协同"是第四中心小学的特色课程，是指将两节内容相关联的课程通过一定的形式结合起来，帮助学生们更好地学习掌握文化知识，促进对课程的消化理解。"GREEN 协同"的特点之一就是"活力"，充满活力的课堂当然备受学生们的喜爱。在我的心中，活力的课堂应该有很多活动，比如：看视频，玩游戏，做实验。通过这些活动，学生们不再对单调的课文内容感到枯燥、乏味。

我最喜欢的是美术课《画兵马俑》和语文课《秦陵兵马俑》的协同。

美术课上，同学们观看了纪录片《复活的军团》。这部纪录片详细介绍了兵马俑的历史。观看中，同学们不时发出感叹：战争是多么残酷，古人的智慧是多么伟大！对一些难懂的内容，老师穿插着进行讲解，并对同学们的问题进行解答。整个课堂气氛活跃，充满活力。看完视频后，美术老师教我们画兵马俑，让我们进一步了解兵马俑的构造，通过用彩笔画让他们的品质和精神永远活在这个世界上。

在美术课的基础上，我们学习了语文课《秦陵兵马俑》。如果说，美术课让同学们用画图的形式了解了兵马俑的形状，那么语文课则用语言文字表达了兵马俑的内涵。在语文课上，陆老师让同学们通过动作和文字来感受兵马俑的气势，同学们都积极参与到和老师的互动中，气氛活跃。我们仿佛回到了那时的秦朝，看到了秦人英勇作战的情景。从这些文字中，我们感受到了古人的聪明才智。

这两节课的协同不仅加深了同学们对兵马俑的理解，而且增加了课堂的活力，让学习的过程不再枯燥，同学们都乐在其中。

GREEN 协同
——活力课堂
四（7）班　沈隽雯

四年级第一学期的一组协同课，令我难忘。那是科学课的《月相》和语文课的《律师林肯》协同在了一起。这正是我心中的活力课堂：老师在课堂上开展各类小活动，同学们相互讨论、动手实验、积极发言，整个课堂都充满活力、充满激情。

在《月相》这节科学课上，科学老师为我们讲解了月相的知识。课上我们使用平板电脑，通过相关的 APP 使用和讨论，了解了太阳、月亮的活动轨迹，了解了什么是上弦月、下弦月以及上弦月和下弦月形成的原因。

接下来《律师林肯》这节语文课，老师带领我们把课文当成剧本，再现了林肯与证人在法庭上唇枪舌剑的一幕。课堂上，我们又通过真人演示：老师在黑板上画了个月亮，选出一位同学当证人，一位同学当被告，身临其境地理解为什么那天晚上不管怎样证人都是不可能看清楚被告的脸的。

通过这么有趣的表演剧和真人演练，又联想到科学课上学习的月相知识，这个时候我们恍然大悟：到了农历初八左右，晚上 11 点时月亮已经落下去了。原来林肯正是运用了月相的知识，证明证人撒了谎，从而打赢了官司。我们禁不住深深为林肯的智慧鼓掌。

从这两个学科的协同当中，我们不但了解了月相，而且更深入地理解了课文。我希望在以后，我们还能像这次一样，在学中玩、玩中学，这样不仅可以更容易理解语数外等基础学科知识，还拓展了其他学科的知识，让我们的知识更加丰富。学海无涯，让"快乐和活力"作舟。

我们的 GREEN 协同课

我们的 GREEN 协同课
四（3）班　严度蘅

你喜欢原始森林吗？喜欢。那好，我就来介绍我们祖先生活的美丽地方。先让我们一起走进原始森林，感受一下祖先生活的环境吧……接下来，我们再看看祖国壮丽的山河……

这就是我们的 GREEN 协同课——语文课《祖先的摇篮》和品社课《壮丽的山河》。不要误会，协同课可不是"绿"。这里 G 是满意，R 是和谐，两个 E 分别是努力和活力，N 是规范。老师先上《祖先的摇篮》，紧接着，再上品社课《壮丽的山河》，用小组讨论、独立学习、个别指导的方式，让我们前后联系，调动我们的积极性，加深我们对课文的印象。

本来我对品社课不是太感兴趣，在上诗歌类的语文课时也没什么精神。但由于有了协同课，让我对《祖先的摇篮》和《壮丽的山河》产生了兴趣。我上课时注意力集中，积极举手要求发言。同学发言和我的答案不一样时，我还非常较真地追问为什么不是像我回答的那样。原先我还不太明白为什么原始森林是"祖先的摇篮"，随着老师的讲解，我明白了原始森林对我们祖先的意义，明白了"人类文明的起点"就是指原始森林。我为我们祖国有如此壮丽的山河感到骄傲。

协同课培养了我们观察的习惯，加强了我们对课文的理解，加深了我们的记忆，使我们上课更有效率。我喜欢我们的协同课。

GREEN 促协同，和谐大课程
五（6）班　丁知悦

协同教学，可以说是我们虹口区第四中心小学的一张特色名片，我喜欢用一个英文单词来概括它——GREEN，G（满意）、R（和谐）、E（努力）、E（活力）、N（规范），而 R（和谐）在整个协同理念中起到的纽带作用可谓功不可没。

五年级第一学期我们学习了《采蒲台的苇》这篇课文。这是著名作家孙犁的散文，文章文字优美，构思巧妙，揭示的主题又十分深邃。对于刚上五年级的我来说，要真正读懂课文，是比较吃力的。正在此时，品社课《巴山夜雨话雾都——重庆》仿佛一把启迪的钥匙，将我们带入"抗战大后方"，老师通过讲述重庆的地理环境和人文环境的特点，向我们展现了重庆作为抗战大后方的实态。课堂上，我们查看地图，了解重庆独特的地理环境。它处在多山地区，依山建城，因此有"山城"之称。又因为四面环山，大量水汽不易被带走，潮湿的空气易于凝结成雾，因而又有"雾都"之称。就在那时，周恩来负责创办了第一张全国性机关报《新华日报》，用以激发全国人民的抗战热情。在当时重庆还流传着"雾都报童"的故事。他们在周恩来的亲切教导下，与国民党特务进行了顽强的斗争。报童身处的环境十分险恶，他们勇敢、顽强地生活，我深深感到与他们相比自己是多么的幸福，生活是那么值得珍惜。

回过头，再来反复阅读《采蒲台的苇》，老师从课题入手，引导我们欣赏"苇海"彩图，体会苇多而美的形象感受；之后直奔重点，抓住"最好的苇出在采蒲台"提出问题："好在哪儿？"是更美，还是更多？通过阅读描写妇女和男子掩护干部的段落，我们清楚地感受到"采蒲台的人好！"再利用矛盾，揭示中心：明明是采蒲台的人好，作者却要说是采蒲台的苇好。把我们的思路引到"人与苇"的关系上来。通过对难句的理解，得出结论——人和苇的结合是多么紧密！

文章的重点是采蒲台人民对敌斗争的故事，但从课文中却看不出人民是怎样依靠苇打击敌人的。因为故事发生在冬季，人们被围在冰上，面对的是等待收割的大苇塘，无法依靠苇的掩护与敌人周旋。采蒲台人民依靠的是集体的智慧和刚强，这似乎与苇无关。为什么课题却是"采蒲台的苇"？为什么在讲采蒲台的英雄故事时，第一句要说"最好的苇出在采蒲台"？显然，这里的"苇"指的就是"人"。为什么用"苇"来指人？人和苇有哪些相似之处？采蒲台人民掩护的是谁？是革命干部。革命干部在采蒲台人民的掩护下避免了流血牺牲。这里，采蒲台人民就是革命干部的苇，由此想开去，八路军、新四军在白洋淀人民的掩护下战斗，抗日战争在人民的支持下取得了胜利。白洋淀人民是八路军、新四军的苇，抗日人民是革命的苇！革命者为人民带来幸福和安宁，人民是革命的坚强后盾！人民和革命干部的结合也是多么紧密！至此，我对课文的理解深刻了。从对苇的理解，一步一步上升到对人的理解。我们不但记住了课文中那句"简短而有力的话"，更牢记要发扬革命传统永远做革命的苇！至此，语言文字教学和思想内容的教育达到了和谐的统一。

真正的自主性是来自于兴趣的自由自觉的活动，四中心老师通过协同教学给予我们主动地、大胆地去思维和想象的空间和环境，真正体现了主客体的和谐渗透。所有这些正是得益于我校的协同教学文化大课程，它令学生快乐学习，为社会提供优质教育。

GREEN 协同·活力
——记我所喜爱的一节协同课
三（4）班　岳在宥

要说在我们第四中心小学最受大家欢迎的课程，那肯定非"协同课"莫属了，因为它和平时的课不一样，是两门课并在一起上。听起来是不是有点不可思议？实际上每次协同课都能带给大家新鲜感，激发起大家的兴趣，学习效果自然也特别好。

就拿我上过的一节协同课来说吧，那是三年级上学期，我们班上了一节课叫《美丽的花挂毯》。光听名字是不是觉得有可能是美术课？其实这既是美术课，也是数学课！那天一上课，数学曹老师先带领大家学习轴对称的知识，曹老师拿出一些轴对称的图形，让大家观察并总结它们的特点：沿着对称轴将图形折叠，两边的图形会完全重合。接着，曹老师让我们找找教室里的轴对称图形。课桌、黑板、文具盒……我们身边的轴对称图形还真不少！这时曹老师说："下面让美术老师毛老师带我们走进更美丽的轴对称世界。"毛老师一上讲台就说："下面我们就要用轴对称图形来制作美丽的花挂毯。"说完就发给大家一张彩色正方形纸和几张小长方形纸，然后通过幻灯片现场演示制作过程：先把正方形纸对折四次，得到一个"米"字形折痕；再用其他颜色的小长方形纸剪出至少两种自己喜欢的图案，每种图案四个，然后沿着折痕粘贴图案，之后就可以得到一个图案对称分布的花挂毯。

大家也纷纷动起手来。嘿，这样做出来的花挂毯还真是很美丽。"老师！是不是图案都要轴对称才美啊"，有同学提问。毛老师向大家演示了绣花、油画等不对称图案的挂毯，其实也蛮好看的。还有人举手问："老师！报纸上说长得好看的人，其实五官都是轴对称的，是不是这样？"哈哈哈……教室里爆发出一阵笑声。毛老师没有直接回答，而是说："是不是这样？你可以在生活中多观察，下次跟大家分享你的观察结果。"

这节课已经过去好几个月了，我和同学们还时常议论这节课：人的身体是轴对称的，有些建筑是轴对称的，有些歌曲的旋律也是轴对称的……数学知识原来和生活有那么密切的联系，学科和学科之间也没有明显的界限——我们不妨脑洞大开，处处留心，说不定能发现更多有趣的奥秘呢！

图书在版编目（CIP）数据

协同教学三策／陈珏玉主编. —桂林：广西师范大学
出版社，2019.3
ISBN 978 - 7 - 5598 - 1619 - 1

Ⅰ．①协… Ⅱ．①陈… Ⅲ．①课堂教学－教学研究－
小学 Ⅳ．①G622.421

中国版本图书馆 CIP 数据核字（2019）第 031708 号

出 品 人：刘广汉
责任编辑：刘美文
封面设计：李婷婷

广西师范大学出版社出版发行

（广西桂林市五里店路 9 号　　邮政编码：541004
　网址：http://www.bbtpress.com　　　　　　　　　　）

出版人：张艺兵
全国新华书店经销
销售热线：021 - 65200318　021 - 31260822 - 898
山东鸿君杰文化发展有限公司印刷
（山东省淄博市桓台县寿济路 13188 号　邮政编码：256401）
开本：787mm×1 092mm　　1/16
印张：15.5　　　　　　　字数：330 千字
2019 年 3 月第 1 版　　　2019 年 3 月第 1 次印刷
定价：58.00 元

如发现印装质量问题，影响阅读，请与出版社发行部门联系调换。